Diogenes Taschenbuch 23018

Fred Uhlman

The Making of an Englishman

Erinnerungen
eines deutschen Juden

Herausgegeben und
aus dem Englischen übertragen
von Manfred Schmid

Diogenes

Titel der 1960
bei Victor Gollancz Ltd., London,
erschienenen Originalausgabe:
›The Making of an Englishman‹
Copyright © 1960 by Fred Uhlman
Die deutsche Erstausgabe erschien 1992 im
Klett-Cotta Verlag, Stuttgart, als Veröffentlichung
des Archivs der Stadt Stuttgart unter dem Titel
›Erinnerungen eines Stuttgarter Juden‹
Umschlagfoto von
Diana Uhlman

Inhalt

Vorwort des Herausgebers

Am 23. März 1933 verließ der damals zweiunddreißig-
jährige Rechtsanwalt Manfred Uhlman [19.1.1901 bis
11.4.1985] fluchtartig seine Vaterstadt Stuttgart. Unfrei-
willig: als Jude und als Mitglied der SPD von den Nationalsozialisten ins Exil getrieben. Er emigrierte zunächst
nach Paris, wo er als autodidaktischer Maler bald überra-
schend Erfolg hatte. 1936 ließ er sich für vier Monate in
Spanien nieder und lernte in dieser Zeit eine junge Engländerin kennen – seine zukünftige Frau. Noch im gleichen
Jahr siedelte er nach England über. Durch Kontakte seiner
Frau fand er in London schnell Anschluß an Künstler-
kreise. Zudem wurde sein Haus zu einem wichtigen Sam-
melpunkt deutscher Exil-Künstler wie zum Beispiel John
Heartfield. Trotz seines Ansehens blieb ihm aber kurz nach
Kriegsausbruch das Schicksal vieler deutscher Emigranten
nicht erspart: er wurde verhaftet und kam in ein Internierungslager. Dort traf er unter anderem mit dem Dada-
Künstler Kurt Schwitters zusammen. Nach seiner Entlassung wohnte er mit seiner Familie zunächst in Essex, bevor
er kurz vor Kriegsende wieder in sein Haus nach London
zurückkehrte.

Dieser Abschnitt seines Lebens, von der Kindheit und
Jugendzeit in Stuttgart bis zum Ende des Zweiten Welt-

krieges in London, ist auch der Inhalt seiner Autobiographie, die 1960 in England unter dem Titel »The Making of an Englishman« erschienen war. Sie wurde damals von der englischen Kritik als »einfühlsam« und »witzig« und als »ungewöhnliches Dokument zur Sozialgeschichte« gelobt. 1985 erschien eine französische Ausgabe, in der Zwischenzeit liegt das Buch auch in Italienisch und Katalanisch vor.

Daß die Autobiographie lange nicht auf Deutsch erschienen ist, mag überraschen, vor allem auch deswegen, weil der Autor Uhlman in der Zwischenzeit mit seiner 1971 erschienenen Erzählung »Reunion« einen großen, fast sensationellen Erfolg hatte. Tatsache ist, daß der Stuttgarter Stadthistoriker Harald Schukraft sich vergeblich bemüht hatte, einen deutschen Verleger für Uhlmans Erinnerungen zu finden. Durch seine Vermittlung konnte schließlich das Stadtarchiv Stuttgart die Rechte für die deutsche Übersetzung erwerben. Harald Schukraft sei an dieser Stelle für seine Bemühungen herzlich gedankt.

Die deutsche Übersetzung enthält gegenüber dem englischen Original einige kleinere Änderungen. Zum einen hat der Übersetzer offensichtliche Namensverwechslungen von Uhlman stillschweigend verbessert (zum Beispiel Georges Bataille statt Henri Bataille) sowie falsche Schreibweisen korrigiert. Anmerkungen, die Uhlman in der englischen Ausgabe am Fuß des Textes eingebracht hatte, wurden vom Übersetzer in den Anmerkungsapparat integriert und mit einem * besonders gekennzeichnet.

Vom Übersetzer wurden solche Stellen gekürzt, an denen Uhlman in der Originalausgabe spezielle Erklärungen für den englischen Leser eingeschoben hat, die aber im Deutschen unnötig sind. Die Kürzungen wurden mit [...] gekennzeichnet.

Für Anregungen, Hinweise und Informationen bei der Herausgabe des Buches möchte ich mich ganz herzlich bei Hans-Ludwig Enderle (Stuttgart), Elisabeth Herzog-Sautter (Oxford), Wolfgang W. Kress (Stuttgart), Yves Simon (Paris), Katia Zügel (Stuttgart) und vor allem bei Diana Uhlman (Croft Castle) bedanken. Ein besonderer Dank gilt meiner Frau, die zum einen die Erfassung des Textes souverän gemeistert und zum anderen bei der Übersetzung tatkräftig mitgewirkt hat.

Herkunft

Ich weiß sehr wenig über die Herkunft meiner Familie, die aus Freudental, einem kleinen Dorf in der Nähe von Stuttgart, stammte. Vor dem 18. Jahrhundert hatten die deutschen Juden, soweit ich weiß, keine Nachnamen. Es gab nur ungefähr fünfhundert Juden in ganz Württemberg, und sie hatten alle kein Wohnrecht in den größeren Städten.[1] Sie waren völlig vom Herzog abhängig, der sie nach Gutdünken vertreiben konnte und der sie nur behielt, solange er Vorteile aus ihnen ziehen konnte. Bekannt als Schutzjuden, mußten sie für diesen Schutz bezahlen. Es gab eine »Zulassungsgebühr« und eine jährliche Steuer. Die Zulassungsgebühr betrug:

Ein einheimischer Jude	15 Gulden
Ein ausländischer Jude	15 Gulden
Eine ausländische Jüdin	25 Gulden
Das Kind eines ausländischen Juden	5 Gulden

Die jährliche Steuer in Freudental betrug 15 Gulden, das war aber nicht alles. Zwei Gulden mußten jährlich ans Waisenhaus in Freudental gezahlt werden, und zwei oder drei Gulden wurden als Gemeindesteuer erhoben. Zusätzlich gab es noch die »Reiseschutzsteuer«. Bis zum Jahre 1804 mußte ein Jude, der bis zu drei Kilometer reiste, drei Kreuzer für jeden Kilometer zahlen, für größere Entfernungen zweiundvierzig Kreuzer (für einen toten Juden betrug die Steuer zwei Gulden). Durch einen Sonderbefehl wurde 1812 die örtliche Steuer abgeschafft. Sie mußte in Ergänzung zu den Steuern bezahlt werden, die vom Herzog erhoben wurden, und in Ergänzung zu den umfangreichen Steuern, die alle Nichtjuden bezahlen mußten. Sie bestand aus Abgaben auf Dinge wie Zucker, Gänse, Gänseleber, Ochsenzungen und Fleisch, ganz zu schweigen von den Neujahrsgeschenken für den Pfarrer, dem Futter für die Hunde des Grundherrn und so weiter.

Das Leben muß damals unbeschreiblich elend gewesen sein. Von den Nichtjuden gehaßt und verachtet, immer in Gefahr, vertrieben oder geschlagen zu werden, ausgeschlossen von allen sozialen Kontakten außerhalb ihrer eigenen Gemeinschaft, ohne jegliche Hoffnung auf Verbesserung ihrer Lebensumstände, ertrugen sie ihr Schicksal mit unglaublichem Mut und dem Glauben an ihren Gott und an Jerusalem. Ein kleines Beispiel für die Umstände, in denen die deutschen Juden sogar noch im Jahre 1809 leben mußten, ist eine Beschwerde in der bayrischen Regierungszeitung darüber, daß das Dorf Hürben in weniger als zwei Monaten mehr als zweihundert Juden mit ihren Frauen und Kindern aufgenommen hatte, die »in unbeschreiblich elender Verfassung und mit Infektionskrankheiten behaftet waren«.

Die Juden in Württemberg durften keinen freien Handel treiben, außer an Markttagen den Handel mit Vieh. Der Schutz des Herzogs erstreckte sich nur auf die Schutzjuden und ihre Frauen, nicht aber auf ihre Kinder, die ihrerseits um eine »Zulassung« und Schutz bitten mußten, was ohne Angabe von Gründen verweigert werden konnte.

Es gab jedoch eine kleine Gruppe von Juden, einschließlich ihrer Dienerschaft etwa fünfzig, die sich Sonderrechte erworben hatten. Sie waren unter den Namen Hofjuden, Hofschutzjuden und Hoffaktoren bekannt. (Der bekannteste von ihnen war Jud Süß.[2]) In der zweiten Hälfte des 17. Jahrhunderts hatten die Herzöge von Württemberg Handel mit ausländischen Juden begonnen, die den Hof mit Juwelen, Uniformen, Tee, Seife und Kredit versorgten. (Der erste Hoffaktor wurde 1697 ernannt.) Herzog Eberhard-Ludwig erlaubte ihnen, sich im Land niederzulassen. Sie gehörten zum Hof und zu den Hoflieferanten und hatten das Recht, im ganzen Land freien Handel zu treiben. Allerdings wurde ihnen verboten, Geld gegen Zins zu verleihen. Über die gewöhnlichen Steuern hinaus mußten sie zwei oder drei Gulden extra bezahlen. Dazu kam eine zusätzliche Zulassungsgebühr von vier oder sechs Goldgulden für den Titel Hofjude oder Hoffaktor.

1721 gab es sieben Hofjuden in Stuttgart. In diesem Jahr wird auch der Name David Uhlman zum ersten Mal erwähnt, der sich später als Hofschutzjude in Freudental niederließ. Ein Freibrief, der ihm am 12. Juni 1727 verliehen worden war, gab ihm das »Recht, mit jedermann Handel zu treiben, zu kaufen und zu verkaufen, zu tauschen, Tag und Nacht mit seinen Dienern, mit Silber, Gold und anderen Juwelen frei herumzureisen.« Es stand ihm zu, »von Offizieren und gewöhnlichen Soldaten zu Pferd und zu Fuß gegrüßt und freundlich, zuvorkommend und wohlwollend behandelt zu werden.« Er starb im Jahre 1782 nach 45 Jahren im Dienste des Hofes von Württemberg, wofür er den Titel eines Hoffaktors erhielt. Dies ist alles, was ich über ihn weiß. Aber es ist sicher, daß er ein tüchtiger Mann gewesen sein muß.

Die Ullmanns oder Ulmans lebten mindestens bis zur Mitte des 19. Jahrhunderts in Freudental, als die meisten von ihnen aufgrund der schlechten wirtschaftlichen Lage beschlossen, nach Amerika auszuwandern. Was mit ihnen geschah, weiß ich nicht. Mein Großvater, Simon, emigrierte im Jahre 1855. Man hat mir erzählt, daß er bei seiner Ankunft in Amerika im Futter seiner Jacke eine Goldmünze entdeckte, die er sofort wieder an seine Familie zurückschickte. Er kehrte im Jahre 1868 als amerikanischer Staatsbürger zurück, nachdem er im amerikanischen Bürgerkrieg im Pittsburgh Regiment gedient hatte und reich genug war, um um die Hand meiner Großmutter, Lina Elsas, anzuhalten.

Die Angehörigen der Familie Elsas standen sozial und bildungsmäßig viel höher als die Uhlmans. Der erste Namensträger, mein Ururgroßvater, kam, wie der Name verrät, aus dem Elsaß. Er liegt in Hochberg begraben. Die Inschrift auf seinem Grab lautet: »Hier liegt Isak, der Franzose aus Aldingen. Er hatte ein sehr hartes Leben.«[3]

Sein Sohn, der Vater meiner Großmutter, brachte sich selbst das Lesen und Schreiben bei. Er gründete in Stuttgart eine Textilweberei, ging im Jahre 1851 nach London zur Weltausstellung und führte den ersten mechanischen Webstuhl nach Württemberg ein.[4] Ich besitze eine Daguerreotypie von ihm, die eine starke Ähnlichkeit mit mir und meinem Sohn zeigt. Die meisten Mitglieder der Familie Elsas waren begabt. Einer von ihnen, Fritz Elsas[5], war für eine kurze Zeit Bürgermeister von Berlin. Zuvor war er Mitglied des Landtags von Württemberg gewesen. Er hatte zwei Söhne; der eine war Rechtsanwalt und Dramatiker, der andere, Paul Elsas, der in Paris lebt, Maler.[6] (Durch die Familie Elsas bin ich mit den Straussens und Heilners verwandt; beide waren vor 1933 führende schwäbische Unternehmerfamilien.[7])

Meine Großmutter erzählte mir oft, wie sie verlobt wurde. Eines Tages, im Jahre 1868, sagte ihr Vater, den sie immer liebte und bewunderte, daß er mit ihr sprechen wolle.

»Erinnerst Du Dich an den Amerikaner, der vor ein paar Tagen mit Dir tanzte?« fragte er.

»Ich glaube ja«, sagte meine Großmutter. »Trug er eine braune Samtjacke?«

»Ja, mein Kind. Ich habe Dir ein sehr ehrenvolles Angebot mitzuteilen. Herr Uhlman hat mich um Deine Hand gebeten. Natürlich habe ich Erkundigungen eingezogen. Er hat Geld, er stammt von einer guten Familie ab, ist ein ehrlicher Mann und kein ›Kravattendreher‹.«

Meine Großmutter fing an zu weinen, sagte, daß sie ihn nicht kenne und nicht möge und daß sie lieber einen armen Mann heiraten wolle. »Arm!« sagte ihr Vater, »in einem Stall ohne Heu beginnen die Pferde auszuschlagen! Du bist viel zu jung, um über solche Dinge Bescheid zu wissen. Gott sei Dank hast Du Eltern, die das Leben kennen, und was die Liebe angeht, kommt sie mit der Heirat und den Kindern.«

Und so heiratete sie ihn. Sie hatte drei Söhne, Ludwig, Oscar und Richard, und eine Tochter, die ganz früh starb.[8] Sie war während ihrer ganzen Ehe unglücklich, aber sie gab ihren Eltern nie die Schuld dafür.

Mein Großvater hatte nur zwei Interessen im Leben: sein Geschäft und seine Familie. Er brauchte nichts für sich selbst. Wie viele Juden glaubte er, daß Trinken und Spielen typische Laster der Nichtjuden seien, die sich ausschließlich selbst dafür verantwortlich machen müßten, wenn sie nie »auf einen grünen Zweig« kämen. Andererseits gab er, der jeden Pfennig zweimal umdrehte, Tausende von Mark aus, wenn einer seiner Brüder Gefahr lief, Konkurs zu machen. Es war undenkbar, daß ein Uhlman oder ein Elsas Konkurs machen sollten. Blut war stärker als Geld – Geld, das Pfennig für Pfennig zusammengetragen wurde, geduldig und durch Jahrzehnte voll harter Arbeit und Verzicht auf fast jedes Vergnügen.

Er war ehrlich, engstirnig, gelegentlich gewalttätig und ein strenger Zuchtmeister. Er war so pedantisch, daß er immer ein Bügeleisen bereithielt, um zerknitterte Umschläge und Geschäftsbriefe glattzubügeln. Er war mildtätig, wie die meisten Juden, und ging an Neujahr und am Versöhnungsfest, an dem er den ganzen Tag fastete, in die Synagoge. Er versuchte, seinen Sohn dazu zu zwingen, ihm gleichzutun, aber er – mein Vater – schlich sich aus dem Gottesdienst, genehmigte sich ein herzhaftes Essen, ging zurück und gab vor, vor Hunger zu sterben.

Mein Vater erzählte mir noch eine andere Geschichte. An einem Sonntagnachmittag saßen die ganze Familie und andere Verwandte auf der Terrasse eines Cafés. Er war damals siebzehn oder achtzehn Jahre alt. Er fragte seinen Vater, ob er eine Zigarette rauchen dürfe.

»Solange Du Deine Füße unter meinem Tisch hast, verbiete ich Dir zu rauchen«, sagte mein Großvater feierlich.

»Aber eine Zigarette kostet nur einen Pfennig«, sagte mein Vater.

»Ein Pfennig zählt soviel wie hundert Mark«, war die Antwort.

»Trotzdem werde ich rauchen«, sagte mein Vater.

Bei diesen Worten sprang mein Großvater auf und begann, mit seinem Regenschirm so wütend auf seinen Sohn einzuschlagen, daß er ihn getötet hätte, wenn die anderen nicht eingegriffen hätten.

Wie meine Großmutter ihn ertragen konnte, bleibt mir unverständlich. Sie war intelligent, und solange sie lebte, hielt sie die Familie zusammen. Einmal in der Woche, jeden Sonntagmorgen, kamen alle Uhlmans in ihrem Haus zusammen. Ihre Söhne, die direkt vom Büro kamen – sogar sonntags mußten sie nach der Post sehen –, saßen gewöhnlich in drei verschiedenen Ecken. Sie wechselten kein Wort miteinander und sprachen auch kaum mit meiner Großmutter. Dagegen unterhielten sich zwei ihrer drei Schwiegertöchter miteinander, hauptsächlich über das Dienstpersonal, den Frisör, die Oper und natürlich die Enkelkinder. Für sie lebte sie: sie waren ihre Hoffnung für die Zukunft. Und sie hoffte nicht vergebens. Meine schöne Base Marianne[9] heiratete einen jungen Professor von der Universität Princeton. Mein Vetter Rudolph[10] ist ein bedeutender Rechtsanwalt in New York; und ich denke, daß sie auch von mir nicht ganz enttäuscht gewesen wäre.

Als sie über siebzig Jahre alt war, fing sie – unter großer Anstrengung – an, Spenglers »Untergang des Abendlandes« zu lesen, um mit der jungen Generation mitreden zu können, die das Buch damals leidenschaftlich diskutierte.

Ich verdanke ihr viel. Ohne sie wäre meine Kindheit fast unerträglich gewesen.

Während der Sonntagvormittag meiner Großmutter in Stuttgart gehörte, wurde der Nachmittag meiner Urgroßmutter Elsas in Bad Cannstatt, einem Vorort von Stuttgart, gewidmet. Wir gingen immer zu Fuß hin und auch wieder zurück – es wurde als gut für die Verdauung erachtet und war die einzige Bewegung für meine Eltern. Dort trafen sie die Mitglieder der Familie Elsas, die Textilfabrikanten waren. Die Uhlmans waren Baumwollhändler, und mein Vater war zusammen mit seinen Brüdern Richard und Oscar Teilhaber in der Firma Gebrüder Uhlman, die von meinem Großvater gegründet worden war.[11] Ich glaube, es ist richtig, wenn ich sie als Zwischenhändler bezeichne, auch wenn sie Fabriken speziell dafür bezahlten, Baumwolle in großen Mengen für sie zu weben. Ich glaube, es ist auch richtig, wenn ich sage, daß sie jahrelang die führende Firma in Württemberg auf diesem Gebiet waren.

Der Wettbewerb war groß, vor allem vor 1914, der Gewinn dagegen war kaum der Rede wert. Um einen größeren Gewinn zu machen, war ein enormer Umsatz notwendig. Die Firma beschäftigte natürlich eine Anzahl von Vertretern auf Kommissionsbasis, aber die Hauptlast trugen mein Vater und sein Bruder Oscar. Sie wurden in Geschäftskreisen als »Verkaufskanonen« bewundert.

Die Person meines Vaters spielte in diesem Geschäft eine

große Rolle. Kein Neuling hatte große Chancen gegen meinen Vater, der seit zwanzig Jahren jeden Laden im Rheinland und in Westfalen kannte. Er hatte ein phänomenales Gedächtnis für scheinbar unbedeutende Einzelheiten, die aber für sein Geschäft wichtig waren. Er wußte, wer wen geheiratet hatte, was mit den Kindern von X passiert war oder wie hoch die Mitgift von Fräulein W. war. Er wußte zum Beispiel, daß David Goldschmid aus Duisburg eine Silbermann aus Wuppertal geheiratet hatte, die fünfzigtausend Mark von ihrem Vater bekommen hatte, der wiederum mit Rachel Blum aus Hildesheim verheiratet war, die mit den Samuels aus Hagen verwandt war. David Goldschmids Sohn Siegfried war mit einer Tochter von Jakob Falk aus Elberfeld verheiratet, der ihr eine Mitgift von fünfundzwanzigtausend Mark gab, Davids einundvierzigjährige Tochter Elsa jedoch war immer noch unverheiratet und so weiter und so fort...

Er war nicht nur ein Geschäftsmann, sondern eine Art Familienfreund. Sein Besuch wurde mit einer gewissen Freude erwartet, da er auch über Privatangelegenheiten zu sprechen pflegte, Ratschläge erteilte, Neuigkeiten brachte, Geschichten erzählte und, ganz nebenbei, Baumwolle verkaufte. Es war zwecklos für andere, in diese Geschäftsbeziehungen einzudringen. Sogar wenn die Waren der anderen Händler etwas billiger zu sein schienen, zogen die Kunden es vor, auf meinen Vater, ihren alten Geschäftsfreund, zu warten.

Es war sehr harte Arbeit. Sechs bis acht Monate pro Jahr war mein Vater nicht zu Hause. Gewöhnlich hatte er einen Träger für seinen schweren Musterkoffer eingestellt, aber hin und wieder mietete er einen Wagen; aber ich glaube fast, daß die beiden anderen Brüder dies als unnötigen Luxus ansahen. Er kannte jedes Hotel und wahrscheinlich jeden Verkäufer unterwegs. Wenn er nach einem oder zwei Monaten zurückkehrte, ging er zuerst in sein Büro, bevor er nach Hause kam.

Sein Bruder Oscar machte genau dasselbe, außer daß er einen anderen Teil von Deutschland bereiste. Richard, der nach der Meinung meines Vaters der denkbar schlechteste Verkäufer war, blieb zu Hause und kümmerte sich um die Buchhaltung. Er war der intelligenteste der drei Brüder und der einzige, dem es gelungen war, aus unserer engen Welt auszubrechen. Seine Frau Alice[12], eine geborene Kaufmann, war meine Lieblingstante. Sie war eine Frau von großer Liebenswürdigkeit, Charme und unerschöpflicher Freundlichkeit. Sie interessierte sich für Bücher und Musik und entstammte einem völlig anderen Milieu. (Die Kaufmanns waren mit Albert Einstein verwandt.[13]) Alices Schwester Thekla[14], die Landtagsabgeordnete in Württemberg war, war eine Dame, die es hervorragend verstanden hätte, mit jemandem wie Lady Violet Bonham-Carter[15] zu verkehren. Thekla schätzte Richard und tat sich, als es soweit war, mit Alice zusammen, um ihm zu helfen, sich von seiner Familie zu lösen. Sie hatten viele politische Freunde, einschließlich Reinhold Maier, Ministerpräsident in Württemberg nach dem Zweiten Weltkrieg, und Theodor Heuss, auch ein Schwabe, der nun deutscher Bundespräsident ist.[16]

Mein Leben wäre sicher anders verlaufen, wenn ich die anderen Uhlmans öfter gesehen hätte. Aufgrund eines obskuren Streits und aufgrund der Tatsache, daß Richard meiner Mutter verboten hatte, sein Haus zu betreten, war mir diese Welt des gegenseitigen Respekts und der Harmonie verschlossen und damit das einzige Umfeld, das mir Verständnis entgegenbringen und geistige Anregung hätte geben können. Nach dem Ersten Weltkrieg zerstritt sich mein Vater mit Oscar und Richard aus mir unbekannten Gründen völlig. Er verkaufte für eine große Summe seinen Anteil an seine Brüder und erhielt von ihnen eine jährliche Zahlung, die es ihm erlaubte, gut und bequem zu leben. Ich habe keine Ahnung, wie hoch die Zahlung war. Mein Vater sprach nie mit mir über sein Kapital oder darüber, wie er es anlegte. Und ich fragte ihn nie danach, weil ich das Gefühl hatte, daß er meine Neugier mißbilligt hätte.

In den zwanziger Jahren versuchte mein Vater zweimal, ein eigenes Geschäft aufzubauen, aber er scheiterte jedesmal kläglich. Beide Male holte er sich Rat bei Richard, mit dem er gestritten hatte, den er aber bewunderte. Meines Wissens ließ ihn Richard nie im Stich. Die Blutsbande waren doch stärker als alles andere.

Soweit ich mich erinnere, war der einzige Gesprächsstoff im Hause Elsas die Familienangelegenheiten, die uns Kinder jedoch nicht interessierten. Nur durch den ausgezeichneten Gugelhupf und Streuselkuchen der Köchin meiner Urgroßmutter wurden wir vor tödlicher Langeweile gerettet. Die Erwachsenen hatten anscheinend nie Langeweile. Sie hörten den Enthüllungen meines Vaters mit demselben gespannten Interesse zu, das eine herzogliche Familie in England Auszügen aus dem Adelsführer »Debrett Peerage« entgegenbringen würde oder ein Pferdezüchter

Informationen darüber, welcher Zuchthengst welche Stute gedeckt hat.

[...]

Eltern und Schwester

»Ich hatte eine schreckliche Kindheit, reich nur an Träumen, voller Schrecken und ohne Liebe in Wirklichkeit.«

Zehn Jahre lang habe ich immer wieder neue Anläufe zu diesem Kapitel gemacht – und alles zerrissen, was ich geschrieben hatte. Immer wieder fragte ich mich, ob ich es weglassen könnte. Aber das wäre unmöglich. Da es der Schlüssel zu meiner Persönlichkeit ist, muß ich es niederschreiben. Es ist die Geschichte meiner Eltern und meiner Schwester, die mit Millionen anderer Menschen im Holocaust vernichtet wurden und deren Seelen ich Zurückhaltung, Sinn für Gerechtigkeit, Religiosität verdanke – und Mitgefühl.

Und wie könnte ich nicht über meine Eltern schreiben, vor allem über meinen Vater, wo doch fast jede Handlung in meinem Leben eine Reaktion gegen ihn war? Mein Vater war ohne Ordnungssinn – ich dagegen versuche verzweifelt Ordnung zu halten und mir Disziplin aufzuerlegen. Dieses Verlangen nach Ordnung zeigt sich auf fast groteske Weise in meiner Leidenschaft für Aktenschränke, Ablagefächer und Büroklammern; darin, daß ich nicht zu malen anfangen kann, ohne saubere Pinsel, ein sauberes Studio und Farben, die in militärischer Ordnung bereitliegen.

Mein Vater war chaotisch, ich aber hasse Chaos. Er bezahlte die Rechnungen nur nach endlosen Mahnungen und Drohungen der Händler – ich bezahle meine Rechnungen nach wenigen Tagen und beantworte Briefe im allgemeinen postwendend. Er trank Bier – gelegentlich in großen Mengen, ohne jedoch betrunken zu werden. Ich rühre kein Bier an. Er vernachlässigte sein Äußeres völlig. Ich achte auf ein gepflegtes Erscheinungsbild. Ihn kümmerte es nicht, wie sehr er die Gefühle anderer Menschen verletzte oder was andere über ihn dachten. Mir ist es unerträglich, andere vor den Kopf zu stoßen, und der Eindruck, den ich auf andere mache, ist für mich wichtig. Er blieb wochenlang in einem Hotel und gab dem Personal trotzdem kein Trinkgeld. Ich neige dazu, zuviel Trinkgeld zu geben.

Als ich jung war, verachtete er mich, mit dem Ergebnis, daß ich äußerst ehrgeizig wurde. Ich wollte ihm zeigen, daß ich auch »jemand« war, und nach seinem Tod trat, unbewußt, mein Schwiegervater an seine Stelle. Auch er verachtete mich.

Ich möchte aufrichtig sein und feststellen, daß von allen unglücklichen Ehen, die ich gekannt habe, die Ehe meiner Eltern die unglücklichste war.

Mein Vater hatte meine Mutter[17] nur des Geldes wegen geheiratet, das er brauchte, um seinen Vater auszubezahlen. Sein Vater weigerte sich nämlich, aus der Firma ohne Abfindung auszuscheiden, weil er glaubte, daß seine Söhne ihn und die Firma mit ihren neuen Ideen ruinieren würden.

Schon seit Jahrhunderten war Geld oft der einzige Grund für unzählige Eheschließungen, trotz Kirche und

Religion. In vielen Fällen funktionierten diese Ehen genausogut wie Liebesheiraten oder sogar noch besser. Bis zum Ende des Ersten Weltkrieges war es in Stuttgart oft üblich, vielleicht in jüdischen Kreisen noch mehr als in nichtjüdischen, daß die Eltern auf die Partnerwahl Einfluß nahmen. Später, als es für die jungen Leute sehr viel einfacher geworden war, sich zu treffen, warteten die Eltern einige Jahre in der Hoffnung, daß ihre Tochter den richtigen Mann selbst finden würde. Gelang dies nicht, sahen sie es als ihre Pflicht an, sich einzuschalten. Dann nahmen sie ihre Tochter nach Wildbad oder St. Moritz. Zur großen Überraschung aller war dann auch ein junger Mann, der Sohn eines alten Geschäftsfreundes, anwesend. »Zufällig« traf er die Tochter, »verliebte sich in sie« und heiratete sie, ohne daß die Tochter jemals erfuhr, daß alles im Vorfeld bereits ausgemacht worden war.[18]*

Bei meinen Eltern funktionierte dieses Arrangement nicht – die Katastrophe mußte bei dem Naturell meiner Eltern zwangsläufig eintreten.

Vielleicht wäre das nicht passiert, wenn mein Vater eine intelligentere und vernünftigere Frau geheiratet hätte. Im Gegenteil, ich bin sicher, daß er mit der richtigen Frau glücklich geworden wäre. Auch ist es nicht völlig undenkbar, daß meine Mutter mit dem richtigen Mann ebenfalls glücklich geworden wäre. Die Ehe von Ludwig Uhlman und Johanna Grombacher aber konnte überhaupt keine Erfolgsaussichten haben.

Mein Vater war ungefähr dreißig Jahre alt, als er heiratete, meine Mutter zwanzig. Er war ungefähr einen Meter siebzig groß und stattlich gebaut. Obwohl er keinen Sport trieb, war er stark wie ein Stier. Im Gegensatz dazu war meine Mutter fast ein Zwerg. (Ich selbst bin ungefähr einen Meter sechzig groß, und sie reichte mir gerade bis zum Kinn.) Sie war schwach und jammerte ständig über tatsächliche oder eingebildete Krankheiten.

Wenn mein Vater verärgert oder beleidigt war, konnte er ungestüm aufbrausen. Meine Mutter erzählte mir, daß er einmal mit einem seiner früheren Offiziere in einem Café saß, als in Hörweite jemand sagte: »Es ist einfach unglaublich, daß ein deutscher Offizier mit einem Juden am gleichen Tisch sitzt.« Mein Vater bat den Offizier zu gehen und schlug dann den Mann mit solch einem Hieb nieder, daß dieser wochenlang mit einer Gehirnerschütterung im Krankenhaus lag. Ein anderes Mal, bei einem seiner seltenen Theaterbesuche, als er und meine Mutter erst eintrafen, als die Aufführung schon begonnen hatte, sagte jemand: »Seltsam, daß Juden immer zu spät kommen müssen.« Mein Vater wartete bis zum Schluß des Aktes. Sobald die Lichter angegangen waren, ohrfeigte er den Mann vor dem ganzen Publikum. Daraufhin kam die Polizei. Ob oder welche Konsequenzen dieser Vorfall hatte, weiß ich nicht.

Ich sah ihn nie krank. Schmerzen ertrug er mit großer Gleichgültigkeit. In einer kalten Winternacht rutschte er einmal aus und brach seinen Arm. Er stand auf, berührte ihn, sah, daß er gebrochen war, ging wie üblich in seine Kneipe, trank ein paar Gläser, ohne jemandem davon zu erzählen, und ging erst dann ins Krankenhaus. Dort stellten sie fest, daß es ein komplizierter Bruch war. Bereits zwei Tage später stand er alleine auf, zog sich an – keiner weiß wie – und kam heim. Er sagte, er sehe mit seinem abstehenden Arm wie ein »Wegweiser« aus. Ich sah ihn nie ein Buch oder wenigstens eine Illustrierte lesen. Er ging kaum ins Theater und niemals ins Konzert oder in die Oper. Kunst existierte nicht für ihn und Künstler hielt er für »arme Teufel«. Er teilte die Welt in Leute mit Geld und Leute ohne Geld. Er unterschied allerdings zwischen Leuten, die nicht »das große Geld« hatten, was bedeutete, daß sie nicht sehr begütert waren, und Leuten, die »gar kein Geld« hatten, was hieß, daß sie wirklich arm waren. Einem Bettler auf der Straße gab er immer eine Mark. Sein Kommentar war dann nur: »Aus ihm wird nie ein Millionär.«

Er war ein ausgezeichneter Geschichtenerzähler, aber viele waren die typischen Geschichten eines Handlungsreisenden. In Gegenwart von uns Kindern erzählte er nie eine »zweideutige« Geschichte, wohl aber meiner Mutter, die vor Vergnügen kicherte, obwohl sie so tat, als ob sie errötete. Er konnte unglaublich taktlos sein. Er behandelte meine Mutter abscheulich. Man muß aber zu seiner Entschuldigung anführen, daß sie ihn bis zur Weißglut reizte. Anstatt ruhig zu bleiben, wenn er wütend war, schrie sie zurück. In solchen Fällen bat ich sie inständig, sich still zu verhalten, bis der Sturm vorüber sei; aber sie konnte ihren Mund nicht halten. Sie schrie und brüllte ihn an. Wenn er sie beleidigte, schleuderte sie ihm eine noch viel größere Beleidigung entgegen und so weiter und so fort. Diese Szenen spielten sich oft am offenen Fenster ab, so daß die Leute auf der Straße stehenblieben und zuhörten, oder auf öffentlichen Plätzen, in Cafés, Hotels, Restaurants – hemmungslos und ohne Schamgefühl.

Einmal war ich so verzweifelt und haßte sie so sehr, daß ich hoffte, sie beide tot vorzufinden, wenn ich von der Schule nach Hause kommen würde.

Wir Kinder sahen von unserem Vater sehr wenig, da er monatelang weg war. Unsere Erziehung lag in den Händen meiner Mutter und verschiedener Gouvernanten, die kamen wie sie gingen. Er schlug mich selten, ich glaube nur ein oder zwei Mal. Er fügte mir weit mehr Schaden mit seiner Gleichgültigkeit und manchmal fast grausamen Härte zu, als ich jung war und ihn am meisten brauchte. Ich bin sicher, daß er nicht grausam sein wollte; eigentlich wollte er stolz auf mich sein. Aber nachdem seine Ehe fehlgeschlagen war, war er sicher, daß auch sein Sohn ein Fehlschlag war. Er war nicht intelligent und einfühlsam genug, über die Schulzeugnisse hinauszuschauen. Wenn sie schlecht waren, war dies Beweis genug, daß sein Sohn auch schlecht war, und er kannte keinen anderen Weg ihn zu »bessern«, als ihn anzuschreien und zu demütigen. Ich erinnere mich noch an einen schrecklichen Sonntagnachmittag, als unsere Familie mit Familie S. spazierenging. Familie S. hatte einen Sohn in meinem Alter, der immer zu den zehn Klassenbesten gehörte (er war zwar nicht intelligent, hatte aber genügend Sitzfleisch und lernte fleißig). In Gegenwart seiner Kinder und des »brillanten« jungen S. kannte mein Vater nur ein Thema: wie glücklich die Familie S. mit solch einem Sohn sein müßte und was für ein Unglück es war, einen »faulen Stinkbock« wie mich als Sohn zu haben. Das ging so lange, bis ich mit solcher Verzweiflung weinte, daß sogar Familie S. merkte, daß es Zeit war, ihrem Triumph und meiner Demütigung ein Ende zu setzen.

Später, als ich mich zu seiner Verwunderung sogar in seinen Augen als »Erfolg« entpuppte, änderte er sich mir gegenüber völlig. Noch später, als ich im Exil war, riskierte er sein Leben, um für mich Geld aus Deutschland zu schmuggeln, und – wie unergründlich ist der Mensch – er weigerte sich, das Land ohne meine Mutter zu verlassen, mit der Begründung: »Was würde aus dem armen Teufel ohne mich werden?«

Heute habe ich nur noch das größte Mitleid mit ihm. Er war ein Versager, und ich bin sicher, daß er es wußte. Als er älter wurde, versuchte er seine eiserne Gesundheit durch Alkohol und Schlaftabletten zu ruinieren (aber ich habe ihn nie betrunken gesehen). Er machte sich das Leben zur Hölle, und ich bin überzeugt, daß er zutiefst unglücklich war und mich und meine Schwester, der er seinen letzten Pfennig gab, auf seine eigene, unberechenbare Art liebte. Trotz seiner körperlichen Stärke und seinem strengen und brutalen Auftreten war er im Grunde genommen schwach und sehnte sich nach Zuneigung. Eine kluge Frau hätte ihn um den kleinen Finger wickeln können. Ich sah ihn, als er vom Schicksal hart getroffen worden war, freundlich und sanftmütig, arm und hilflos.

Etwas muß in seiner Kindheit vorgefallen sein, und ich bin überzeugt, daß sein eigener Vater ihn weitaus schlechter behandelte als er mich. Später jedoch hat er alles mehr als gutgemacht, und ich wünschte, daß der alte Mann friedlich gestorben wäre.

Ein Schlüssel zum Charakter meiner Mutter ist, daß sie ohne Vater aufwuchs. Sie erwähnte nicht einmal seinen

Namen, aber erzählte mir, daß ihre Mutter sich nach nur einem Jahr Ehe von ihm hatte scheiden lassen und daß er nach Amerika ausgewandert sei, ohne daß man je wieder von ihm hörte. Was immer die Gründe dafür waren, es muß – in Anbetracht der Zeit (ungefähr 1878/79) – eine ziemlich ernste Angelegenheit gewesen sein. Trotz gelegentlicher Anspielungen fand ich die Wahrheit niemals heraus und bezweifle sogar, daß meine Mutter viel über die Hintergründe wußte.

Meine Mutter wuchs somit als einziges Kind und ohne Vater in der kleinen, provinziellen Stadt Bayreuth auf. Es scheint naheliegend, daß all das einen großen Einfluß auf sie gehabt haben mußte, Genaueres weiß ich aber nicht, da über ihre Kindheit in meiner Gegenwart praktisch nie gesprochen wurde. Ich weiß nur, daß meine Mutter sehr an ihrer Mutter hing, die eine freundliche, harmlose und nicht sehr intelligente Frau mit einer einfachen Umgangsart war. Mein Vater verachtete sie auf eine nicht nachvollziehbare Weise. Er machte sie für die schlechte Erziehung ihrer Tochter verantwortlich und für die daraus resultierende unglückliche Ehe. Diesen Vorwurf verdiente sie nicht. Ich bin sicher, daß meine Großmutter unter diesen äußerst schwierigen Umständen ihr Bestes tat, um ihre Tochter so gut wie möglich zu erziehen. Ohne Zweifel war meine Mutter als Einzelkind verdorben. Meine Großmutter Uhlman erzählte mir, daß meine Mutter in den ersten Tagen ihrer Ehe darauf bestand, unterhalten zu werden und mein Vater sein Bestes tat, ihr diesen Gefallen zu tun. Sie jedoch konnte nie genug kriegen – er konnte ihr unersättliches Verlangen nach Oper, Theater und Tanzen nicht befriedigen. Sie ging den Uhlmans bald auf die Nerven, vor allem meinem Großvater. Er hielt sie für frivol, und ich kann mir leicht vorstellen, wie sie die Familie durch ihre taktlosen und gedankenlosen Bemerkungen noch mehr verärgert hat. Der Fehler lag auf beiden Seiten, man darf aber nicht vergessen, daß die beiden Brüder meines Vaters glücklich verheiratet waren und nur die Ehe meines Vaters solch eine Katastrophe war. Meine beiden Tanten waren im Gegensatz zu meiner Mutter klug genug, sich anzupassen.

Meine Mutter spielte gut Klavier und verbrachte Stunden damit, Chopin zu spielen und ihre eigene Musik zu »komponieren«. Sie hatte eine reizende Stimme, und als Kind hörte ich ihr verzückt zu. Leider waren diese Talente an meinem Vater völlig verschwendet, und ich frage mich, ob meine Mutter, wenn sie einen Mann mit Sinn für Musik geheiratet hätte (und mit der Güte eines Heiligen), der sie eher als Kind denn als Erwachsene behandelt hätte, mit ihm nicht sogar sehr glücklich gewesen wäre.

Ihre Hauptschuld lag in ihrer völligen Unbedarftheit. Sie war überzeugt, daß sie nie für irgend etwas eine Schuld traf. Und sie war überzeugt, daß der Grund dafür, daß alle sie mieden und sie keinen einzigen Freund in der Welt hatte, nur darin lag, daß mein Vater Geld und Macht hatte und sie arm war. »Es ist zwecklos«, pflegte sie zu mir zu sagen, wenn ich einmal nicht ihre Partei ergriff, »Du bist vom Geld verdorben. Es tut mir leid für Dich, mein armer Junge, aber Du mußt tun, was Dein Vater sagt, weil er reich ist. Die ganze Welt ist durchs Geld verdorben und deshalb bin ich arm, einsam und unglücklich. Alle fürchten sich vor ihm«, fügte sie geheimnisvoll hinzu und weinte sich das

Herz aus dem Leib. Und dabei sah sie mich, den gerade Zehnjährigen an und sagte: »Du bist halt nur ein Erbschleicher.«

Sie stritt mit allen. In unserem Haus folgte ein Dienstmädchen dem anderen; es müssen Dutzende gewesen sein – Emmas, Paulas, Marias, Berthas, Luisen und Annas. Zu guter Letzt war ihr Ruf so schlecht, daß die Dienstmädchen ohne Gepäck kamen mit der Erklärung, daß sie so viel über meine Mutter gehört hätten, daß sie nicht das Geld für ein Taxi riskieren wollten; sie blieben dann ein paar Tage, um zu sehen, ob es wirklich so schlimm war, wie sie gehört hatten.[19]*

Sie wurden nicht mit Absicht schlecht behandelt, sondern aus purer Dummheit. Wenn meine Mutter zum Beispiel Staub auf dem Kaminsims fand, schrieb sie »Sau« darauf, um eine halbe Stunde später der Schuldigen oder der Köchin dann wieder unter Tränen anzuvertrauen, wie schlecht sie behandelt würde und daß sie so einsam sei, weil sie gut und unschuldig sei, alle anderen aber schlecht, einschließlich ihres Sohnes, des »Erbschleichers«.

Später, als ich Rechtsanwalt war, erhielt ich regelmäßig Telefonanrufe des Oberrabbiners, von Geschäftsleuten oder von Freunden. Es war immer das gleiche; meine Mutter hatte sich bei ihnen über meinen Vater oder über mich beklagt und darüber, wie einsam, hilflos und arm sie sei.

Wie mein Vater war sie unglücklich und elend. Und wie mein Vater meinte sie es gut. Ich habe keinen Zweifel, daß wir, als wir klein waren, gut versorgt wurden, und wenn wir krank waren, kümmerte sie sich voller Hingabe um uns. Wir hatten alles: eine schöne Wohnung mit Zentralheizung, einen Lastenaufzug, einen Springbrunnen im Eingangsbereich, einen Staubsauger – alles, was man mit Geld kaufen konnte. Vor Weihnachten verbrachte meine Mutter immer Tage und Nächte damit, den Weihnachtsbaum zu schmücken und die wundervollsten Kuchen zu backen. An Heiligabend saß sie am Klavier, umgeben von ihren Kindern und Dienstmädchen. Sie spielte »Stille Nacht, Heilige Nacht« und »O Tannenbaum« und machte daraus so ein Erlebnis, daß ich noch immer voller Sehnsucht und Dankbarkeit an diesen einen Abend denke.

Wie mein Vater wurde sie nach Theresienstadt deportiert, wo sie unter den »üblichen Umständen« starb. Sie hatte ihr eigenes Leben und das meines Vaters vollkommen verpfuscht, und sie verpfuschte auch mein Leben und das meiner Schwester. Wie sonst läßt es sich erklären, daß die ersten fünf Jahre meines Lebens in meiner Erinnerung wie ausradiert sind. Und auch von den fünf Jahren danach blieben mir nur ein paar kleine Erinnerungsfetzen: der erste Zeppelin, das erste Flugzeug, wie mein Vater ohne Bart heimkam, wie er ein Walzengrammophon mitbrachte oder wie er eines Nachts mit einem kleinen Hund in der Tasche seines Pelzmantels heimkam.

An meine Schwester Erna[20] kann ich mich kaum noch erinnern. Sie war drei Jahre jünger als ich. Sie war sehr klein, aber ziemlich hübsch und hatte tiefblaue Augen. Wir wuchsen im selben Haus auf, aber hatten fast nichts gemeinsam. Ich lebte in meiner eigenen Traumwelt, als Held und als Eroberer, sie spielte nur mit Puppen. Aber es gab zwei schwerwiegende Gründe, die uns sehr früh entfremdet hatten. Der erste war, daß sie immer die Partei meiner Mutter gegen meinen Vater ergriff und jedes Wort glaubte, das ihr meine Mutter über ihn erzählte. Ich dagegen hielt eher zu meinem Vater, der immerhin ein wenig Willensstärke zeigte und ein Mann war und nicht ein Nervenbündel. Der zweite Grund war, daß sie eine häßliche Angewohnheit hatte. Wenn wir uns gestritten hatten, ging sie ruhig ins Zimmer meiner Mutter. Dort fing sie eiskalt und voll Theatralik an, Tränen zu vergießen und zu heulen und zu schreien, so daß meine Mutter wie eine Löwin herausstürzte und ohne weiteres Nachfragen über mich herfiel, der ich es gewagt hatte, ihrer heißgeliebten kleinen Tochter, die Mammi so gut verstand und keine Erbschleicherin war, etwas anzutun.

Meine Schwester war wie meine Mutter vor allem an Kleidern, Schuhen und Liebesgeschichten interessiert. Mit einundzwanzig heiratete sie heimlich einen gleichaltrigen, arbeitslosen Bankangestellten, den sie in der Tanzstunde kennengelernt hatte. Meinen Vater stellte sie erst ein paar Wochen später vor vollendete Tatsachen. Er war tagelang außer sich: Er verfluchte meine Mutter, die sehr wohl darüber Bescheid wußte und die Heirat betrieben hatte. Er schrie und tobte, daß, wenn er seine Tochter nur religiös erzogen hätte, »sie ihm dies niemals angetan hätte«. Er hatte Gründe, wütend zu sein: Der junge Mann war nett, sah gut aus, hatte aber keinen Pfennig Geld und kaum Zukunftsaussichten. Daß er Nichtjude war, war egal; mein Vater hatte nur keine Lust, möglicherweise jahrelang für den Unterhalt des jungen Paares aufzukommen. Im Gegensatz dazu war meine Mutter außerordentlich glücklich: Es war herrlich romantisch, es war LIEBE, LIEBE – was spielte da das schnöde Geld schon für eine Rolle? *Sie* war wegen ihres Geldes geheiratet worden und man sah das Ergebnis! Das Wichtigste war nun, für das junge Paar ein Haus zu finden. Ihr Mann würde dafür bezahlen müssen, und sie würde die Aufgabe übernehmen, es für die Kinder einzurichten. Das kleine Liebesnest sollte fertig sein, wenn sie von ihrer Hochzeitsreise zurückkehrten.

Nach einer oder zwei Wochen beruhigte sich mein Vater ein wenig. Es war immer noch »meine Tochter, mein Geld«, aber er sah ein, daß er nichts ändern konnte. Er entschloß sich, die »Verlobung« seiner Tochter Erna mit Otto Dietz in den Zeitungen bekanntzugeben. Besucher kamen, angeblich um zu gratulieren, aber in Wahrheit wollten sie den Verlobten sehen und sich am Unglück meines Vaters ergötzen. Für meine Mutter war alles phantastisch: der Triumph wahrer Liebe über das Geld.

Zwei Wochen später wurde die Heirat des jungen Paares verkündet, und sie fuhren zur verspäteten Hochzeitsreise nach Italien.

Wir sahen uns nicht sehr oft. Meine Schwester und ihr Mann bewegten sich in völlig anderen Kreisen. Otto fand eine schlechtbezahlte Stelle bei einer kleinen Provinzbank. Mein Vater, der seine Tochter liebte, besserte jahrelang ihr Haushaltsgeld großzügig und ohne zu murren auf.

Nach Hitlers Machtergreifung stellte die Bank meinen Schwager vor die Wahl: seine Stelle oder »die Jüdin«. Sehr widerwillig und, wie ich meine, vernünftigerweise, entschied er sich für seine Stelle und ließ sich nach den Nürnberger Rassegesetzen[21] von ihr scheiden.

Einige Monate bevor der Krieg ausbrach erfuhr ich, daß sie zu mir nach England kommen wollte. Meine Frau Diana und ich unterzeichneten eine Erklärung, die besagte, daß wir uns um sie kümmern würden. Innerhalb weniger Tage erhielt ich ein Einreisevisum für sie. Statt sofort zu kommen, zögerte sie; sie konnte ihre Möbel, ihre Kleider ihre Schuhe… nicht zurücklassen. Dann brach der Krieg aus.

Ein paar Monate später – während der Phase des Sitzkrieges[22] – bekam ich ein Telegramm von einem Mann in Amerika, mit dem sie nach ihrer Scheidung zusammengelebt hatte. Er bat mich, ihr ein Schiffsticket Rotterdam–New York zu schicken. Es schien ziemlich unwahrscheinlich, daß man in einem fremden Land während des Krieges ein Schiffsticket für einen feindlichen Ausländer würde kaufen können! Irgendwie erhielt ich jedoch die Erlaubnis, und Erna wurde informiert, daß das Ticket für sie bereitliege. Kurz danach erhielt ich einen Brief aus Amerika: Ich solle sofort eine große Summe bezahlen, dafür, daß ihre Möbel, die in Rotterdam eingelagert waren, nach Amerika geschickt würden. Ich schrieb verärgert zurück, daß zwischen Deutschland und England Krieg sei, daß die britischen Finanzbehörden sicher etwas dagegen hätten, wenn Geld für die Möbel eines Kriegsfeindes ausgegeben würde, daß es Wahnsinn sei zu warten und das Leben für solchen Tand zu riskieren, daß es absurd sei, soviel Geld dafür auszugeben und noch einiges mehr.

Ich weiß nicht mehr, ob ich je eine Antwort bekommen habe. Ich glaube nicht, da in der Zwischenzeit Hitler das Problem gelöst hatte: Er bombardierte Rotterdam[23], und

die halbe Stadt, einschließlich der Stühle, Betten, Tisch-
wäsche, Vorhänge und Schuhe meiner Schwester, ging in
Flammen auf.

Ungefähr sechs Monate später, als ich im Internierungslager war, erhielt ich ein mysteriöses Telegramm: »Bitte bezahle Schiffspassage Yokohama–San Francisco.« Ich kann
mir nur denken, daß Erna hoffte, über Rußland und Japan
zu flüchten.

Aber ich konnte nichts tun. Es war definitiv für immer
zu spät.

Soweit ich weiß, warf sich Erna mit ihrem Baby Ende
1944 auf dem Weg nach Auschwitz unter einen Zug.

Schulzeit, Krieg, Revolution

Mit fünf Jahren wurde ich in einen Kindergarten geschickt und von dort auf die Privatschule des Herrn Stäbler.[24] Dort blieb ich, bis ich acht oder neun Jahre alt war. Ich war der einzige jüdische Junge dort. Mein Vater hatte entschieden, daß es völlige Verschwendung sei, mir von einem Rabbi Religionsunterricht geben zu lassen. »Jesus wird bei ihm schon keinen Schaden anrichten«, sagte er. Damit genoß ich drei Jahre lang eine christliche Erziehung. Herr Stäbler nahm, im Gegensatz zu meinem Vater, Religion sehr ernst. Jeden Morgen spielte er Orgel und sprach über die Kreuzigung mit soviel Leidenschaft, daß er aus mir einen kleinen Antisemiten machte.

Ich habe immer vermutet, daß Antisemitismus vor allem auf den elterlichen Einfluß sowie auf den Religionsunterricht gerade in dem Alter, in dem man für Eindrücke besonders empfänglich ist, zurückzuführen ist. Herr Stäbler unterstrich immer: »die Juden haben unseren Herrn gesteinigt« und »die Juden haben Jesus Christus gegeißelt« und daß Christus sagte, »Mein Blut soll über euch kommen.«

Als mir eines Tages ein kleiner jüdischer Junge sagte, daß ich immerhin auch ein Jude sei, stieß ich ihn gegen eine Mauer und sagte ihm, daß ich nichts mit den Mördern Christi zu tun habe.

Sonst erinnere ich mich an wenig. Ich erinnere mich an einen Jungen, Graf Moy, Sohn des bayrischen Botschafters am württembergischen Königshaus, und an seine Mutter. Sie war so schön, daß ich niemals ihre olivfarbene Haut, ihre dunklen Augen und ihre schönen Kleider vergessen habe. Ich glaube, sie war vor ihrer Heirat eine Prinzessin Lichnowsky. Ich erinnere mich auch an seinen Vater. Er sah so vornehm aus, daß ich beschloß, so auszusehen wie er, wenn ich älter wäre. Alle drei kamen aus einer anderen Welt und waren die schönsten und märchenhaftesten Geschöpfe, die ich je gesehen habe. Ich begleitete den kleinen Moy oft nach Hause, aber natürlich lud er mich nie ein, das Haus zu betreten.

Außerdem geschah etwas, das mich so tief beeindruckte, daß ich mich sogar heute, nach fünfzig Jahren, noch an jede Einzelheit erinnere. Zu der Zeit hatten wir Kinder eine französische Gouvernante, die uns zum Spazierengehen ausführte. Eines Tages hielt mich mein Vater mitten auf der Straße an. »Hab' keine Angst Fred, aber sag' mir die Wahrheit. Eine Dame hat mir gerade gesagt, daß sie es nicht länger mitansehen könne, wie Du und Deine Schwester von Mademoiselle geschlagen und getreten werdet. Bitte sag' mir, seid Ihr jemals von ihr geschlagen und getreten worden?«

Ich gab keine Antwort, fing aber bitterlich zu weinen an. Sogar heute noch erinnere ich mich, daß ich eine seltsame Genugtuung darüber empfand, Mademoiselle beschuldigen zu können. Es war eine unbekannte Macht, die mir gegeben wurde. Heute glaube ich, daß meine Tränen unaufrichtig waren, aber natürlich kann ich mich irren. Diese

Tränen waren Beweis genug für meinen Vater. Sie war schuldig. Sie hatte seine Kinder mißhandelt. Er rannte in ihr Zimmer hinauf, beschimpfte sie und forderte sie auf, sofort zu gehen. Sie protestierte heftig. Er rief einen Polizisten herbei, und unser Diener trug ihr Gepäck die Treppen hinunter. All dies geschah vor den Augen von uns Kindern, die wir dieses dramatische Geschehen fasziniert und entsetzt und, wie ich annehme, auch mit heimlicher Freude verfolgten.

Ich bin nicht sicher. Es ist möglich, daß Mademoiselle uns schlug. Kinder nehmen Freundlichkeit und Grausamkeit mit derselben Gleichgültigkeit hin. Aber ich vermute, daß ihr Unrecht geschah und daß ich, der kleine Junge, daran Anteil hatte.

In Deutschland konnten die Eltern zwischen einer Vielfalt von Schularten wählen. Der Vater, der seinem Sohn eine klassische Erziehung geben wollte, konnte ihn auf ein Humanistisches Gymnasium schicken, wo Griechisch und Latein die Hauptfächer waren. Sah er für sein Kind eine mehr naturwissenschaftliche oder kaufmännische Laufbahn vor, entschied er sich für ein Realgymnasium, wo Latein und Moderne Fremdsprachen unterrichtet wurden. Wenn er keine Universitätslaufbahn plante, konnte er zwischen einer Oberrealschule, einer Realschule und einer Bürgerschule wählen. Letztere war hauptsächlich für Kinder der Arbeiterklasse, die die Schule früh verlassen mußten. Sie lernten Lesen, Schreiben und Rechnen, aber soweit ich weiß, sonst nichts.

Mit neun wechselte ich von Herrn Stäblers Schule auf

das Eberhard-Ludwigs-Gymnasium, das nach dem Herzog benannt und seit dem vierzehnten Jahrhundert als Lateinschule bekannt war. Es gab keine Klassenunterschiede. Viele der Jungen waren Pfarrerssöhne und für eine kirchliche Laufbahn im Tübinger Stift bestimmt. Andere waren Söhne von Kaufleuten, Beamten, Industriellen und Adligen. Darunter waren Konstantin von Neurath[25], dessen Vater viele Jahre später Außenminister unter Hitler und Reichsprotektor in der Tschechoslowakei war; Rolf Pfander, mein ältester Schulfreund, dessen Vater eine Möbelfabrik besaß; von Groll, Sohn eines Offiziers; Lothar Frank[26], der aus einer Bankiersfamilie stammte und dessen Bruder Bruno ein berühmter Schriftsteller wurde (seine Komödie »Sturm im Wasserglas« ist meines Wissens in London aufgeführt worden).

Zwei andere Jungen, die in die gleiche Schule gingen, waren die Brüder Stauffenberg[27]. Einem von ihnen gelang es fast, Hitler zu töten. Er wurde dafür hingerichtet. Es gab wenig oder gar keinen Snobismus. Der einzige Unterschied, an den ich mich erinnern kann, entwickelte sich Jahre später, als einige der brillanteren Jungen, die Theaterstücke, Gedichte und lateinische Verse schrieben und als die »Elite der Klasse« bekannt waren, einen exklusiven Kreis bildeten, der die »gemeine Masse« verachtete. Antisemitismus war kaum oder gar nicht spürbar. Ob ein jüdischer Junge in Schwierigkeiten kam oder nicht, hing allein von seinem Taktgefühl und seinen Manieren ab.

In meiner Klasse waren drei jüdische Jungen: Carlebach, Bach und ich. Carlebach, der immer ein Spitzenschüler und ein ausgezeichneter Sportler war, war zweifelsohne beliebt,

Bach jedoch ging uns durch sein dummes Benehmen, das alle irritierte, auf die Nerven. Wenn beispielsweise zu Beginn eines Schuljahres der Lehrer jeden nach seinem Namen und seiner Religionszugehörigkeit fragte, sprang er immer auf und schrie, »Bach – Jude«, so laut, als ob er die Christenheit und jeden Antisemiten in der Welt herausfordern wollte. Ich selbst hatte kaum Nachteile als Jude hinzunehmen.

In der Schule war ich im Sport überdurchschnittlich gut und konnte mich gegen jeden Jungen in meiner Klasse verteidigen. Ich habe aber keine Zweifel, daß es oft ein genauso großes Handicap ist, als Jude geboren zu sein, wie farbig zu sein. Je nach Charakter und Umfeld wird jedes Kind anders damit zurechtkommen. In Deutschland sieht sich jedes jüdische Kind, aus Gründen, die es zunächst kaum verstehen kann, Schwierigkeiten und Vorurteilen, Verachtung und manchmal sogar Haß ausgesetzt. Antisemitismus ist eine seltsame Krankheit, die sich an den unwahrscheinlichsten Stellen ausbreitet. Er ist bei vielen, die davon nichts ahnen, unterschwellig vorhanden. Sie sind dann bestürzt und beschämt, wenn er bei ihnen hervortritt. Der eine kann unser Freund sein und uns in sein Haus einladen, aber er würde eher sterben, als uns in seinen Club mitzunehmen. Der andere wird darauf beharren, daß alle Juden Schwarzhändler sind, während er nur Gutes über seine vielen jüdischen Freunde sagt. Meine eigenen Erfahrungen haben in mir eine gewisse Empfindlichkeit hinterlassen, die Angst, verletzt zu werden. Wie ein Seismograph fühle ich die kleinste Erschütterung und neuen Bekannten gegenüber bin ich instinktiv vorsichtig.

Ich war nur zweimal deswegen in Schwierigkeiten. Einmal, als ich entdeckte, daß ein Klassenkamerad antisemitische Parolen an Häuser und Laternenpfähle klebte, und ich ihn verprügelte. Und davor ein anderes Mal, bald nachdem ich Herrn Stäbler verlassen hatte, der mir soviel christliche Inbrunst eingeflößt hatte.

Da es einige jüdische Jungen an meiner Schule gab, zu denen ich plötzlich gezählt wurde, kam ein Rabbi, um uns zu unterrichten. Dadurch wurde ich aus der Hitze von Herrn Stäblers christlicher Leidenschaft in das lauwarme Wasser der milden Annäherung des Rabbis an das Judentum getaucht. Eines Tages kamen zwei kleine jüdische Jungen mit der dringenden Bitte auf mich zu, für Jahwe zu kämpfen, der sich meiner Ansicht nach einen anderen und mächtigeren Israeliten als Verteidiger des Glaubens hätte auswählen sollen. Den beiden Helden zufolge hatte ein jüngerer Mitschüler, der sich bekanntermaßen immer als Tyrann aufspielte, gesagt: »Euer Gott ist blöd«, und ich sei der einzige, sagten sie, der diese Beleidigung rächen könne. Es gab kein Entkommen. Sie zerrten mich in den Hof hinaus, wo der kleine Goliath, umgeben von all seinen Philistern, stand. Ich konnte mich kaum rühren, so stark zitterten meine Knie. Aber die beiden kleinen Teufel paßten auf, daß ich nicht davonrennen konnte. In meiner Angst rannte ich auf Goliath zu und ließ solch einen Hagel verzweifelter Schläge auf ihn niedergehen, daß er völlig vergaß, sich zu verteidigen und laut heulend davonlief. Es war ein Triumph und sogar die Philister klatschten Beifall. Von da an war mein Ruf als Kämpfer für die Juden jahrelang unangefochten.

Leider war mein Ruf, was das Lernen anbetraf, weniger ausgezeichnet. In meiner Schule lag der Hauptschwerpunkt auf Latein und Griechisch. Wer in beiden Fächern schlecht war, hatte größte Schwierigkeiten, die Prüfungen zu bestehen. Und ich war nicht nur in diesen beiden Fächern schwach, sondern auch ein völlig hoffnungsloser Fall in Mathematik. Wurde ich mit einer Rechenaufgabe konfrontiert, war es, als käme eine Art angeborener Idiotie über mich und erfüllte mich mit Verzweiflung. Sogar heute noch, siebenunddreißig Jahre später, habe ich immer denselben Traum, wenn etwas in meinem Leben danebengeht. Ich bin wieder in der Schule und muß ein mathematisches Problem lösen. Vergeblich protestiere ich, daß ich nicht länger in der Schule bin und daß ich alle meine Prüfungen bestanden habe. Ich muß ein leeres Blatt vorzeigen und wache dann schweißgebadet und zitternd auf.

Ich war gut in Französisch, sehr gut in Deutsch und Geschichte, ich liebte Gedichte; aber das war von geringem Nutzen. Ich mußte immer darum kämpfen, gut abzuschneiden und kam meistens gerade so durch meine Prüfungen.

Mit elf Jahren fing ich an, römische »Schätze«, die ich von B. kaufte, zu sammeln. Ich erwarb eine römische Spange für zwanzig Pfennig, eine Pfeilspitze für fünfzehn und einen Stein mit der Inschrift »Legio XXI« für dreißig. Leider hatte ich die fünfzig Pfennige nicht, die er für den Backenzahn eines Mammuts verlangte, und ich bedaure diesen Verlust noch heute. Fast zwanzig Jahre später traf ich einen deutschen Archäologen, der Professor in Stuttgart gewesen war. Er erzählte mir, daß er vor vielen Jahren zusammen mit dem Vater von B. einige römische Scherben in Württemberg ausgegraben habe und daß dessen lieber kleiner Sohn einige dieser Dinge, die sie gefunden hätten, gestohlen und mir verkauft hätte.

Einmal im Jahr machten meine Eltern an einem vornehmen Ort Urlaub und manchmal nahmen sie uns Kinder mit. Wir fuhren nach Blankenberghe in Belgien, nach Wildbad im Schwarzwald und nach Vulpera in der Schweiz. Unglücklicherweise wurden die Ferien jedesmal durch irgendeinen Zwischenfall verdorben, der mir die Freude nahm. Ich erinnere mich an den wundervollen Augenblick, als ich in Blankenberghe zum ersten Mal in meinem Leben das Meer sah. Aber genauso lebendig steht mir der entsetzliche Moment vor Augen, als wir aufgrund des taktlosen Verhaltens meines Vaters aus dem Kölner Dom gewiesen wurden. Ich erinnere mich an Wildbad im Schwarzwald, aber auch an die schreckliche Eifersuchtsszene, die meine Mutter, nicht ohne Grund, wie ich fürchte, machte und daran, wie einige Leute »Armes Kind« sagten, als ich vorbeiging. 1914 gingen meine Eltern nach Bad Gastein, und wir Kinder wurden unter der Obhut von Miss Cope, einer Englischlehrerin an einem Stuttgarter Mädchengymnasium, nach Donaueschingen geschickt. Kurz bevor wir abfuhren, war der Erzherzog Franz Ferdinand in Sarajevo ermordet worden, und die Österreicher hatten ein Ultimatum gesetzt, von dem ich inbrünstig hoffte, daß es die mordlustigen Serben nicht annehmen würden.[28] Ich hätte nichts gegen einen weiteren Krieg gehabt. Ich erinnerte mich mit großem Vergnügen an den aufregenden Balkankrieg im Jahre 1912:

König Nikita von Montenegro, die Verteidigung von Skutari durch Essad Pascha, die Belagerung von Adrianopel (Edirne) und die erfolgreiche Verteidigung der Tschataldscha-Linie. Damals stand ich leidenschaftlich auf der Seite der Türken, vor allem weil die Türken von dem deutschen Feldmarschall von der Goltz befehligt wurden.

Wenn alles gutging, würden die Serben sich weigern, das Ultimatum anzunehmen, und die Österreicher würden ihnen eine Lektion erteilen. Leider intervenierten die Russen und natürlich mußten wir mobilisieren. In jeder Zeitung stand, daß wir unseren Verbündeten, der nur den Mord an Franz Ferdinand und seiner Frau rächen wollte, nicht im Stich lassen könnten. Wir waren schließlich Deutsche, »treu wie die Nibelungen«, und nicht elende Italiener, deren Verrat nie vergessen werden würde. (Eine deutsche Zeitung schlug zu Recht vor, daß wir die Spaghetti in »Treubruchnudeln« umbenennen sollten.)

Es war alles schrecklich aufregend und ich konnte kaum schlafen. Alle waren durch die lange Friedenszeit gelangweilt und freuten sich nun. Soldaten marschierten mit Blumen an ihren Helmen durch die Straßen, Frauen folgten ihnen singend und tanzend; Offiziere schienen trunken vor Freude. Ich war erst dreizehn, aber wie beneidete ich sie. Und dann marschierten wir in Belgien ein. »Natürlich war es nicht korrekt«, sagte unser eiserner Kanzler, »aber Not kennt kein Gebot.« Warum leisteten die Belgier Widerstand? Wir wollten ihr Land nicht besetzen, wir wollten nur durchmarschieren. Und wie gemein von den Engländern, uns den Krieg zu erklären. Alle wußten natürlich, daß sie uns um unsere Handelsmacht beneideten, um unsere Flotte und sogar um unseren Kaiser. Aber was machte es aus? »Viel Feind – viel Ehr.«

Arme Miss Cope! Sie hatte eine schreckliche Zeit. Ich war überzeugt, daß sie sich schämte, Engländerin zu sein, und sich auch fürchtete, vor allem wenn ich ihr die neuesten guten Nachrichten erzählte – daß unser U9 drei englische Kreuzer versenkt hatte, wobei dreitausend Männer umkamen. Von überall her kamen gute Nachrichten. Unsere Truppen waren in Sichtweite von Paris, hunderttausend Russen – oder waren es vielleicht zweihunderttausend Russen? – kamen in Ostpreußen um. Hunderttausende wurden bei Tannenberg von Hindenburg und Ludendorff gefangengenommen.

Wir verließen Donaueschingen Ende August. Miss Cope wurde später in ihre Heimat zurückgeschickt, aber sie muß, wie schon gesagt, eine schlimme Zeit mit uns erlebt haben.

Als ich wieder in die Schule zurückkehrte, hörte ich, daß die meisten der älteren Schüler sich als Kriegsfreiwillige gemeldet hatten.[29]* Herr Ströhle ließ uns einen Aufsatz über das Thema »*Dulce et Decorum est Pro Patria Mori*«[30] schreiben, und um den Sieg von Tannenberg zu feiern, mußte ich ein Gedicht auswendig lernen und vortragen. Ich kann mich immer noch an den Refrain erinnern:

Der Sumpf ist Trumpf
Der Sumpf ist Trumpf
Er verschluckte die Russen
mit Rumpf und Stumpf

Herr Ströhle war sehr zufrieden mit uns und dem Kriegs-
verlauf. Es sei, sagte er, »eine Lust zu leben«. Der Krieg
sei bis Weihnachten zu Ende. Er habe es in der Stuttgarter
Zeitung gelesen, und die deutschen Zeitungen seien im Gegensatz zu den englischen immer zuverlässig. Ihm zufolge
kamen die übelsten feindlichen Veröffentlichungen von
Reuter[31], und er schlug vor, daß wir »Du lügst wie Reuter«
als ständige Redewendung benutzen sollten.

Der Krieg war bis Weihnachten nicht zu Ende und weit
davon entfernt, ein »frisch-fröhlicher Krieg« zu sein. Als
ich älter wurde und die Jahre vorbeigingen, merkte ich, daß
etwas falsch gelaufen sein mußte. Aber keiner von uns
zweifelte einen Augenblick daran, daß wir am Ende siegen
würden. Jetzt gab es beim Abschied keine Blumen mehr für
die Soldaten. Sie fuhren zu nächtlicher Stunde, die geheimgehalten wurde, ab. Es hatte, so wurde gemunkelt, schreckliche Szenen auf den Bahnhöfen gegeben. Es gab auch
Gerüchte über Männer, die den Zeigefinger ihrer rechten
Hand abgeschnitten hätten, um nicht eingezogen zu werden, und es gab sogar Berichte über Meuterei.

Allmählich wurden Lebensmittel, Kleider und alles
andere knapp und mußten rationiert werden. Mit dem Mangel tauchten neue Wortschöpfungen in den Zeitungen auf,
die niemand zuvor jemals gehört hatte: Hamsterer, Kriegs-
gewinnler, Schwarzhändler; und die Nachrichten, daß
manche Leute zu Hause großen Gewinn aus dem Krieg zogen, untergrub die Moral unserer Truppen. Die meisten
unserer jungen Lehrer wurden einberufen und die, die
zurückblieben, waren alte und müde Männer. Einige von
ihnen mußten nun Unterricht in Fächern geben, von denen

sie nicht die geringste Ahnung hatten. Unser Kunstlehrer zum Beispiel mußte jetzt plötzlich Biologie unterrichten. Er war ein reizender alter Mann, aber ein schlechter Kunstlehrer und ein unmöglicher Biologielehrer. Sein Kunstunterricht bestand hauptsächlich darin, daß er ein paar farbige Äpfel oder Birnen aus Gips auf einen Teller legte, die wir so wirklichkeitsgetreu wie möglich malen mußten. Gelegentlich ging er mit uns ins Freie. So erinnere ich mich an einen heißen Julitag. Der einzige Gegenstand, der seines Erachtens als Malvorlage für uns in Betracht kam, war eines der Fenster der Schultoiletten, welches wir Ziegel für Ziegel zeichnen mußten. Aber das war nichts, verglichen mit dem Biologieunterricht. Die Aufzeichnungen, die er benutzte, mußten aus seiner eigenen Schulzeit vor ungefähr fünfzig Jahren stammen. Eines Tages sah ich sie herumliegen. Ich vertauschte die Seiten, mit dem Ergebnis, daß der arme Mann, der dies zu spät bemerkte, mit seinem Unterricht nicht fortfahren konnte, sondern abbrechen mußte, weil »er sich nicht wohl fühle«.

Ich fürchte, wir behandelten den alten Mann ziemlich schlecht. Ich habe mich oft gefragt, warum so viele Jungen die Freundlichen und Unbekümmerten mit solch gemeiner Grausamkeit behandeln. Einer unserer Lehrer, ein Mann von äußerster Güte, wurde von uns zu einem völligen Wrack gemacht und mußte seinen Beruf aufgeben. Ich erinnere mich noch mit Schrecken und Scham – ich war an seiner Drangsalierung mit beteiligt –, daß er, als wir einmal nicht mehr aufhörten zu lachen, zu schreien und mit nassen Papierkugeln nach ihm zu werfen, zu weinen anfing und rief: »Was habe ich euch getan, was habe ich euch getan?«

Andererseits waren wir durch die Demonstration von Macht leicht zu beeindrucken und einzuschüchtern. Einer unserer unfähigsten Lehrer hatte uns fest unter Kontrolle. Ich erinnere mich an den Tag, als er uns das erste Mal sah, und wie er uns zu völligem Gehorsam brachte. Niemand hatte ihn zuvor gesehen, und als er hereinkam, hefteten sich etwa siebzig Augen an ihn um herauszufinden, was für ein Mensch er war. Er ging langsam an sein Pult. Er setzte sich. Er sah uns an. Plötzlich hob er den Deckel seines Pultes hoch und schlug ihn wieder zu, so daß der ganze Raum nachhallte, als ob ein Gewehr abgefeuert worden wäre. Dann starrte er uns mit seinen Fischaugen an und sagte »Gut, gut, gut, ich bin sicher, wir verstehen uns jetzt. Ab sofort sind wir alte Freunde, nicht wahr?«

Nach und nach, mit fortschreitender Kriegsdauer, wurden wir immer öfter mit Aufgaben betraut wie: Erntehilfe, Sammeln von grünen Blättern, aus denen eine Art Pferdefutter gemacht wurde, Schrottsammlungen, vor allem Kupfer, Messing, Blech und Eisen – und immer weniger waren wir mit unseren Unterrichtsstunden beschäftigt. Dadurch und durch das Verschwinden der Lehrer und Väter fand ein seltsamer Wandel statt. Die Gewalt und Demoralisierung der älteren Generation begann auch auf die Jüngeren überzugreifen.

Bald nach Ausbruch des Krieges bauten die Jungen in meiner Straße[32] an einem leeren Gebäude gegenüber von unserem Haus einen Schützengraben und einen Unterstand. Wir verstärkten das Ganze mit Stacheldraht. Ein paar Tage später griffen etwa zwanzig bis dreißig Jungen unseren Schützengraben an. Sie waren zwischen zwölf und vierzehn, aber stärker – sie stammten aus einer Straße, in der die Arbeiterklasse und untere Mittelschicht wohnte, wir dagegen wohnten in einer Straße der Mittel- und oberen Mittelklasse. Sie wurden von einem Steinhagel und unserem Luftgewehrfeuer zurückgeschlagen. Einige Tage später kamen sie mit Verstärkung aus Zuffenhausen, einem Vorort von Stuttgart, zurück: hauptsächlich Jungen bis sechzehn, stark und ziemlich wild. Wir hatten von dem bevorstehenden Angriff Wind bekommen und erhielten Hilfe aus Korntal, einem anderen Bezirk der Arbeiterklasse. So kam es, daß sich eines Morgens fast zweihundert Jungen gegenüberstanden, bewaffnet mit Stöcken, die zum Teil mit rostigen Nägeln versehen waren, Schreckschußpistolen, Luftgewehren und sogar Terzerolen.

Der Kampfeslärm war schrecklich. Trompeten wurden geblasen, Pistolen und Terzerolen gingen los und die Jungen kämpften mit unglaublicher Gewalt. Das Ungewöhnliche daran war, daß wir keine bösartigen kleinen Gangster waren, sondern Jungen, die ganz von ihrer Phantasie hinweggetragen wurden. Für mich war die Schlacht wirklich und ich konnte nicht länger zwischen Phantasie und Realität unterscheiden. Die anderen waren unsere Feinde, wir waren angegriffen worden, und wir mußten uns mit allen uns zur Verfügung stehenden Mitteln verteidigen.

Infolge des unglaublichen Lärms wurden Fenster aufgerissen, Eltern rannten aus den Häusern und versuchten, uns zu trennen. Meine Mutter rief vergeblich meinen Namen, und plötzlich konnte man mitten im Getöse den schrillen Ton von Pfeifen hören und von allen Seiten schien

Polizei heranzurücken. Einen Augenblick später war die Schlacht vorbei. Alle waren auf der Flucht. Ein Polizist verfolgte mich, ich schlug mich in die Seitenstraßen und entkam. Ich weiß nicht, wie viele Jungen verletzt wurden oder was mit denen passierte, die von der Polizei festgenommen wurden. Ich hörte, daß einige der Jungen mit Schußwunden ins Krankenhaus eingeliefert wurden, aber möglicherweise war das übertrieben. Auf jeden Fall bedeutete dies das Ende unserer Straßenkämpfe. Unser Schützengraben, der all diesen Aufruhr verursacht hatte, füllte sich langsam mit Wasser, genauso wie die Schützengräben in Flandern, wo so viele der Väter der Jungen gestorben waren und immer noch starben.

Viel wichtiger war vielleicht, was sich innerhalb unserer berühmten alten Schule abspielte. In meiner Klasse war ein Junge, der Esenwein hieß. Er war der Sohn eines Pfarrers, ziemlich faul und dumm und immer einer der Schlechtesten. Damals wurden einige der Schulräume als Transitlager für französische Kriegsgefangene genutzt. Es gab auch eine Kantine für die Wachsoldaten, wo wir unter anderem Schokolade, Süßigkeiten und Wurst kaufen konnten. Esenwein schien immer genügend Geld zu haben, und bald begann eine ganze Gruppe von Jungen, einschließlich zweier anderer Pfarrerssöhne, auf seine Kosten zu leben. Jeden Tag kaufte er ihnen Wurst und Schokolade und bald war klar, daß einige dieser Jungen ihn in ihrer Hand hatten und ihn zwangen, immer mehr zu kaufen. Niemand wußte, woher das Geld kam. Es war offensichtlich, daß solche relativ großen Summen nicht vom Gehalt eines Pfarrers abgezweigt werden konnten.

Das ging eine Zeitlang so weiter. Ich war sicher, daß der Junge erpreßt wurde und beschloß, zu unserem Klassenlehrer zu gehen. Meine Motive dafür waren verschiedener Art, wie so oft im Leben. Einerseits fühlte ich, daß man etwas tun mußte, um die Sache zu stoppen; andererseits vermute ich, daß ich meinen Lehrer mit meiner Tugendhaftigkeit beeindrucken wollte. Wie auch immer, ich ging zu ihm. Esenwein verschwand, einige der Jungen wurden vermutlich bestraft, aber aus Angst vor einem Skandal wurde alles ziemlich vertuscht. Ich habe niemals mit letzter Sicherheit herausbekommen, woher das Geld kam. Ich hörte später gerüchteweise, daß er den Opferstock in der Kirche seines Vaters geplündert hatte – dies schien eine einleuchtende Erklärung zu sein.

Gegen Kriegsende gab es Fälle von Schwarzhandel in meiner Klasse. Einige Jungen fingen einen Handel im großen Stil mit seltenen Waren wie Zucker, Saccharin und Metall an. Ein Junge verschwand von Zeit zu Zeit, aufgrund einer »anhaltenden Krankheit«, aber wir fanden später heraus, daß er zu einer Goldankaufstelle in Rottweil ging, wo er altes Gold und Silber ankaufte. Er war der geborene Spekulant und machte später während der Inflation ein Vermögen. Ein anderer kleiner Spekulant war Pazaurek[33] – später ein führender Nazi –, der vor allem mit falschen Zähnen und Schrott handelte. Eines Tages hielt er mich an. »Möchtest Du ein Rokoko-Schlafzimmer oder einen Kupferstich von Rembrandt?« Als ich verneinte, sagte er, »Egal. Bist Du vielleicht an tausend Messingwasserhähnen interessiert?« Eines Tages kam er mit einem kleinen Paket unterm Arm ins Klassenzimmer. Als er es

öffnete, kamen zwei- oder dreihundert falsche Zähne heraus, die er in dem Irrglauben gekauft hatte, daß sie Platin
enthielten.

Nur eine kleine Gruppe von Jungen nahm an solchen
Aktivitäten teil und darunter waren keine Juden. Was hätte
das für einen Aufschrei verursacht, wenn ein jüdischer
Junge darin verwickelt gewesen wäre!

Der Name Pazaurek erinnert mich an eine Sache, die zehn
Jahre später passierte. Pazaureks Vater[34] war der Direktor
des Stuttgarter Landesgewerbemuseums, das über eine
ausgezeichnete Sammlung von Möbeln aus der Zeit des
Mittelalters bis hin zum Jugendstil sowie Glas, Plastiken,
Kostüme usw. verfügte. Pazaurek, der ursprünglich aus
Prag stammte, war Kustos der Sammlungen von Graf
Czernin gewesen und galt als bedeutendster Kenner böh-
mischen Glases. Als Hobby fing er an, Kitsch zu sammeln.[35] [...] Wir pflegten von »saurem Kitsch« und »süßem
Kitsch« zu sprechen. »Saurer« oder Edel-Kitsch konnte
alles sein: Gegenstände des Kunstgewerbes, Pastiches,
kitschige Filme, verrückte Gegenstände oder Gemälde
aller Art. »Süßer« Kitsch ist die Art von Kitsch, die man
praktisch in allen Ländern findet: pfeifende Knaben aus be-
maltem Gips, die Porzellanhunde, die man in den Fenstern
von Vorstadthäusern sieht, die schrecklichen Puppen, die
man auf Jahrmärkten erwerben kann. Allmählich häufte
Pazaurek immer mehr Abscheulichkeiten an. Er hatte Klo-
papier – schwarz, weiß, rot, auf dem der deutsche Adler
aufgedruckt war – und eine Bartbinde mit dem Bild von
Kaiser Wilhelm sowie der Aufschrift »es ist vollbracht«.

Zum Schluß hatte er so viele Gegenstände gesammelt, daß er beschloß, ein Museum zu eröffnen, das »Stuttgarter Kitschmuseum«, das in der ganzen Welt berühmt wurde. Seine Leistung bestand darin, daß er Kitsch klassifizierte und in verschiedene Kategorien einteilte, wie zum Beispiel falsches Material, falsche Form und weitere. Aber ich weiß nicht mehr, wie er die Blumenvase klassifizierte, die aus Gußeisen hergestellt war und einen so engen Hals hatte, daß nur eine einzige Blume darin Platz fand. Später wurde der Reiz, Prachtstücke für sein Museum zu finden, so stark, daß er als Opfer seiner eigenen Phantasie anfing, sie speziell anfertigen zu lassen. Eines Tages erzählte mir sein Sekretär von einem Vorfall, der ihn peinlich berührt hatte: Pazaurek hatte seine ganzen abgeschnittenen Fingernägel in einer Streichholzschachtel gesammelt und von ihm verlangt, daraus fürs Museum eine Blume zu machen. Noch makabrer und hoffmannesk war, daß Pazaurek, wenn man seinem Sekretär glauben darf, die Brust einer toten Frau erworben und ihn gebeten hatte, einen Geldbeutel daraus zu machen.

1928 oder 1929, als ich als Rechtsanwalt arbeitete, schuldete mir Pazaurek, den ich vertreten hatte, eine ziemliche Summe Geld. Da er sie laut eigenen Angaben nicht bezahlen konnte, bot er mir als Ersatz eine Rokokobüste aus Lindenholz an, die ich oft bewundert hatte. Es war ein bezauberndes, mit großer Sorgfalt bemaltes Stück: ein junges Mädchen mit rotbraunem Haar und einem Strohhut.

Einige Wochen später bat mich der Direktor der Staatsgalerie Stuttgart darum, die Büste sehen zu dürfen, und ich überließ sie ihm ein paar Tage. Als ich sie abholen wollte, gratulierte er mir: es sei eine hübsche Figur, wahrscheinlich von einem französischen Bildhauer und ziemlich sicher ein Porträt von Franziska von Hohenheim, der Geliebten des Herzogs Carl Eugen von Württemberg. Ich war sehr erfreut. Aber als ich hinunterging, um meine Büste zu holen, traf ich auf einen höchst verlegenen Aufseher. Etwas Schreckliches sei passiert, sagte er. Die Büste sei kaputt! Er erklärte, daß er sie neben den Heizkörper gestellt habe, ohne an die Gefahr für das Holz zu denken, und nun habe sie einen Riß. Entsetzt prüfte ich meine Büste. Sie *hatte* einen Riß, der aber seltsamerweise in einer geraden Linie um die Stirn lief, gerade über den Augen, dann hinunter zu den Ohren und von dort zum Hals. Vorsichtig nahm ich die obere Kopfhälfte ab: innen war Baumwolle. Es war eine ausgezeichnete Fälschung. Der untere Teil war im Prinzip »echt«, wahrscheinlich diente er als Modell für einen Perückenmacher im achtzehnten Jahrhundert. Aber die obere Hälfte war eine komplette Fälschung, und wenn nicht der Heizkörper gewesen wäre, würde die Büste vielleicht immer noch in einem Museum stehen, viel bewundert und oft abgebildet.

Ich kann mich nicht mehr an das genaue Datum erinnern, aber ich muß etwa sechzehn oder siebzehn Jahre alt gewesen sein, als meine Mutter beschloß, daß es höchste Zeit sei, daß ich über das Leben aufgeklärt werde.

»Ludwig«, sagte sie zu meinem Vater, »Du mußt mit Deinem Sohn sprechen. Er sollte über die ›Gefahren‹ Bescheid wissen.«

»Das ist Aufgabe der Mutter«, antwortete mein Vater

schroff. Meine Mutter errötete und sagte, daß sie unter keinen Umständen etwas so Schreckliches tun könne. Sie sei nur eine schwache Frau mit sehr wenig Lebenserfahrung und sie habe keine Ahnung, wie man einen Jungen meines Alters aufkläre.

Mein Vater stand auf, nahm seinen Hut, schlug die Tür zu und verschwand. Meine Mutter sah mich voller Verzweiflung an und versicherte mir mit Tränen in den Augen, daß es nicht ihre Schuld sei, wenn ich ohne Kenntnis der »Gefahren« aufwachse. Sie sei nur eine Frau, schwach und so weiter.

Einige Tage später brachte sie mir drei Bücher, die ihr sehr als die richtige Lektüre für mein Alter empfohlen worden waren, nämlich: »Vom Jüngling zum Mann«, »Halte Deine Jugend rein« und »Helmut Harringa«[36].

Die beiden ersten waren voll von schrecklichen Darstellungen und Bildern über Geschlechtskrankheiten. »Helmut Harringa« dagegen war anders – eine Art moralische Erzählung. Eines Tages betrank sich Helmut, Sohn aus guter Familie und gut erzogen, und schlief mit einer Frau aus der Unterschicht, einer Kellnerin, soweit ich mich erinnere. Kurz danach entdeckte er, daß sie ihn angesteckt hatte. Als ihm bewußt wurde, daß er verloren war, schämte er sich über seine Tat. Er ging ans Meer und schwamm der sinkenden Sonne entgegen, immer weiter hinaus, bis er ertrank und niemals wiedergesehen wurde.

Dergestalt war die Auswahl meiner Mutter und ich brauchte ziemlich lange, bis ich vergessen konnte, was ich gesehen und gelesen hatte. Ein ganz anderes Buch, das ich rein zufällig auf dem Dachboden fand, hatte einen weitreichenden Einfluß auf mich. Es zerstörte meine letzten Reste an religiösem Glauben, ebenso wie später die Nachrichten über die Kriegsniederlage meinen Glauben an die Erwachsenenwelt zerstörten. Das Buch war Haeckels »Die Welträtsel«.[37]

Ich habe bereits erwähnt, daß ich zu Hause keine religiöse Erziehung genoß und auch in der Schule sehr wenig. Mein Vater war überzeugt, daß Religion Unsinn sei und daß Priester und Rabbiner gleichermaßen Gauner seien. Es bereitete ihm eine kindische Freude, am Sabbat demonstrativ zu rauchen oder am Versöhnungstag, dem heiligsten der heiligen Tage, an dem sogar die liberalen Juden in die Synagoge gingen und fasteten, mit der Straßenbahn in sein Lieblingsrestaurant zu fahren.

Meine Mutter sprach recht vage über Religion, da auch ihre Gefühle darüber vage waren. Meine Großmutter verfügte im Alter von über achtzig Jahren, daß kein Rabbiner an ihrem Grab beten, sondern daß statt dessen ich ein paar Worte sagen solle. Oft zitierte sie ein Gedicht von Heine:

> Keine Messe wird man singen,
> Keinen Kaddosh soll man sagen
> Nichts gesagt und nichts gesungen
> Wird an meinen Sterbetagen.[38]

An der Schule hatten wir zwei Religionslehrer. Der eine, ein freundlicher, aber schwacher Mann, langweilte mich durch die geistlose Art, in der er sprach, zu Tode. Der andere, der schwerfällig und intolerant war, bestand darauf, daß das Alte Testament, einschließlich solcher Geschichten wie Jonas und der Wal, wörtlich zu verstehen sei. Ich war zwar bereit, viel zu schlucken, aber nicht die Geschichte mit dem Wal, und ich sagte ihm, daß es meiner Meinung nach ein Märchen sei, so wie in Tausendundeiner Nacht. Er schäumte und schrie, »Trotz Deiner wird das jüdische Volk ewig bestehen!«

Mich interessierte jedoch das Überleben des jüdischen Volkes weniger als die Suche nach der Wahrheit. Ich konnte weder an Jahwe glauben, der mir als rachsüchtiger und eifersüchtiger Gott erschien, noch an den freundlichen, von einer Jungfrau geborenen Jesus, dessen Anhänger so viele Juden und Christen umgebracht hatten. Für mich war er das wundervollste menschliche Wesen – aber ein Gott, niemals!

Genau in dieser Zeit des Zweifelns fand ich »Die Welträtsel«. Es war zwar Populärphilosophie, dennoch schien es mir das mutigste Buch zu sein, das je geschrieben wurde, eine Offenbarung und eine Befreiung von meinen Zweifeln. Fragen, die ich mit keinem der Erwachsenen aus meiner Umgebung diskutieren konnte, die mich aber ununterbrochen von dem Augenblick an, da ich zum ersten Mal von den Lichtjahren erfuhr, beschäftigten, erfuhren eine klare und einfache Antwort. Es gibt keinen Gott. Ich hatte es immer vermutet, ich hatte es befürchtet. Nun wenigstens wußte ich, daß es so war. Wie oft hatte ich mich selbst gefragt: wie konnte es einen allmächtigen, gütigen Gott geben, der Millionen von unschuldigen Menschen zu schrecklichem Leiden und Tod verdammte. Wenn Er so allmächtig war, warum konnte Er uns nicht als perfekte Menschen erschaffen, warum mußte Er Verrückte, Verbrecher, Schwachsinnige und Epileptiker erschaffen? Wenn Er für die Erschaffung von minderwertigen Menschen verantwortlich war, konnte Er sich doch nicht der Verantwortung entziehen? Wenn sogar ich einen gesunden Menschen in einen verrückten verwandeln konnte, indem ich mit einer scharfen Nadel einen Teil seines Gehirns durchbohrte, sollte es dann nicht für Ihn, den Allmächtigen, viel einfacher sein, Menschen gesund zu erschaffen? Und wenn, wie alle Kirchen versicherten, nichts ohne Seinen Willen geschah, kein Spatz ohne Seinen Willen aus dem Nest fallen konnte, dann war das schreckliche Schlachten, das in Europa geschah, auch Sein Wille. Wie konnte Er, der Allmächtige, von solchen ungeheuerlichen Verbrechen freigesprochen werden, die Er geduldet und, in gewissem Sinn, angefacht hatte.

Von nun an mußte ich ohne göttliche Hilfe oder Trost leben. Ich mußte versuchen, ohne Ihn zu existieren. Aber es war besser, allein zu leben und zu sterben, als an eine Lüge zu glauben. Ich dachte: »Der Tod ist unvermeidlich und das Leiden davor ebenfalls. Worauf es ankommt ist, das Leben in Würde zu leben.«

Dies war für mich ein schrecklicher Schritt, da ich mich unglücklicherweise auch zu Hause nicht geborgen fühlte. Aber es gab kein Entkommen; ich mußte das wichtigste Problem meines Lebens lösen: wie ich in einer Welt ohne Sinn leben konnte. Es gab, so schien es mir, nur eine Antwort: ich mußte meine eigene Welt erschaffen. Sonst würde das Leben unerträglich sein. Ich mußte leben, *als ob* das Leben einen Sinn hätte, *als ob* Gott existieren würde und *als ob* es wichtig wäre, die Sterne zu erreichen. Dies war

mein Glaube, als ich siebzehn Jahre alt war, und meine Vorstellung von den Dingen ist auch heute noch ungefähr die
gleiche. Damals – wie heute auch noch – hätte ich es als
richtig empfunden, was John Stuart Mill[39] in seinem Aufsatz über die Natur schrieb:

»Kurz, alles, was die schlechtesten Menschen gegen
Leben oder Eigentum begehen, verüben die Naturkräfte
in größerem Maßstab. Die Natur hat Schlimmeres als
die Noyaden Carriers; ihre Explosionen sind zerstöreri-
scher als die von Kanonen; ihre Pest und Cholera sind
verderblicher als die Giftbecher der Borgias… Selbst
der verschrobensten und engherzigsten Theorie des
Guten, die religiöser oder philosophischer Fanatismus je
ausgeklügelt hat, kann es nicht gelingen, das Walten der
Natur als Werk eines Wesens darzustellen, das gut und
allmächtig zugleich ist… Wenn man nur ein Zehntel der
Mühe, die man darauf verwendet hat, wohlwollende Ab-
sichten in der Natur zu finden, darauf verwendet hätte,
Beweise für die Anschwärzung des Charakters des
Schöpfers zu sammeln – welch vielfältiges Material hätte
man nicht in der Lebensweise der niederen Tiere gefunden, die fast ohne Ausnahme entweder andere fressen
oder von anderen gefressen werden und darüber hinaus
tausend verschiedenen Übeln ausgeliefert sind, gegen die
sich zu schützen ihnen die nötigen Fähigkeiten versagt
worden sind.«

Wie viele Nächte habe ich bis in die frühen Morgenstunden
über diese schreckliche Offenbarung nachgedacht. Jeder

Atheist oder Agnostiker ist ein in seiner Liebe zu Gott Enttäuschter. Ich hatte Ihn aus tiefstem Herzen geliebt, aber Er hatte mich verlassen und nicht ich Ihn. Von da an fühlte ich auf seltsame und unerklärliche Weise, daß sich mein Leben zum Besseren gewandelt hatte, daß ich allein, aber stark genug war, meinem Schicksal mit gewissem Stolz und Mut ins Auge zu blicken. Das Seltsamste war, daß ich von diesem Zeitpunkt an spürte, daß ich meine Mitmenschen mit größerer Hingabe und größerem Mitgefühl lieben konnte, weil sie genauso alleine waren wie ich, in einer Welt ohne Zweck und Sinn.

> »Im letzten Akt, wie schön auch immer das Schauspiel war, fließt Blut: am Ende wirft man die Erde auf den Schädel und damit für immer.«
>
> Pascal[40]

Die Nachrichten über die Waffenstillstandsgespräche und die Niederlage unserer »unbesiegbaren Armee« waren ein schwerer Schlag für Lehrer wie für Schüler. Es konnte nicht wahr sein – es war nicht wahr, weil es unmöglich war. Ich erinnere mich noch, wie ich mich damals fühlte: Schock, Entsetzen und einen wilden und heftigen Zorn gegen die Regierung, den Kaiser und die ganze ältere Generation, Eltern wie Lehrer, die uns nach meinem Empfinden Lügen erzählt hatten und für den Krieg verantwortlich waren. Wie mein Glaube an die Religion war nun auch mein Glaube an die Wahrheit und Ehrlichkeit erschüttert.

Als ich später einmal »Die Wandlung« sah, ein Theaterstück, durch das Ernst Toller[41] berühmt wurde, identifizierte ich mich wie Millionen anderer Deutscher mit dem Soldaten, der als aggressiver Nationalist in den Krieg zog und mit dem Ausruf »Nie wieder Krieg!« zurückkehrte.

Damals wie heute hatte ich keinen Zweifel, daß die ganze junge Generation, ebenso wie die Soldaten, die von der Front heimkehrten, aufrichtig und leidenschaftlich Frieden und Versöhnung wollten. Man hörte ständig den Satz: »Wir müssen Brücken bauen.« Bedauerlicherweise reichten uns unsere Feinde nicht die Hand, und so wurde in den folgenden Monaten und Jahren unsere Hoffnung durch die Blockade und die Ruhrbesetzung langsam zerstört. Ich glaube immer noch, wenn die Alliierten der jungen Weimarer Republik nach dem Krieg nur mit ein wenig Hilfe oder etwas Ermutigung entgegengekommen wären, dann hätte es keinen Hitler und wahrscheinlich keinen Zweiten Weltkrieg gegeben. Aber keine Hilfe kam, und als sie kam, war es bereits zu spät.

Gegen Ende Oktober 1918 hörten wir Gerüchte, daß die militärische Lage kritisch sei. Kurz danach sah ich einen Anschlag, daß der bekannte linke Sozialist Dittmann[42] am 3. November in Stuttgart auf einer Versammlung sprechen würde. Mein Freund O. N. und ich beschlossen hinzugehen. Aber wir waren niemals zuvor auf einer Versammlung gewesen. Was für Leute gingen dorthin? Wahrscheinlich nur Revolutionäre, Anarchisten und Leute ähnlicher Couleur. Sicherlich war es für uns junge »Bourgeois« dort gefährlich! Wir beschlossen, daß es sicherer sei, wenn wir uns verkleideten. O. N. entschied sich, als Zimmermann zu gehen und ich als Schmied. Ich borgte ein Hose von meinem Vater, in der ich fast verschwand, schwärzte mein Gesicht und trug Hammer und Meißel in der Hand. O. N. verkleidete sich auch. Er nahm eine Säge mit, so daß jeder in ihm einen Zimmermann erkennen sollte.

Als wir ankamen, hatte die Versammlung schon begonnen, aber wir hielten uns im Hintergrund, aus Angst, erkannt zu werden. Zu unserem Erstaunen sahen alle ziemlich normal aus. Natürlich ist uns an diesem Abend nichts passiert. Der einzige Grund, warum ich diesen lächerlichen Vorfall erwähne ist, daß es seltsam anmutet, daß zwei Jungen, die immerhin fast achtzehn waren und, wenn der Krieg nicht plötzlich zu Ende gewesen wäre, ein paar Wochen später hätten einberufen werden können, so unglaublich naiv und weltfremd sein konnten. Niemand zu Hause oder in der Schule erwähnte jemals die Arbeiterklasse oder die Bedingungen, unter denen sie lebte. Wir wußten alles über Griechenland und Rom, über Plato und Sophokles, Horaz und Virgil, aber in unserem Lehrplan tauchten die Millionen von Männern, die in diesem schrecklichen Krieg so mutig gelitten hatten und zu Hunderttausenden für uns alle gestorben waren, nicht auf.

Als wir nach der Revolution einen Schülerrat wählten, stand ich bei einer Versammlung auf und machte den Vorschlag, daß wir endlich etwas über unsere Verfassung erfahren müßten und auch etwas über Karl Marx, über den alle sprachen. Die Lehrer schauten mich amüsiert und ironisch lächelnd an und einige sogar, so schien es, verächtlich.

Ein paar Tage später, am 8. November, deuteten die wichtigsten Stuttgarter Zeitungen an, daß morgen, am 9. November, um elf Uhr, die Revolution beginnen sollte.[43] Es wurde zwar nicht genau so geschrieben, aber man konnte es leicht zwischen den Zeilen herauslesen. Wir lasen, daß sich die Arbeiterklasse am 9. November um elf Uhr auf dem Schloßplatz versammeln werde, um eine neue Regierung zu wählen, daß Ruhe wichtig und Blutvergießen unnötig sei. Ich ging zum Schloßplatz. Dort war eine riesige Menschenmenge versammelt, rote Fahnen, viele Redner und alle schrien »Hurra«; aber kein Schuß fiel. Danach überschlugen sich die Ereignisse: Der König dankte ab, die Regierung ebenso, in Württemberg wurde die Republik ausgerufen, ein Präsident wurde gewählt, Soldaten zerbrachen ihre Gewehre und gingen nach Hause, Offiziere verschwanden und wurden monatelang nicht mehr gesehen. Major Mohl, den alle Soldaten lynchen wollten, gelang es leider zu flüchten und in der Nähe von Salem unterzutauchen. Rote, schwerbewaffnete Matrosen aus Kiel tauchten auf… Kurz danach versuchten die Spartakisten, die Macht an sich zu reißen. Sie besetzten die Zeitungshäuser und die Rundfunkanstalt. Es gab Straßenkämpfe; die neugewählte Regierung nahm im Bahnhofsturm Zuflucht, und Studenten von der Universität Tübingen kamen in Stuttgart an und gingen gegen die Spartakisten vor.[44]

Ich für meinen Teil konnte nicht verstehen, daß überhaupt jemand während der Revolution in die Schule gehen wollte. Ich selbst ging gelegentlich hin, aber nie ohne meinen Stahlhelm und eine von meinen beiden Pistolen. (Zu Hause hatte ich ein kleines Waffenarsenal: ein englisches Gewehr mit hundertfünfzig Schuß Munition, das ich einem Soldaten für zehn Mark abgekauft hatte, meine zwei Pistolen – eine Walter und eine Mauser –, den bereits erwähnten Stahlhelm, einen schottischen Dolch und ein

Gurkha-Messer.) Zusammen mit einigen anderen Schulfreunden und mit Erlaubnis des Klassenlehrers schloß ich mich der Einwohnerwehr an, deren Zweck es war, Privateigentum zu verteidigen, weniger gegen die Spartakisten als vielmehr gegen bewaffnete Einbrecher. Andere Jungen zogen mehr Unabhängigkeit vor. B., der ein Motorrad besaß, erlebte eine herrliche Zeit. Zusammen mit einem Freund als Beifahrer pflegte er in die Stadt zu fahren, Bürger mit seinem Gewehr anzuhalten und ihre Ausweispapiere zu verlangen. Dieser Spaß ging eine Zeitlang gut, aber eines Tages ging das Gewehr in seiner Tasche los, und er mußte ein paar untätige Wochen mit einer Kugel im Oberschenkel im Krankenhaus verbringen.

In der Zwischenzeit trat auch ich in Aktion. Zusammen mit zwanzig oder dreißig Mitgliedern der Einwohnerwehr, hauptsächlich wohlhabende, ältere Geschäftsleute, wurde ich zur »Verteidigung« eines Mädchengymnasiums gegen die Spartakisten aufgestellt. Unser Befehlshaber, Major von Hügel, schien von seinen Truppen nicht viel zu halten, aber er sagte, daß er großes Vertrauen in mich und einen anderen jungen Mann, den Sohn unseres Milchmanns, habe. Er sei sicher, sagte er, daß wir beide leicht jeden Angriff zurückschlagen könnten, und so wurde jeder von uns auf seinen Posten gestellt, bewaffnet mit einem Gewehr und zwei Handgranaten. Bevor wir unsere Positionen einnahmen, ermahnte er uns zu warten, bis wir das »Weiße in ihren Augen« sähen, und ihnen dann erst unsere Granaten vor die Füße zu werfen. Wir erwarteten ungefähr zwischen drei und vier Uhr morgens einen Angriff.

Kurz vor drei fiel ein Schuß. Der Sohn unseres Milchmanns sagte, daß er gesehen habe, wie sich etwas bewegte, und schoß.

Einige Minuten nach dem Schuß erschienen die anderen Verteidiger, die im Schulgebäude geschlafen hatten. Sie waren erst halb angezogen, und wir alle zogen uns hinter eine riesige Barrikade aus leeren Bierfässern zurück, die wir am Abend vorher errichtet hatten. Es war ein bitterkalter Morgen und ich beobachtete, daß unsere Gewehre, vielleicht aufgrund der großen Kälte, in der Morgenluft zitterten. Am faszinierendsten war für mich das seltsame Verhalten eines unserer Griechischlehrer, Professor Elben, ein netter und sehr gebildeter Wissenschaftler, der rechts von mir stand und eifrig sein Gewehr lud.[45] Mit großer Sorgfalt nahm er eine Patrone aus dem Ladestreifen, der fünf enthielt. Dann schaute er leicht verwirrt auf sein Gewehr und dann auf die einzelne Patrone und zögerte. Plötzlich sah ich ein Flackern in seinen Augen. Er hielt sein Gewehr aufrecht, drehte die Patrone um, so daß die Spitze auf die Gewehrmündung zeigte und versuchte dann, mit schnellen, entschlossenen Schlägen seiner rechten Hand, die Kugel hineinzutreiben. Es war offensichtlich, daß das Wissen des guten alten Mannes, was Waffen betraf, nicht über das achtzehnte Jahrhundert hinausreichte. Er war in der Tat ein glühender Bewunderer von Friedrich dem Großen, vor allem, weil der König dieselbe Taktik in der Schlacht von Leuthen angewandt hatte, die auch Epaminondas gegen die Spartaner in der Schlacht von Leuktra, 370 vor Christi, benutzt hatte. Ich merkte, daß ich eingreifen mußte, bevor die Patrone explodierte. Gerade noch rechtzeitig entriß ich ihm das Gewehr. Ich erklärte ihm die moderne Waffe und kann wahrheitsgemäß sagen, daß er eifrig dabei war und mit kindlichem Vergnügen immer wieder wiederholte, was ich ihm über Laden und Entladen beigebracht hatte. Aber Gott sei Dank mußten wir nicht zu den Waffen greifen. Was für ein Massaker an Unschuldigen hätte es gegeben, wenn eine Handvoll entschlossener Männer uns in dieser Nacht angegriffen hätten.

Ungefähr um sechs Uhr morgens wurden wir heimgeschickt. Professor Elben winkte mir zu. Zum ersten Mal schien er mit mir zufrieden zu sein. Als ich heimkam, stellte ich mein Gewehr weg und entdeckte dann mit einem Schaudern, daß eine meiner zwei Handgranaten an ihrer Abrißschlaufe von meinem Gürtel herunterbaumelte. In meiner Aufregung hatte ich den Deckel von der Granate abgeschraubt und völlig vergessen, ihn wieder zu schließen.

Nach einem oder zwei Monaten war die Ordnung wiederhergestellt, und ich mußte zurück in die Schule, diesmal ohne Gewehre. Das Leben dort ging mit Horaz und Sophokles und anderen schon lange verblichenen Griechen und Römern weiter, als wäre nichts geschehen. Unser Schülerrat löste sich auf und unser Direktor, der uns in Latein unterrichtete, fing an, von Rache süß zu träumen. Der erste Lateinaufsatz nach unserer Rückkehr zu den normalen Umständen hatte dementsprechend zum Thema *»Exoriare aliquis nostris ex ossibus ultor«*[46], gefolgt von *»si fractus illabatur orbis impavidum ferient ruinae«*[47]. Zu Hause las ich zum ersten Mal Hölderlin. Ich las Gedichte von Goethe, Rilke, Dehmel, Hofmannsthal und George und Romane von Dostojewski und Tolstoi, Gogol und Turgen-

jew, Flaubert, Balzac, Maupassant und unzählige Bücher
zur Frühgeschichte, Psychologie und Archäologie.

Im Juni 1920 bestand ich mein Abitur und am selben Tag
verbrannte ich alle meine Schulbücher. Endlich war ich frei.
Die schlimmsten Jahre meines jungen Lebens waren vorüber.

Berufswahl

Aber ich hatte keine Vorstellung, was ich mit meiner neu gewonnenen Freiheit anfangen sollte. Alle anderen Jungen schienen ihren Weg zu kennen. Sie wollten Pfarrer, Soldaten, Ärzte, Rechtsanwälte oder Beamte werden. Ich konnte bereits jetzt sagen, wer später Geistlicher oder General, Professor oder Justizrat sein würde. Sie schienen keine Zweifel zu haben, kein Zaudern und keine Ängste zu kennen. Nur ich war immer noch *dans la lune,* ein Traumtänzer.

Ich hatte nur die ungefähre Vorstellung, daß ich eines Tages ein Dichter oder ein Theaterschriftsteller werden würde, daß ich das Leben als Geschäftsmann haßte, [...] daß ich etwas von der Welt sehen und von zu Hause weg wollte. Ich war unheimlich schüchtern, stolz ohne Eitelkeit, sprachlos in der Gegenwart von solchen Menschen, die ich damals als »etwas Besseres« betrachtete, und krankhaft empfindlich.

Ich hatte keinen Zweifel, daß irgendwo in mir versteckt Talente schlummerten. Aber Talent allein reichte nicht aus. Nur Unsterblichkeit konnte als zeitweilige Versicherung gegen den Tod, der mich schon in diesem Alter schreckte, genügen.

Aber konnte ich solchen Ruhm erreichen (für den ich,

trotz meiner Furcht vor dem Tod, zu sterben bereit war)? Daß ich mich zu größeren Höhen aufschwingen konnte, wußte ich, aber wie weit und wie hoch würden meine Flügel mich tragen? Das war die Frage, die mich Tag und Nacht beunruhigte. Tief in mir fürchtete ich die Wahrheit: daß mir die Götter die fragwürdigsten ihrer Gaben gewährten: Mittelmäßigkeit.

Schon 1917 hatte ich geschrieben:

> Ich töne doch der Guss klingt hohl

und

> Was nützt es wohl Schwingen zu haben
> Nicht wie Adler
> Wie heiser krächzende Raben?

Mein Vater ließ mich nicht in Ruhe und wollte mich zu einer Entscheidung zwingen. Schließlich hatte ich einen Geistesblitz: Ich sagte, ich wolle Diplomat werden. Diplomaten reisten viel. Mein armer Vater hob die Hände zum Himmel und schaute mich an, als zweifelte er an meinem Geisteszustand.

»Ein Diplomat!« rief er. »Warum nicht Papst? Hat man schon jemals davon gehört, daß ein Jude im diplomatischen Dienst arbeitet? Wer bist Du eigentlich? Vielleicht ein Baron? Glaubst Du, ich bin Bismarck?« Schließlich beschloß er, die Entscheidung für mich zu treffen. Er erinnerte sich plötzlich daran, daß ich einige außergewöhnliche Scherenschnitte gemacht hatte, ganze Szenen von Straßenkämpfen und Krieg, die ich mit einer Nagelschere ausgeschnitten hatte, mit Figuren, die ungefähr einen halben Zentimeter hoch waren. Das war für seinen praktisch orientierten Verstand der Beweis, daß ich eine »geschickte Hand« hatte. Was konnte man mit einer geschickten Hand tun? fragte er sich. Chirurg werden? Nein. Er wußte sehr wenig über mich, aber er erkannte, daß ich niemals einen Chirurgen abgeben würde. Plötzlich hatte er eine Erleuchtung. Er wußte es: es war wundervoll! Sein Sohn sollte Zahnarzt werden!

»Ein Zahnarzt«, sagte mein Vater zu mir, »hat ein sicheres Einkommen und keine Zukunftssorgen, weil er immer gebraucht wird. Jeder Mensch hat Dutzende von Zähnen, von denen immer einige kaputtgehen. Schau unseren Zahnarzt, Herrn Goldmann, an. Er hat eine Villa und ein Auto. Ich weiß, es ist nicht sehr angenehm, anderen Leuten ins Maul zu schauen, aber jemand muß es tun. Glaubst Du vielleicht, Baumwolle zu verkaufen ist ein Vergnügen? Glaubst Du, es macht mir Spaß, bei Kälte und bei Hitze durch die Straßen von kleinen Städten zu ziehen? Danke Gott, daß ich Dich vor so einem Leben bewahren will. Ich schwor mir, daß mein Sohn, sollte ich es mir leisten können, ein besseres Leben haben würde als ich. Mit Deiner ›geschickten Hand‹ wirst Du einen erstklassigen Zahnarzt abgeben und viel Zeit haben, Bücher zu lesen. Ich werde Dir die bestmögliche Praxiseinrichtung kaufen, die für Geld zu haben ist, und ich garantiere Dir, daß die ganze Familie zu Dir kommen wird.«

Dies waren die Worte meines Vaters, und da ich keinen

praktischen Gegenvorschlag hatte, wurde entschieden, daß in der Zahnmedizin meine Zukunft lag. Ein paar Wochen später ging ich an die Universität.

Freiburg und München

Freiburg im Breisgau ist eine der schönsten Universitäts-
städte Deutschlands. Der Schwarzwald reicht fast bis an
die Stadt heran, der Rhein ist leicht erreichbar, ebenfalls der
Titisee, der Schluchsee und der Bodensee. Die Schweiz ist
nahe, die Städte Straßburg und Colmar ebenfalls.

Aus diesen Gründen suchte ich mir Freiburg für mein
erstes Jahr aus. In Deutschland kann man auf zwei, drei
oder mehrere Universitäten gehen: nach München, Berlin,
Heidelberg, Jena, Halle und so weiter. Nur das Schlußex-
amen muß an der Landesuniversität abgelegt werden, in
meinem Fall Tübingen.

Dieses System hat einen großen Vorteil. Der junge deutsche Student kann etwas von Deutschland sehen und kann
die Unterschiede in den Charakteren der deutschen Volks-
stämme kennenlernen. Heidelberg, München und Freiburg
waren bevorzugte Universitäten, und ein großer Anteil der
Studenten kam aus dem Norden Deutschlands.

Es gab an den deutschen Universitäten kein Tutorensy-
stem wie in England und es gab keine Wohnheime. Jeder
Student mußte selbst ein Zimmer suchen, und die Vermieterinnen wurden weder von der Universität kontrolliert
noch hatten sie ihr gegenüber irgendwelche Verpflichtungen. Beamte, wie in Oxford und Cambridge, die für die

Einhaltung der Universitätsdisziplin zu sorgen hatten, gab es nicht. Der Student konnte machen was er wollte. Er konnte die Vorlesungen besuchen oder auch nicht. Er mußte sich nur zu Beginn eines jeden Semesters für bestimmte Vorlesungen, die er für sein Studium brauchte, einschreiben. Wer nicht arbeiten wollte, fiel durch. Es war jedem selbst überlassen, was er tun und wie lange er studieren wollte.

Man konnte Freistudent bleiben oder sich einer studentischen Verbindung in der Stadt anschließen. Diese boten dem Studenten Gesellschaft, ein Zimmer, farbige Uniformen, nützliche Verbindungen für die Zukunft, Romantik. Sie garantierten, aus jedem einen Mann, einen wirklichen Deutschen zu machen: ein Mann, der zu kämpfen, zu trinken und zu lieben wußte. »Wer nicht liebt Wein, Weib und Gesang, der bleibt ein Narr sein Leben lang.«

Die Verbindungen waren im sozialen Status sehr verschieden. An der Spitze standen die Corps, dann kamen die Burschenschaften und die Landsmannschaften und am Ende der Skala standen die Sängerschaften. Die Corps waren oft so exklusiv wie die Clubs in London. Das berühmteste von allen, Corps Borussia in Bonn, rühmte sich, Kaiser Wilhelm als Mitglied gehabt zu haben. Um in einem Corps als Mitglied aufgenommen zu werden, mußte man der Sohn eines Adligen oder zumindest eines reichen Industriellen sein. Die Zugehörigkeit war teuer. Man mußte seinen Lebensstil und seine Kleider dem gehobenen Stil und gesellschaftlichen Rang des Corps anpassen.

Im allgemeinen versuchten die Corps den Kontakt mit anderen Verbindungen zu vermeiden. Die Mitglieder fochten ihre Duelle nur innerhalb der verschiedenen Corps aus. Sie hätten die Herausforderung eines Burschenschafters möglicherweise akzeptiert, aber alles »darunter« mit höflicher Gleichgültigkeit ignoriert. Die Burschenschafter ihrerseits wandten die gleichen Regeln auf die Landsmannschaften an und so weiter.

Alle Verbindungen hatten etwas gemeinsam: Sie nahmen keine Juden auf, verachteten die »Spießbürger« (das heißt, die Einwohner der Stadt) und hatten keinerlei Kontakt mit der Arbeiterklasse.

Jede Verbindung hatte ihre Farben. Jeder Student trug eine Verbindungsmütze und über der Brust ein Band mit den Farben seiner Verbindung. Die Verbindung wurde von drei Chargierten geleitet, die bei besonderen Gelegenheiten eine Uniform trugen [...].

Jede Verbindung hatte einen Fuchsmajor, dessen Aufgabe es war, sich um die neu eingetretenen Studenten, die Füchse genannt wurden, zu kümmern und ihnen den richtigen Verhaltenskodex beizubringen: wie sie Haltung einnehmen mußten, wenn ein älterer Student, ein Bursche, zu ihnen sprach, wie sie auf eine Beleidigung antworten mußten, wie sie die Streiche der älteren Mitglieder ohne Murren über sich ergehen lassen mußten. Kurzum, er schliff sie zurecht, bis man sie für geeignet hielt, selbst Bursche zu werden.

Jeder Fuchs mußte einen Burschen als seinen Mentor wählen. Dieser Mentor sollte sein Freund, Beschützer und Berater in allen Angelegenheiten, die die Verbindung und sein Leben betrafen, sein. Er mußte sich regelrecht um ihn kümmern: darauf achten, daß sein Haar und seine Nägel geschnitten waren, daß er sauber gekleidet war, keine abgelaufenen Absätze trug und die Hosen korrekte Bügelfalten hatten. Er sprach mit ihm über Probleme wie Sex oder wie man mit einer Frau schläft, ohne angesteckt zu werden. Kurzum, er mußte ihm mit seiner größeren Erfahrung helfen und darauf achten, daß sich der Jüngere nicht zum Narren machte. Im allgemeinen suchte sich der Fuchs als Leibburschen denjenigen aus, den er am meisten bewunderte; sei es aufgrund seiner Stärke, seines schneidigen Auftretens oder sogar seiner Intelligenz.

Als Leibbursche ausgewählt zu werden war eine große Ehre, und die Beziehung zwischen den beiden dauerte oft ein Leben lang.

Die größte Loyalität eines Studenten galt seiner Verbindung. Es wurde von ihm erwartet, daß er ihr, vor allem im ersten Jahr, die meiste Zeit widmete. Er mußte Fechten lernen. Seine Abende waren meist ausgefüllt mit Saufen und Singen, das sich oft bis zum Morgen hinzog. Der Rest der Zeit konnte aufs Studium verwandt werden.

Eines der regelmäßig wiederkehrenden Themen jeder deutschen satirischen Zeitschrift dieser Zeit (Simplicissimus, Kladderadatsch) war »der ewige Student«, der nie eine Prüfung bestand, nie eine bestehen wollte, sondern es vorzog, sein Leben mit seiner Verbindung zu verbringen – gefürchtet und bewundert für seine Tapferkeit beim Fechten und für seine Trinkfestigkeit. Die Bilder zeigten ihn immer als bärtigen, vierzig- oder fünfzigjährigen Studenten mit Bierbauch. Das Gesicht war mit Schmissen übersät, er rauchte eine riesengroße Pfeife, führte eine Bulldogge an der Leine und trank aus einem riesigen Bierkrug.

Ich fand ein kleines Zimmer in der Nähe der Universität. Zum ersten Mal in meinem Leben war ich allein. Ich hatte meine Lieblingsbücher mitgebracht: Krieg und Frieden, Der Idiot, Schuld und Sühne, Goethes Gespräche mit Eckermann, Kleists Stücke und Aufsätze, Heine (den ich damals sehr verehrte) und natürlich Hölderlin. Aber ich wollte nicht lesen, ich hatte genug gelesen. Ich wollte, daß das Leben an meine Tür klopfte.

Zwei Tage lang passierte nichts. Am dritten Tag klopfte es. Drei junge Studenten standen draußen. Sie wollten mit mir sprechen. Sie erklärten, daß sie Zionisten seien und wollten, daß ich mich ihrer Gruppe anschloß.

Ich war in großer Verlegenheit. Ich wußte so gut wie nichts über Zionismus, und was ich wußte, lehnte ich ab. Er erschien mir nicht nur als verrückter Traum, sondern wegen seiner wahrscheinlichen politischen Konsequenzen als wahnsinnig und gefährlich. Was mich anbetraf, war ich zuerst Deutscher, Jude war ich nur zufällig durch Geburt. Zionismus war vielleicht eine gute Sache für die unglücklichen Russen und andere osteuropäische Juden, aber grotesk für einen Deutschen. Es wäre politisch unverantwortlich: Ein Judenstaat würde nur den Antisemiten neue Munition geben. Sie könnten sagen, daß die Weltanschauung der zionistischen Juden in einem nationalen Konflikt das Übergewicht gewinnen würde. Ich versuchte das alles auf höfliche und entschuldigende Art und Weise zu erklären. (Ich erzählte ihnen nicht den berühmten Witz: »Was ist ein Zionist? Ein Zionist ist ein Jude, der mit dem Geld eines anderen Juden einen dritten Juden nach Palästina schickt.«)

Die Zionisten hörten meinen stotternden Erklärungen

ruhig zu, schauten sich mit gefrorenem Lächeln an, warfen einen Blick auf ihre Uhren, verbeugten sich steif und verschwanden.

Etwa eine Stunde später klopfte es wieder. Dieses Mal kamen drei Ghibellinen, um mit mir zu sprechen. Sie stellten sich als Mitglieder der Ghibellinia vor, einer jüdischen, waffentragenden Verbindung. Auch sie fragten mich, ob ich eintreten wolle. Ich hätte Gesellschaft, Freunde, ein Clubhaus, ein gemeinsames Ziel, einen Sinn, für den es sich zu leben und zu kämpfen lohne, Sport, Ausflüge, joie de vivre und so weiter und so fort.

Ich hatte immer mit der Idee gespielt, einer Verbindung beizutreten. Ich fürchtete mich, allein zu sein, und ich kannte in ganz Freiburg keinen einzigen Menschen. Es konnte eine Ewigkeit dauern, bis ich Freunde fand. Wo sollte ich meine Winterabende verbringen? Und waren nicht viele angesehene Rechtsanwälte und Ärzte Mitglieder der Ghibellinia gewesen? Mein Onkel Karl Elsas[48] zum Beispiel, den ich sehr bewunderte und der im Ersten Weltkrieg gefallen war. Kurzum, ich fand viele Gründe, warum ich eintreten sollte. Natürlich gab es auch viele Nachteile: ich würde fechten müssen, ich würde unglaubliche Mengen von Alkohol trinken müssen, was ich bisher noch nie getan hatte, und ich würde wenig Zeit für mich selber haben. Es schien ziemlich dumm zu sein, meine neue Freiheit so bald nach der Schule wieder aufzugeben, aber das alles schien gering, verglichen mit dem Elend, allein zu sein. Es mag nicht als sehr tapfer erscheinen, aber ich war erst neunzehn Jahre alt, sah aus wie sechzehn und war sehr unreif und ein Träumer.

Und so trat ich ein.

Ich glaube, die Ghibellinia war nur eine von mehr als zwanzig »Verbindungen Deutscher Studenten jüdischen Glaubens«, die im sogenannten »Kartell Convent« zusammengeschlossen waren. Ich vermute, daß der Hauptgrund für die Gründung im Jahre 1896 die Weigerung der Nichtjuden war, Juden in ihre Reihen aufzunehmen. Das erklärte Ziel jedoch war, der Welt zu zeigen, daß Juden so gut wie alle anderen fechten konnten und daß sie Juden sein konnten, ohne deswegen weniger Deutsche zu sein.

Wenn ich nun mit dem Wissen darum, was mit den deutschen Juden geschah, zurückblicke, scheint dies alles eine hoffnungslose Illusion gewesen zu sein; damals jedoch konnte niemand die Tragödie der dreißiger und vierziger Jahre vorhersehen. Man muß kein Historiker sein, um zu sehen, daß viel zusammenkommen mußte, um solch eine Tragödie hervorzubringen: die Niederlage im Ersten Weltkrieg, die tatsächliche oder eingebildete Belastung durch den Versailler Vertrag, die Blockade nach dem Krieg, die Kurzsichtigkeit der Alliierten im Allgemeinen und der Franzosen im Besonderen, die Inflation, die die deutsche Mittelschicht zerstörte, die Tatsache, daß etliche Juden Bolschewistenführer und andere Schwarzhändler waren, der Zusammenbruch der amerikanischen Wirtschaft im Jahre 1930, sieben Millionen Arbeitslose und so weiter. All dies und wahrscheinlich noch mehr sowie vierzehn Jahre waren notwendig, um Hitler an die Macht zu bringen und den Damm der Zivilisation, den Generationen von anständigen Deutschen errichtet hatten, einzureißen.

Ich muß noch etwas über die Bedeutung des Wortes Waffentragende sagen. Die meisten Verbindungen – mit Ausnahme der katholischen Verbindungen – erkannten das Duellprinzip an, das heißt, sie akzeptierten die Mensur und das Duell.

Erstere konnte kaum ein Duell genannt werden. Hierfür wurde alles normalerweise mit einer anderen Verbindung bereits im Vorfeld arrangiert. Die Mensur fand einmal im Jahr statt. Manchmal waren zwanzig oder mehr Studenten anwesend, die ihre Mensuren austrugen. Damit war kaum Gefahr verbunden. Die Gegner wurden dick eingepackt und nur der Kopf blieb ungeschützt, mit Ausnahme einer Schutzbrille. Sie standen sich in einem Abstand von ungefähr einem Meter gegenüber, den linken Arm auf dem Rücken, den rechten Arm ganz steif über dem Kopf, so daß der Schlag nur aus dem Gelenk kommen konnte. Die Waffe war eine lange, scharfe, dünne und leichte Klinge, die Schläger hieß. Auf Kommando begannen die Gegner zu fechten. Während der ganzen Mensur waren sie unter strenger Beobachtung. Das kleinste Zurückzucken, und der Kampf wurde abgebrochen; und wenn, trotz ernsthafter Warnung, beim nächsten Mal das gleiche passierte, wurde der Schuldige aus seiner Verbindung »*cum ignominia*« hinausgeworfen. Wer Glück hatte, erhielt einen schönen Durchzieher – einen geraden Schlag, der die Wange spaltete und gelegentlich ein paar Zähne herausschlug. Wer aber Pech hatte, erhielt einen Schlag über den Mund oder die Nase, was in der Tat sehr unangenehm war. Einen »geraden« zu bekommen war der Traum eines jeden Corpsstudenten, aber überhaupt einen Schmiß zu haben war besser als keinen, da er der Öffentlichkeit bewies, daß man »etwas Besseres« war – ein Akademiker. Man mußte keine Schulkrawatte tragen; für den Rest des Lebens trug das Gesicht das unvergängliche Mal, das einen über die Menge erhob.

Das Duell war eine ernstere Angelegenheit. Es gab verschiedene Abstufungen, die von der Schwere der Beleidigung abhingen. Wenn man zum Beispiel einen Corpsstudenten einen »alten Esel« nannte, reichte ein Duell auf leichten Säbeln; aber wenn man seinen Vater einen Schwarzhändler nannte, seine Mutter eine Hure oder an der Tugendhaftigkeit seiner Schwester zweifelte, dann konnte die Ehre nur durch ein Duell auf schweren Säbeln wiederhergestellt werden.

Bald nachdem ich der Verbindung beigetreten war, merkte ich, daß ich einen Fehler gemacht hatte. Ich hatte nichts gegen die täglichen Fechtstunden, ich genoß sie sogar, aber ich haßte die Kneipe, die wöchentlichen Vergnügungen und Saufgelage, wo man Studentenlieder singen (es gab ein paar schöne alte Volkslieder darunter, das meiste aber war sentimentaler Stuß) und unglaubliche Mengen Bier trinken mußte. Vier Liter an einem Abend waren eher die Regel als die Ausnahme. Mit fortschreitendem Abend füllte schwerer Dunst von Zigaretten und Pfeifen den Raum. Einige übergaben sich, nur um anschließend weiterzutrinken. Gleichzeitig sang ein Chor obszöne Lieder (wie zum Beispiel die nicht zum Abdruck geeigneten Strophen über die »Wirtinnen«). Lange nach Mitternacht gingen wir heim. Die weniger Betrunkenen halfen den ganz Betrunkenen.

Auf dem Nachhauseweg flogen Fenster auf, und die Einwohner, die aus dem Schlaf gerissen wurden, schrien Beleidigungen. Oft gab es Streit. Ich erinnere mich an K., der auf einem Briefkasten lag und seine volle Blase in ihn entleerte und an Z., der so betrunken war, daß wir ihn, als wir ihn endlich nach Hause gebracht hatten, entkleiden und an sein Bett fesseln mußten, da er drohte, die Möbel kurz und klein zu schlagen. Ein anderer, der glaubte, er sei bereits im Bett, wurde von der Polizei schlafend und splitternackt unter einer Straßenlaterne gefunden, die Kleider waren sauber auf einem Haufen neben ihm zusammengelegt.

Auch wenn das Bild übertrieben erscheinen mag, das sind meine Erinnerungen nach nunmehr siebenunddreißig Jahren. Natürlich endete nicht jeder Abend in Stumpfsinn und Betrunkenheit, aber sehr viele. Noch unglaublicher wurde das Ganze dadurch, daß Juden normalerweise enthaltsamer sind als Nichtjuden (so meine Beobachtung), daß sie auf gewöhnlichem Wege selten betrunken werden. Der einzige Grund für ihre Exzesse als Studenten war, den Nichtjuden zu beweisen, daß sie genauso schlecht, dumm und betrunken wie die Schlimmsten unter ihnen sein konnten! Ich bin sicher, daß es den wenigsten von uns Spaß machte, aber es mußte getan werden und es wurde getan. In der Regel ließen uns die Nichtjuden in Ruhe, aber von Zeit zu Zeit zeigten uns einige von ihnen, wie sehr sie uns verachteten. Beispielsweise fingen sie gelegentlich an, wenn ich den Hörsaal betrat und die Farben der Ghibellinia trug, mit den Füßen zu scharren. Oder wenn an Nationalfeiertagen alle Verbindungen mit wehenden Fahnen durch die Straßen von Freiburg marschierten, versuchte die Verbindung hinter uns, einen möglichst großen Abstand zu uns zu halten.

Aber solche Vorfälle waren selten. Juden wurden als nicht satisfaktionsfähig angesehen, was bedeutete, daß die Nichtjuden einen Juden nicht zum Duell herausforderten und sich von einem Juden nicht herausfordern ließen.

Auf diesen möglichen Fall wurden wir besonders vorbereitet. Wenn mich jemand beleidigte, mußte ich direkt auf ihn zugehen, die Hacken zusammenschlagen und sagen: »Ihre Karte bitte, mein Herr.« Wenn er antwortete: »Ich gebe Juden keine Satisfaktion«, mußte ich ihm ins Gesicht schlagen, was eine so schwere Beleidigung darstellte, daß ihm gar nichts anderes übrigblieb, als mich zu einem Duell zu fordern.

Aber nicht nur Fechten und Saufen bestimmten das Leben in der Verbindung, sonst wäre ich sofort ausgetreten. Unter den dreißig oder vierzig Juden in unserer Verbindung war ein hoher Anteil ziemlich intelligenter Studenten. (Vor ein paar Jahren traf ich meinen früheren Fuchsmajor, heute ein berühmter Herzspezialist in England, und F., heute Professor in Harvard.) Wir gingen oft am Rhein spazieren, rezitierten Gedichte oder verbrachten die Tage im Schwarzwald. Der Krieg schien weit weg zu sein, fast vergessen, und das Leben an der Universität ging weiter, als ob nichts passiert wäre. Es gab Augenblicke des Glücks, und im ganzen erinnere ich mich nicht ungern an mein Jahr in Freiburg.

Eigentlich war ich aber in Freiburg, um Zahnmedizin zu studieren! Bald nach meiner Ankunft schrieb ich mich für verschiedene Vorlesungen ein, die, wie ich mich informiert hatte, etwas mit meinem Studienfach zu tun hatten. Kaum jemand schien sich genau auszukennen, aber irgendeiner sagte, daß wahrscheinlich Anatomie wichtig wäre, und deshalb schrieb ich mich für Anatomie ein. Irgendein anderer sagte, daß ich Messer brauchen würde, und so kaufte ich einen Satz hübscher kleiner Messer. Damit bewaffnet suchte ich das Gebäude, in dem der Anatomieunterricht stattfand.

Ich hatte niemals zuvor eine Leiche gesehen und hatte niemals zuvor Anatomieunterricht gehabt. Ich war vor Angst und Furcht ganz krank. Aber meine Hauptsorge war, daß ich ohnmächtig werden würde, während ich die Farben der Ghibellinia trug, und dadurch meiner Verbindung Schande bereiten würde.

Ich betrat einen langen Flur, an dessen Ende ich in großen Buchstaben über einer Tür »Anatomie« lesen konnte. Ein Mann in einem weißen Kittel hielt mich an und fragte mich, was ich studiere. »Zahnmedizin«, sagte ich. »Kommen Sie mit. Ich werde Ihnen ihren Kopf geben.« Ich folgte ihm, er ging zu einer Kiste und öffnete den Deckel. Darin hingen an Fleischerhaken ein Dutzend oder mehr menschliche Köpfe. Er nahm einen heraus und gab ihn mir. Ich trug »meinen Kopf« vorsichtig, wie einen glitschigen Fußball und folgte dem Mann in den Vorlesungssaal. Ich stand und starrte. Wohin ich auch sah, erblickte ich mit Fleisch bedeckte Platten, das von Studenten aufgeschnitten wurde.

Zwei Männer schoben einen Wagen mit einem halben Dutzend weiblichen und männlichen Körpern herein (mir wurde erzählt, daß es aufgrund der Ruhrkämpfe[49] keinen Mangel an Leichen gab).

Komischerweise fühlte ich keine Abscheu, sondern eine seltsame Neugierde, als ob ich damit überhaupt nichts zu tun hätte. Die ganze Angelegenheit schien völlig unwirklich zu sein, ein Traum von einem riesigen Metzgerladen, aus dem ich aufwachen und dann, wie immer, frühstücken würde. Ich wußte nicht, wie lange ich starrte. Schließlich ging ich zu einem älter aussehenden Mann in einem Kittel und fragte ihn, was ich mit meinem Kopf tun sollte. Er zeigte auf einen Holztisch und legte meinen Kopf darauf. »Legen Sie den *musculus auricularis* bloß«, sagte er. Ich fragte ihn, wo ich den *musculus* finden könne. »Natürlich hinter dem Ohr«, sagte er und verließ mich.

Ich setzte mich und starrte auf die Ungeheuerlichkeit, die vor mir lag. Es war der Kopf eines älteren Mannes mit wenig Zähnen, unrasiert und mit einer Nase wie getrocknetes Plastilin. Er erinnerte mich an unseren alten Briefträger in Stuttgart. Vielleicht war es mein alter Briefträger? Wer weiß? Vielleicht war es ein Bergmann von der Ruhr? Oder ein Bayer? Getötet bei den Kämpfen in München?

Ich fürchte, ich habe an diesem und am nächsten Tag nicht viel herumgeschnitten. Um die Wahrheit zu sagen, ließ ich den *musculus auricularis musculus* sein. Einige Wochen später ging ich nach Hause und sagte meinem Vater, daß ich unter keinen Umständen weiter Zahnmedizin studieren wolle, sondern statt dessen Kunstgeschichte. Ich wußte sehr wenig über Kunstgeschichte, aber mir gefielen Bilder und ich verband Reisen damit: Florenz, Rom, Athen – vielleicht sogar Mexiko…

Mein Vater war entsetzt. Nicht nur weil ich einen wundervollen Beruf an den Nagel hängte, sondern auch wegen meiner neuen Wahl – »Kunst!« schrie er. »Kunst! Wie kann man von Kunstgeschichte leben?«

In der darauffolgenden Woche besuchte er Kunsthändler und Museumsdirektoren in Stuttgart. Er reiste sogar nach München, um mit Drey und Bernheim, international berühmten Antiquitätenhändlern, die irgendwie mit der Familie Elsas verwandt waren, zu sprechen.

Nach einer Woche kam er zurück. »Mir reicht es jetzt«, sagte er. »Alle sagen mir, daß Kunstgeschichte Luxus ist. Glaubst Du, ich bin Baron Rothschild? Ich gebe Dir vierundzwanzig Stunden, um Dich zu entscheiden. Entweder trittst Du in mein Geschäft ein oder studierst Jura.«

Ich wartete vierundzwanzig Stunden und sagte ihm, daß ich beschlossen hätte, Jura zu studieren. Ich wollte kein Geschäftsmann werden und hoffte, daß die drei Jahre an der Universität, weg von zu Hause, mir Zeit und Erfahrung bringen würden.

Ich verkaufte meine Messer, kaufte mit dem Geld juristische Literatur und ging zurück nach Freiburg.

Bald nachdem ich zurückkam gab es große Aufregung. Ein Duell fand statt. Weil, einer von uns, hatte Meier von der Alamannia herausgefordert, und der hatte angenommen.

Das Ganze hatte sich wie folgt abgespielt: eines Abends saßen sechs Ghibellinen in einem Bierkeller an unserem Stammtisch. Gegenüber, am anderen Tisch, saßen ein Dutzend oder mehr Mitglieder der Alamannia. Plötzlich stand einer von ihnen auf, ein großer Kerl, kam zu unserem

Tisch, schaute grimmig auf meinen Freund Weil und sagte mit lauter, von Schluckauf unterbrochener Stimme: »Glotzen Sie mich mit Ihren dummen Schafsaugen nicht so blöde an.«

Es herrschte Totenstille. Weil sprang auf und sagte mit starker, männlicher Stimme, während er seine Mütze in der vorgeschriebenen Weise rechtwinklig über seiner Brust hielt: »Ihre Karte bitte, mein Herr.«

Beide Herren tauschten ihre Karten aus, schlugen die Hacken zusammen, verbeugten sich förmlich, und am gleichen Abend sprachen zwei von uns bei Herrn Meier, so hieß der andere, vor und forderten ihn zu einem Duell heraus. Das Duell wurde angenommen; ein Gericht wurde gebildet, in dem drei von uns und drei von der Alamannia saßen; Blut mußte fließen und leichter Säbel wurde vorgeschrieben.

Zwei Tage nach meiner Rückkehr nach Freiburg, um fünf Uhr morgens, begab ich mich zum Treffpunkt des Duells. Es war ein kalter, klarer und heiterer Morgen. Ich ging langsam am Fluß entlang, an Kirschbäumen und jungen Weiden vorüber. Die alte Festung lag zu meiner Rechten, und nach einer Stunde erreichte ich ein kleines Wirtshaus namens »Die drei Schneebälle«, ein bekannter Ort für Duelle. Duelle waren gesetzlich verboten, genauso wie Spielen und Wetten in England. Es stand schwarz auf weiß im Deutschen Strafgesetzbuch, aber man wußte natürlich, daß dieses Gesetz tote Buchstaben waren. Man konnte zwar öfter Studenten mit verbundenen Gesichtern sehen; man konnte sie riechen. Aber trotzdem waren Duelle gesetzlich verboten, und gelegentlich wurden ein lahmer und

ein blinder Polizist zu Fuß vorbeigeschickt, um die Übel-
täter zu verhaften. Deshalb mußte ich um vier Uhr aufste-
hen und eine Stunde lang gehen.

»Die drei Schneebälle« waren hübsch gelegen in einem
Tal, ein bevorzugtes Ziel für Sonntagsausflüge (und
berühmt für seine Spanferkel mit Apfelmus). Nach eini-
gem Zögern betrat ich einen langen Saal: Es standen Tische
herum, und an den Wänden hingen gekreuzte Schwerter
zusammen mit den Wappen der meisten führenden Verbindungen. Etwa sechzig oder siebzig Studenten füllten
den Raum. Sie saßen rücklings auf den Stühlen, mit Bier-
krügen in der Hand, und rauchten Pfeifen, die teilweise
über einen Meter lang waren, und warteten darauf, daß der
Kampf beginne.

Die beiden Gegner waren bereits bis zur Hüfte ausge-
zogen. Beide hatten sich für Fechtanzüge entschieden, die
Hals und Herz schützten, zu denen aber keine Schutz-
brillen gehörten. Die Augen waren durch die knochigen
Wulste der Augenbrauen ausreichend geschützt. Die Sekundanten prüften die Säbel, ihr Gewicht und ihre Schärfe,
und der Unparteiische schaute auf die Uhr.

Um 6.15 Uhr war man bereit. Der Unparteiische hielt
wie gewöhnlich eine kurze Rede, in der er erklärte, daß
das Duell gesetzlich verboten sei, und die Gegner aufforderte, den Streit beizulegen. Natürlich erwartete niemand
eine Antwort. Dann rief der Unparteiische: »Achtung,
los!« und bald füllte sich die Luft mit dem Klirren der Säbel.

Erste Runde: Klirr, klirr, klirr, klirr.

Zweite Runde: Dasselbe Spiel.

Dritte Runde: Weil trifft Meier am Kopf.

Vierte Runde: Meier trifft Weil.

Fünfte und sechste Runde: Weil trifft Meier und umgekehrt.

Siebte bis zehnte Runde: Kein Ergebnis.

Elfte Runde: Weil trifft. Meier wird schlecht und muß sich setzen. Seine Sekundanten und einige Freunde bemühen sich eifrig, das Blut zu stillen.

Zwölfte Runde: Meier geht es besser und er erzielt einen Treffer. Beiden Herren wird schlecht und sie müssen sich setzen.

Dreizehnte Runde: *Mir* geht es schlecht, aber klugerweise hatte ich mich nahe ans Fenster gesetzt. Wenn ich hinausschaute, konnte ich den Kirschgarten sehen und im Hintergrund den Schwarzwald. Die nächsten zwanzig Runden bewegte ich mich nicht von meinem Fenster weg. So gut es ging, gab ich vor, daß mich das ganze Spektakel langweile. Aber als ich mich wieder umdrehte, sah ich die beiden mit blutüberströmten Gesichtern immer noch aufrecht im Kampf.[50] Sie waren jetzt sehr müde und schwankten wie Wasserlilien in einer Luft, die schwer von Bierdunst und Rauch war. Sie versuchten sich gegenseitig zu treffen, hatten aber nicht mehr Kraft als zwei Betrunkene, die mit Pfauenfedern kämpfen.

So ging es noch mehrere Runden weiter – vier Treffer je Runde; wahre Helden, die sich hinsetzten, aufstanden, sich hinsetzten,… bis zur letzten Runde, als ein junger Bursche, der im zweiten oder dritten Jahr Medizin studierte, damit begann, sie zusammenzuflicken. Da saßen sie nun, die ritterlichen Helden, die Füße weit von sich gestreckt, die Säbel noch in den Händen – jetzt aber in der linken Hand. In der rechten hielten sie einen riesigen Bierkrug.

Dann wurde das Ergebnis verkündet. »Hurra – der Sieg ist unser! Welch herrlicher Tag! Juchhee! Sechs Nadeln mehr!«

Meier brauchte zwölf Nadelstiche, Weil achtzehn. Das waren sechs mehr.

Wir rannten alle nach vorn, um unserem Helden die zittrige Hand zu schütteln. Soweit man in seinem grünen Gesicht etwas erkennen konnte, lächelte er stolz, aber er stank schrecklich nach Äther. Wir tranken viel, sangen viel und stolperten heim – betrunken aber stolz.

Während meines Aufenthalts in Freiburg schlossen sich viele der Freistudenten einer Jugendbewegung an, die jedes Jahr an Bedeutung zunahm: den Wandervögeln. Sie war eine Reaktion gegen den Krieg, die Mechanisierung und die großen, seelenlosen Städte. Zurück zur Natur als Quelle der Stärke und der Freude war das Motto. Junge Leute, die Sandalen, kurze Hosen und Windjacken trugen, die Mandoline oder Gitarre spielten, machten lange Wanderungen über Täler und Höhen, begleitet von Mädchen, von denen die meisten Dirndl trugen. Sie sangen Volkslieder und tanzten Volkstänze. Sex mußte mit eiserner Selbstdisziplin unterdrückt werden; sie gingen davon aus, daß die ideale Beziehung zwischen einem Mann und einer Frau eine Art vertrauensvoller Kameradschaft sei. Dies führte meiner Meinung nach manchmal zu übertriebenen Prüfungen. Zum Beispiel gingen sie mit einem Mädchen ins Bett, berührten sie aber nicht – wie bei Siegfried und Brunhild.

Zwei meiner Freunde machten folgendes: sie verbrachten eine ganze Woche auf einer einsamen Berghöhe im Schwarzwald und teilten den Platz mit zwei Mädchen. Aber außer Kochen, Singen, Gedichte vortragen und Sterne betrachten passierte nichts Aufregendes.

Zwei Bücher von Hermann Hesse, »Demian« und »Knulp«, hatten auf die Jugendbewegung einen großen Einfluß.[51] Vor allem »Demian«, ein Buch, das, soweit ich mich erinnere, ziemlich von orientalischem Mystizismus durchzogen und nicht ohne Gefahr für die junge und unreife Generation, die es so begierig verschlang, war. Es predigte Untätigkeit, ein Leben ohne Gewalt sowie Kontemplation und Meditation. Einige meiner Freunde verfielen der Anziehungskraft von »Demian«. Sie weigerten sich, die Vorlesungen zu besuchen, betrachteten sich als »Außenseiter« und murmelten »der Gott heißt Abraxas«, wenn sie gestört wurden. Ich habe versucht, ein Exemplar von »Demian« aufzutreiben, um die geheimnisvolle Bedeutung dieses dunklen Satzes herauszufinden, aber vergebens.

Manchmal wurden der Rückzug aus der Welt und eine zigeunerartige Lebensform zum Ideal. Eines Tages traf ich einen führenden Wandervogel, der gerade aus Polen kam, wo er sich mehrere Wochen in die Berge zurückgezogen hatte. Er war von einer Schar von gewöhnlichen Wandervögeln, die ihn bewunderten, umringt. »Wann treffen wir uns wieder?« fragte einer den großen, recht mürrisch dreinschauenden Außenseiter. »Am Freitag, den 18. Juli, pünktlich um 2.15 Uhr, am Nervibrunnen in Rom«, sagte er. Ich muß sagen, wir waren alle tief beeindruckt.

Aber im großen und ganzen war es eine gesunde Bewegung; leider geriet sie später sehr stark unter den Einfluß der Nazis, und die Juden mußten eigene jüdische Gruppen bilden.

Nach einem Jahr Freiburg beschloß ich, das nächste Jahr in München zu verbringen. Aber zuvor mußte ich aus der Ghibellinia austreten. Ich war jetzt nicht mehr alleine, mein bester Freund beschloß ebenfalls auszutreten und sich mir anzuschließen. München bot so viele Sehenswürdigkeiten wie Museen und Theater, daß es für uns keinen Grund mehr gab, weiterhin einer Verbindung anzugehören.

Aber der Hauptgrund für meinen Austritt war unsere letzte Kneipe. Ein paar Kilometer außerhalb Freiburgs lag ein Gasthaus mit Blick auf die Stadt. Ich habe den Namen vergessen, aber ich kann immer noch die Lindenbäume riechen.

Dort traf sich die Ghibellinia. Es war eine wunderbare, warme Nacht. Es war Vollmond und das reife Korn stand golden gegen den Schwarzwald. Kürzlich sah ich ein Gemälde von Samuel Palmer[52], ein Getreidefeld im Mondenschein, das mich sofort an das Feld in der Nähe von Freiburg erinnerte.

Wie gewöhnlich fing der Abend ganz nett mit Singen und Trinken an, nur tranken wir dieses Mal Wein statt Bier. Im Lauf der Zeit wurden immer mehr von uns betrunken, und der Gesang ähnelte mehr einem Heulen. Dann brach Chaos aus. Einer der Chargierten zerschlug alle Birnen mit seinem Schläger, ein anderer zerschlug alle Gläser und Stühle.

Mitten während des Festes ging ich hinaus und legte

mich ins Getreidefeld. Ich war angeheitert, aber nicht betrunken. Ich muß einige Stunden geschlafen haben.

Als ich aufwachte, war es still. Der Mond stand noch am Himmel, das Getreide jedoch schien schon unter den noch unsichtbaren Sonnenstrahlen zu leuchten. Ich konnte das leise Rascheln der Ähren hören, und mein ganzes Leben, Gegenwart und Vergangenheit, schien mir sinnlos. Als ich aufstand, sah ich meinen Freund P. neben mir liegen. Seine Augen waren weit geöffnet, in seinen Händen hielt er Getreidebüschel und sein Haar glänzte im Mondlicht.

Ich fing an, leise eines der schönsten Gedichte von Dehmel aufzusagen, das mit folgender Strophe beginnt:

Wenn die Felder sich verdunkeln,
Fühl ich wird mein Auge heller,
Schon versucht ein Stern zu funkeln,
Und die Grillen wispern schneller.[53]

Wir sprachen über das Leben und was es uns nach unserer Vorstellung bringen sollte. Wir waren jung, unschuldig und naiv. Schließlich gingen wir zurück zum Gasthaus. Der Ort schien ruhig zu sein, aber auf dem Boden in der Toilette fand ich einen betrunkenen Verbindungsbruder, der noch schlief.

Ich ließ ihn liegen und ging langsam durch die Weinberge und Wiesen in die Stadt zurück, trunken von den unbekannten und nicht vorhersehbaren Freuden und Wünschen.

Ich bin niemals wieder dorthin zurückgekehrt.

Vor, während und nach meiner Freiburger Zeit fanden

Kämpfe zwischen Kommunisten und sogenannten »Reaktionären« statt. Menschen wurden getötet: 1920 im Ruhrkampf, 1921 in Thüringen. Der Kapp-Putsch brach zusammen, und die Franzosen besetzten, unversöhnlich und dumm, Frankfurt, Homburg und Darmstadt und im Mai 1921 Düsseldorf und Duisburg. Sie versuchten, die Bevölkerung des Rheinlandes dazu zu verführen, einen unabhängigen Staat unter einem französischen Protektorat zu errichten, hatten aber damit keinen Erfolg.

In Bayern wurde Eisner[54], der rote Ministerpräsident, umgebracht. Viele starben bei Straßenkämpfen. Nach dem Roten Terror kam der Weiße Terror. Die bayrischen Separatismusbestrebungen waren stark und die Regierung in Berlin zu schwach, um einzugreifen. Ein kleiner, komischer Mann mit einem Schnurrbart hielt Reden, in denen er eine jüdische Weltverschwörung für die deutsche Niederlage verantwortlich machte.[55] Der Miesbacher Anzeiger schrieb, daß der Führer der Verschwörung der Halbjude Edward VII., der uneheliche Sohn von Disraeli und Königin Viktoria, gewesen sei. Erzberger[56] wurde im Schwarzwald, nicht weit von Freiburg, erschossen, weil er den Waffenstillstand von 1918 unterzeichnet hatte.

Ich kam im Herbst 1921 in München an. Es herrschte eine fürchterliche Wohnungsnot, und ich fragte den Kellner im Bahnhofsrestaurant, ob er ein freies Zimmer wüßte. »Hoffnungslos«, sagte er. Eine Frau hielt mich an. »Gehen Sie in die Maximilianstraße 236 A, dritter Stock. Dort finden Sie ein Zimmer.«

Ich dankte ihr überschwenglich und fuhr mit dem Taxi hin.

Als ich an der Tür klopfte, öffnete eine leicht bekleidete Frau. Zwei oder drei andere Frauen in leichten Negligés standen im Hintergrund herum.

Ich erklärte, daß ich ein Zimmer wolle. Eine ältere Frau in Schwarz bat mich mit einem freundlichen Lächeln herein. Ich sagte ihr, was ich wollte, und sie versicherte mir mit der größten Liebenswürdigkeit, daß sie mir ein Zimmer geben könne.

»Für wie lange wollen Sie es?«

»Mindestens sechs Monate«, antwortete ich.

Meine Antwort rief eine ungewöhnliche Veränderung bei ihr hervor. Sie schaute mich ungläubig, verwundert, wenn nicht gar verwirrt an. »Für *wie* lange sagten Sie?«

»Sechs Monate«, wiederholte ich, »aber wenn es Ihnen zu kurz ist, kann ich es gerne für ein Jahr nehmen.«

Die alte Frau schaute mich an, als ob sie eines der Sieben Weltwunder gesehen hätte. Als sie sah, daß es mir ernst war und ich sie nicht auf den Arm nahm, lächelte sie wieder.

»Sechs Monate. Oh nein«, sagte sie. »Sechs *Stunden* ja, aber sechs Monate auf keinen Fall.«

Ich schaute sie an und plötzlich hatte ich das seltsame Gefühl, daß der Ort sich von anderen Orten unterschied. Ich entschuldigte mich, verbeugte mich höflich und würdevoll und ging. Es standen nun sehr viel mehr junge Damen in Negligés herum. Fast alle strickten fleißig, wer weiß was.

Von dort fuhr ich zur Universität. Es gab so wenige Zimmer, daß eine große Menge Studenten auf den Pedell wartete, der die zwei oder drei freien Zimmer ausrief. Natürlich hatte ich nicht die geringste Chance. Ich rannte

los, sobald die erste Adresse vorgelesen wurde, wurde aber
von langbeinigen Sprintern und Studenten auf Rennrädern
überholt.

Am nächsten Tag packte ich es klüger an. Ich wartete in
einem Taxi, bis mir mein Freund P. eine Adresse zurief.
Dann fuhr ich los und war lange vor den Sprintern und
Radfahrern dort.

Frau Wurbs – so hieß meine künftige Wirtin – war nett,
aber von unglaublicher bayrischer Blödheit. Jahrhunderte
heftigen Bierkonsums hatten weder die Schönheit noch die
Intelligenz der Bayern vergrößert. Die Einwohner der
höher gelegenen Gegenden in Bayern schienen mir einen
sehr niedrigen Intelligenzquotienten zu haben. Ich glaube
es ist leicht einzusehen, warum dieser Teil Deutschlands
die Wiege des Nationalsozialismus werden sollte. Nirgends
sonst in Deutschland hätte Hitler mehr Chancen gehabt,
seinen Anfangserfolg zu erringen, nirgends sonst hätte er
einen solchen Gipfel an Trägheit, engstirnigem Provinzia-
lismus und Fremdenhaß vorgefunden.

Egal, ich hatte mein Zimmer. Es war sauber und nicht
teuer. Mein Freund P. fand durch einen glücklichen Zufall
ein Zimmer in der Nähe, im Haus einer gewissen Frau
Wurbser.

Ich muß gestehen, daß ich ein ziemlich faules Jahr in München verbrachte. Trotz Krieg und Revolution war es eine
Stadt, die einen jungen Mann dazu verführte, so wenig wie
möglich zu arbeiten. Es gab viele interessante Museen. In
einem sah ich zum ersten Mal Bilder von Van Gogh, die
ich damals wirklich schrecklich fand: Sonnenblumen in un-

glaublichen Farben, ein Selbstporträt mit abgeschnittenem Ohr auf einem scheußlichen grünen Hintergrund.

Es gab ausgezeichnete Theater und eine wunderbare Oper, aber am anziehendsten von allem waren für mich die herrliche Umgebung und die schönen Seen, die nur zwei Stunden entfernt waren: Starnberger See, Ammersee, Chiemsee und die bayrischen Alpen, Klöster und Barockkirchen und hinter den Bergen Österreich und – Italien. Im Winter ging ich an den Wochenenden zum Skifahren. Erst der Frühlingsanfang, der mir gar nicht willkommen war, setzte meinem geliebten Sport ein Ende.

Aber die Verführung, der ich einen Monat lang völlig und rückhaltlos erlag, war der Münchner Fasching vom Februar 1922. Die Bevölkerung von München schien von einer Art Epidemie, einer Art Veitstanz ergriffen; die Stadt war in einem Tanzrausch, alle hatten nur ein Ziel – den Krieg, die Revolution, das öde Leben und die hoffnungslose wirtschaftliche Situation Deutschlands zu vergessen.

Ich glaube es war Lichtenberg, der sagte, »Nach einem Krieg muß man Komödien schreiben.« Er hätte auch sagen können »Nach einem Krieg muß man tanzen und das Leben genießen.«

Die katholischen Gebiete in Deutschland, vor allem Köln und das ganze Rheinland, aber auch Bayern, waren für ihren Fasching berühmt: er ist wahrscheinlich eine Art Sicherheitsventil. Einmal im Jahr infiziert ein bacchanalisches Fieber vier Wochen lang die ganze Stadt; einen Monat lang sind Vorsicht und Vernunft vergessen und ein heidnischer Geist übernimmt die Herrschaft.

Während des Krieges hatte dies natürlich alles aufgehört, aber nun überkam das Bedürfnis, sich um jeden Preis zu amüsieren und alles zu vergessen, die Universität und auch mich, wie vielleicht niemals zuvor. Man konnte sogar die Professoren, die falsche Nasen umgebunden hatten, mit den attraktiveren ihrer Studentinnen tanzen sehen.

Vier Wochen lang war immer etwas los. Es gab jede Nacht zwei oder drei Bälle, […] und vier Wochen lang kam ich kaum jemals vor Morgengrauen nach Hause. Manchmal ging ich direkt vom Tanz an die Universität oder nahm einen Frühzug, um in den Bergen Ski zu fahren.

Trotz solcher aufregenden Zeiten und wenig oder schlechtem Essen war ich völlig gesund. Mein ganzes Geld ging drauf für Tanzen, Theater, Oper und Reisen, und wie viele junge Leute versuchte ich, am Essen zu sparen. Ich aß in den billigsten Restaurants und lebte vor allem von Kartoffeln, Wurst, Brot, Käse und Knödeln.

Ich vernachlässigte mein Studium nicht ganz. Ich ging zu Vorlesungen über Strafrecht, Wirtschafts- und Zivilrecht, aber auch zu Wölfflins berühmten Gesprächskreisen über Kunst und Kutschers Vorlesung über die Theatergeschichte.[57] Ich verbrachte jede freie Minute in irgendeinem Münchner Museum und jeden schönen Nachmittag im Englischen Garten.

Es wäre mein sorglosestes Jahr auf der Universität gewesen, wenn nicht ein Ereignis einen dunklen Schatten auf meine schönsten Hoffnungen geworfen hätte: die Ermordung von Rathenau am 18. Juni 1922. Es war für mich ein schrecklicher Schlag. Dies war nicht nur ein Anschlag auf die demokratische Weimarer Republik, sondern auch ein

Anschlag auf das Judentum, und ich litt als Demokrat und Jude.

Es gab noch ein anderes Ereignis, das mich mit Beschämung und Verzweiflung erfüllte. Ebert, der deutsche Reichspräsident, besuchte München. Kaum jemand war am Bahnhof, ihn zu begrüßen. Es war ein jämmerlicher Anblick, den Präsidenten zu sehen, wie er mit seinem Hut den wenigen Menschen zuwinkte, die ihn entweder mit eisigem Schweigen anstarrten oder rote Badehosen schwangen. Der Grund für diese seltsame Demonstration war ein übles Stück Schmierenjournalismus, das von der »demokratischen« Zeitung, der »Berliner Illustrierten«, begangen worden war. Einer ihrer Journalisten hatte ein altes Photo von Ebert, Noske und anderen Gewerkschaftsführern in Badehosen entdeckt. Die Bilder von Ebert und Noske wurden sehr stark vergrößert und auf die Titelseite gesetzt. Ebert war ein kleiner Mann mit einem dicken Bauch, einem Schnauzbart und einem sogenannten Knebelbart, und dieses Photo des Reichspräsidenten in der Badehose wurde in ganz Deutschland gezeigt. Es wurde mit Gelächter und Abscheu von den Millionen politischer Feinde begrüßt und von seinen Freunden und jedem, der auf eine neue starke Republik hoffte, mit Verlegenheit aufgenommen. Ich weiß nicht, ob die Gebrüder Ullstein[58] über diesen verabscheuungswürdigen Streich Bescheid wußten, aber wer auch immer dafür verantwortlich war, fügte der jungen Republik größten Schaden zu.

Als das Jahr zu Ende war, verließ ich München und ging nach Tübingen. Ab sofort begann der Ernst des Lebens. Kein Theater mehr, keine Tanzveranstaltungen und keine

Literatur außer Gesetzestexten. Ich mußte versuchen, in einem Jahr zu schaffen, was ich in drei Jahren hätte tun sollen.

Tübingen

Tübingen und seine berühmte Universität sind in England fast unbekannt. Jeder hat von »Old Heidelberg« gehört, aber mir gefällt Tübingen besser. Es ist eine alte Stadt, wie Heidelberg, und liegt am Neckar, einem sanft dahinfließenden Fluß, gesäumt von einer Platanenallee, Obstgärten, Weinbergen und Sommerhäusern. Dahinter ziehen sich hohe, mittelalterliche Giebelhäuser Reihe für Reihe den Hang hinauf, der vom Schloß mit seinen dicken Türmen, Zugbrücken und einem wunderschönen Renaissancetor mit dem Wappen des Herzogs von Württemberg und der Inschrift »*Honi soit qui mal y pense*« gekrönt wird. Vom Schloß aus gelangt man zu einer Aussichtsplattform, auf der man einen Ausblick hat, an den ich mich immer erinnere, wenn ich den Namen Tübingen höre: tief drunten der Neckar, mit Stocherkähnen; am Horizont der Hohenzollern, die Schwäbische Alb und die Hügel des Schwarzwalds.

Die Stadt selber ist klein, halb Stadt, halb Dorf, mit einem schönen Marktplatz und einem Renaissance-Rathaus. Um den Platz herum ist ein Labyrinth von engen alten Straßen, die von Gogen bewohnt sind; das sind Weinbauern, die für ihren sauren Wein, ihre sprichwörtliche Grobheit und Derbheit sowie ihren speziellen Dialekt berühmt sind. Diesen Dialekt verstehen sogar Schwaben, deren eigener Dialekt für jeden Nichtschwaben ein undurchdringliches Geheimnis darstellt, nur schwer. Die Aussprüche der Gogen wurden von Generationen von Studenten gesammelt und sogar gedruckt, und ich frage mich, ob es in der gesamten europäischen »Literatur« etwas Derberes und Gröberes gibt. Das meiste davon würde in England nie gedruckt werden – die Deutschen sind viel derber als die Engländer und lieben zweideutige Witze über alles – man mag es erahnen, auch wenn der folgende Gogenwitz eines der harmloseren Beispiele ist:

Ein Professor begeht einen gewöhnlich offenen Fußweg zur Zeit der Weinlese, in der der Weg für Unbefugte verboten ist. Ein Gog ruft ihm zu: »Machst, daß d' aus mei'm Wengert raus kommst, du Siach, du verfluachter, oder i schlag dr d'Läuf a', daß d' uf de Stompe hoimkrattle muaßt!« Der Professor: »Ach entschuldigen Sie vielmals, ich habe das Verbot übersehen!« – Wengerter: »Drom sait mr's uich jo au en Guatem!«[59]

Im Herbst waren die engen Straßen der Gogerei nahezu unpassierbar: riesige Weinfässer und Weinpressen blockierten die Straßen. Die Luft war gesättigt von dem eigenartigen Geruch von Wein, Trauben, Buchenholz, das für den Winter aufgeschichtet wurde, sowie Chrysanthemen. Über allem ragte das Schloß, das die Stadt vom Dorf trennte. Aber nicht die Universität, die für ihr hohes Niveau und die schwierigsten Examina berühmt ist, hat für mich die größte Bedeutung in Tübingen; nicht das Schloß, nicht der schöne Marktplatz noch das berühmte Stift, wo Melanchthon brütete und wo Hegel, Mörike und vor nicht allzulanger Zeit Hermann Hesse Jahre eines harten und strengen Lebens verbrachten, bevor sie protestantische Pfarrer wurden. (Hesse brach vorher ab, soweit ich weiß.[60]) Nein, für mich ist der heiligste Ort in Tübingen der Turm, in dem Hölderlin, Deutschlands größter Dichter, von 1806 bis 1843, als er im Alter von vierundsiebzig Jahren starb, als Verrückter lebte. Zu seinen eigenen Zeiten war er fast unbekannt und so gut wie vergessen, bis Hellingraths[61] erster Band 1914 erschien. In der Zwischenzeit ist ein bezeichnender Wandel eingetreten, und somit wurde eine Vorhersage, die 1804 gemacht wurde, erfüllt. »Hölderlin wird aufsteigen am literarischen Himmel Deutschlands wie ein Stern, wenn Deutschland Dichter von seiner Großartigkeit der Begriffe und Einfachheit des Ausdrucks vertragen kann.«[62] Rilke und George rühmten ihn als Meister und die neue deutsche Generation folgte ihnen. Auch ich entdeckte ihn mit einer Gefühlsregung, die kein anderer Dichter je in mir hervorgerufen hat. Ich konnte nie an seinem Turm vorbeigehen, ohne mir den alten Mann dort vorzustellen – allein, unbekannt, eine Witzfigur den Studenten, die nicht wissen konnten, daß sie sich in Gegenwart des Phaeton befanden: »der, als er erfuhr, daß Helios sein wahrer Vater und er, da er eine solch göttliche Vaterschaft beanspruchte, die Zielscheibe des Spotts war, zum Sonnenpalast ging und das Vorrecht verlangte, den Sonnenwagen für einen einzigen Tag als Beweis für seine Herkunft fahren zu dürfen… Zuerst ging alles gut, aber bald verlor der unerfahrene Fahrer die Herrschaft über die feurigen Sonnenpferde, kam vom richtigen Weg ab und fuhr so nah an die Sonne, daß der Wagen Feuer fing. Daraufhin streckte

ihn Zeus mit seinem Blitz nieder und schleuderte seinen
Körper in den Fluß Eridanus.«

Die Stadt war in schlechtem Zustand. Seit 1914 war nichts
restauriert worden; der Verputz blätterte von den alten
Häusern ab und sie sahen aus, als ob sie an einer Haut-
krankheit litten. Das Pflaster in den Hauptstraßen wellte
sich wie Wellblech und alles sah heruntergekommen und
deprimierend aus. Die meisten Studenten waren ärmlich
gekleidet. Sie trugen feldgraue Vorkriegsjacken mit aufge-
setzten Flicken, um die Löcher zu stopfen, Stiefel mit
Holzsohlen, eisernen Absätzen und Schnürsenkeln aus Papier.

Die Läden waren leer, die Inflation war in vollem Gange.

Niemand, der nicht während der Jahre 1922/23 in
Deutschland lebte, weiß, was Inflation bedeutet. Es ist so
schwer, wie einem blinden Mann zu erklären, was Schnee
ist. Man kann sich die wirtschaftlichen Auswirkungen
leicht vorstellen, aber zu beschreiben, wie man sich in der
Mitte eines Strudels fühlt, ist etwas anderes. Ich weiß nicht,
wie oder warum alles passierte. War es ein schlauer und
rücksichtsloser Schachzug der deutschen Regierung, die
Reparationszahlungen unmöglich zu machen, wie ihr vor-
geworfen wurde? Und verlor Deutschland, als alles in
Gang kam, die Kontrolle darüber? War es eine notwendige
Konsequenz des verlorenen Krieges?

Ich weiß nur, daß mir mein Vater in der einen Woche eine
Million Mark schickte, für die ich mir etwas Essen kaufen
konnte (wenn ich Glück hatte), in der nächsten waren es
zehn Millionen, später hundert Millionen, noch später Mil-

liarden und zum Schluß eine Billion – für die ich kaum etwas bekam.

Fast die ganze Mittelschicht wurde völlig ruiniert. 1920 waren meine beiden Großmütter wohlhabend und konnten bequem von den Zinsen ihres Kapitals aus Kriegsanleihen und Sparbüchern leben. Beide waren am Ende des Jahres 1923 bettelarm. Ohne die Hilfe ihrer Kinder wären beide in bitterer Armut gestorben, und es ging ihnen besser als den Millionen anderer älterer Leute, die niemanden hatten, der sich um sie kümmerte.

Das Billigste, was man als Tapeten benutzen konnte, waren Geldscheine. Ich habe ein Zimmer gesehen, das ganz mit Eine-Million-Mark-Scheinen tapeziert war; Geldscheine waren auch gut, um Zigaretten anzuzünden. Fremde, die Deutschland verließen, warfen ganze Päckchen von Banknoten aus ihren Autofenstern. Ich erinnere mich an ein Bild der schönen Burg Elz in einer amerikanischen Zeitung mit der Unterschrift: »Diese Burg kann man für 427 Dollar kaufen.« (Oder ein paar Dollar mehr oder weniger.)

Zur gleichen Zeit wurden Spekulanten märchenhaft reich. Schulfreunde in meinem Alter hatten ihr eigenes Auto. Einer von ihnen fuhr in seinem Chrysler durch Tübingen. Er war mit einer schönen blonden Dame auf dem Weg nach Italien. Er hatte 1921 für zweihundertfünfzigtausend Mark eine Fabrik gekauft und sie später mit Geld bezahlt, das nur noch einen Bruchteil wert war. Stinnes, Deutschlands reichster Mann, hatte so ein ganzes Imperium aufgekauft.[63] In Berlin, der »*cloaca maxima*« der Welt, ging das Leben in Saus und Braus weiter: Glücksspiele, Clubs für Homosexuelle, Prostituierte zum Preis von einem Dollar, Korruption. Alles war wie für Hitler vorbereitet.

Da die Regierung mit dem Gelddrucken nicht mehr nachkam, fingen die Provinzstädte an, ihr eigenes Geld zu drucken. Fast jede schwäbische Stadt folgte dem Beispiel. Crailsheim – ich glaube es war Crailsheim – benutzte ein besonders gefälliges Motiv. Irgendwann im Mittelalter war die Stadt belagert worden. Hungersnot bedrohte die Bürger. Die Stadt war kurz davor, sich zu ergeben, wenn da nicht die großartige Tat einer Frau gewesen wäre. Sie war die Frau des Bürgermeisters von Crailsheim und trotz der Belagerung wahnsinnig dick. Sie beschloß, die Stadt zu retten. Sie bestieg einen der Stadttürme, hob ihren Rock und zeigte ihr enormes Hinterteil trotzig dem Feind. Als dieser so viel Fleisch sah, gab er die Hoffnung auf, die Stadt auszuhungern, und zog sich zurück.

Um dieses Ereignis zu feiern, zeigte das Geld, das in Crailsheim gedruckt wurde, die Türme und, wenn man genau hinsah, das Hinterteil der Frau.

Die Inflation führte dazu, daß keiner mehr Papiergeld wollte. Die Bauern wollten nur Waren: ein paar Schuhe für ein Pfund Butter, ein Klavier für ein Schwein. Es kursierten Geschichten über Bauernhäuser, die mit Perserteppichen, Kandelabern und großen Klavieren vollgestopft waren. Ich habe sie zwar nie mit eigenen Augen gesehen, aber ich halte es für möglich.

1923 wurde die Mark stabilisiert. Eine Billion war nun eine Mark. Ein paar Tage später waren die leeren Läden wieder voll Waren, die während der Inflation versteckt worden waren, und man konnte soviel Nahrungsmittel, wie man sich nur leisten konnte, kaufen.

Ich habe mich nie ganz von dem Eindruck erholt, den die Inflation auf mich machte. Sogar heute noch fürchte ich mich davor, eines Morgens mit einer Eine-Million-Mark-Note in der Hand aufzuwachen.

Mein Vater überstand die Inflation fast ohne Einbußen. Sein Geld war hauptsächlich in Immobilien angelegt. »Häuser können nicht davonlaufen«, pflegte er zu sagen. Gelegentlich war er so weise wie eine alte Eule.

Aber ich habe den Ereignissen vorgegriffen und komme nun zu meiner Ankunft in Tübingen zurück. Unter großen Schwierigkeiten fand ich ein Zimmer. Ich hatte ein Empfehlungsschreiben von einem früheren Studenten an Frau Berta Scholl, Mordiogasse 12, nicht weit von der Gogerei. Als ich das Haus betrat, roch es überall nach Sauerkraut. Ich stieg in den zweiten Stock, klingelte an der Tür und stand vor Frau Scholl. Sie war eine dralle Frau um die Fünfzig. Ihr mausgraues Haar war in einen Knoten gelegt, ihr riesiger Busen stak in einem enganliegenden grünen Pullover. Ja, sie konnte mir ein Zimmer vermieten. Ob ich es sehen wollte?

Das Zimmer war sehr klein, aber glänzte vor Sauberkeit und war so vollgestellt mit Möbeln, daß man sich kaum rühren konnte. An der Wand war ein Ölgemälde von einem Student, der eine Gitarre in der Hand und ein blondes »Gretchen« im Arm hielt, während ein alter Mann in einem Stuhl träumerisch in ein Glas mit Weißwein schaute. Den Hintergrund bildete der Rhein mit seinen Burgen. (In

Bayern findet man eine andere Art Bilder. Man kann sicher sein, daß man in der einen Ecke ein Herz-Jesu-Bild sieht, in der anderen König Ludwig II., der im Starnberger See ertrank, aber nach landläufiger Meinung immer noch lebte. Die anderen gängigen Bilder in Bayern stellten Wildhüter dar, die Wilderer erschossen und, umgekehrt, Wilderer, die Wildhüter erschossen. Ein anderes Lieblingsmotiv zeigt zwei Kinder, die einen reißenden Gebirgsbach überqueren, während über ihnen ein Engel schwebt.)

Frau Scholl bat mich, Platz zu nehmen und zog mich in kürzester Zeit ins Vertrauen: ihr letzter Student war eine Studentin. »Nie wieder«, sagte Frau Scholl. »Zuerst will sie heißes Wasser und dann kaltes. Dann muß ich ihr helfen, ihre Bluse aufzuknöpfen, dann will sie ein Bügeleisen, dann eine Nähnadel, dann etwas Methylalkohol, dann eine Stecknadel. Und was für eine Schlampe! Überall lagen Haare, jeden Tag mußte ich ihre Bürste saubermachen und ihr Handtuch waschen. Und immer: ›Liebe Frau Scholl, liebste Frau Scholl, bitte, bitte könnten Sie nicht etwas für mich erledigen? Meine Absätze sind abgelaufen, könnten Sie sie zum Schuhmacher bringen? Bitte, bitte könnten Sie einen Knopf für mich annähen? Bitte, könnten Sie mir einen Laib Brot besorgen? Könnten Sie mir mit einer Schaufel Kohle aushelfen?‹ Und wenn ich mich weigerte, hätten Sie ihre Augen sehen sollen! Schwarz wie Tollkirschen! Niemals wieder!

Davor hatte ich den kleinen Wieler, einen netten Jungen. Aber eines Tages brachte er ein Flittchen mit heim und ich warf ihn hinaus. Mein Haus muß sauber bleiben. Ich lebe alleine und was würden die Nachbarn sagen, Herr Doktor?

Die Welt ist schlecht, wie mein Mann – er rannte mit einer Hure davon. Aber ich werde mich nie von ihm scheiden lassen. Von mir aus kann er mit ihr in Ehebruch, in Schuld und Sünde leben. Sollen seine Kinder Bastarde sein. Es ist Gottes Wille und ich bin das auserwählte Werkzeug Seiner Rache. Glauben Sie an ein Leben nach dem Tod, Herr Doktor? Ich glaube daran. Kommen Sie doch zu einem unserer spiritistischen Treffen, und Sie werden von einem Saulus zu einem Paulus bekehrt werden.«

Ihre Stimme wurde ekstatisch. »Ja, die Zeit des Tausendjährigen Reiches, wenn Gott die Frommen an seine rechte Seite rufen und die Heiden zerstören wird, ist nahe. Und es wird sein Heulen und Zähneklappern. Sehen Sie nicht die Zeichen unserer Zeit? Krieg, Hungersnot, Tanzwahn, Orgien? Nebukadnezar steht vor der Tür und Sie zögern noch! Das Königreich des Himmels und seine Herrlichkeit ist nahe, aber Sie weigern sich, die Augen zu öffnen. Und Gott gab Ihnen Augen zu sehen und Ohren zu hören. Aber Sie sind noch jung – und übrigens, ich habe ganz vergessen zu fragen, wann Sie einziehen?«

Und ich zog ein. Ich habe es nie bereut. Sie war eine dumme Frau, aber eine dieser wunderbaren deutschen Vermieterinnen, die sich wie eine Mutter um die Studenten kümmern. Als erstes brachte sie meine Schuhe zum Schuhmacher. Sie stopfte meine Socken und wusch meine Hemden. Sie verlangte niemals eine Mark extra. Sie warnte mich vor den Nachbarn: »Seien Sie höflich zu Frau Hoffmann«, sagte sie; »sie ist eine gefährliche Klatschbase. Aber ein bißchen Schmeicheln kostet nichts. Sie liebt es und Ihnen wird kein Zacken aus der Krone brechen. Gib einem bösen

Hund einen Knochen und er hält still. Mit einem Löffel
Honig fängt man mehr Fliegen als mit einem Faß voll Es-
sig.«

Die Zimmermiete war zwischen uns beiden auf zehn
Laibe Brot pro Woche festgesetzt. Ich sagte ihr, daß ich
hundert Pfund Kohlen und einige Säcke Holz hätte, die für
den ganzen Winter reichen müßten. Voller Stolz erzählte
sie mir, daß sie fünfhundert Pfund Kohlen hätte. »Ich
kratzte jedes Stück mit meinen eigenen Fingern aus einem
Schlackehaufen zusammen. Ich starb fast dabei, Herr Doktor! Ich habe ein schwaches Herz und ich wurde zweimal
bewußtlos. Ich werde nicht alt werden, Herr Doktor; das
steht in meinem Horoskop.«

Ich versuchte sie zu beruhigen. Aber sie schüttelte nur
traurig den Kopf. »Sie sind zu jung, Herr Doktor, um das
Übersinnliche zu verstehen. Viel zu jung!«

Ich mußte in der Mensa essen, und wenn ich nicht vor zwölf
dort war, mußte ich eine halbe Stunde warten. Jeder Student bekam zwei Aluminiumschüsseln vorgesetzt. In der
oberen war eine Art bläuliche Brühe, genannt Suppe, die
hauptsächlich aus Gerste bestand, und in der unteren, in
der die Hauptspeise war, konnte man mit etwas Glück ein
bißchen Kartoffelsalat mit ein paar Heringsstücken finden,
oder zwei große und schwere Pfannkuchen, die unter einer
Schicht Pflaumenkompott versteckt waren. Sonntag war
ein Tag der Freude, der einzige Tag in der Woche, an dem
es Fleisch gab: ein Stück köstliches Corned beef, das von
den amerikanischen Quäkern gespendet worden war. Eine
der Bedingungen für die Erlaubnis, in der Mensa essen zu

dürfen, war, daß wir uns bereit erklärten, Kartoffeln für die Universität zu sammeln. Mit Säcken auf dem Rücken und in Begleitung des Dorfpriesters zogen wir bettelnd von Bauer zu Bauer und kamen abends gebeugt unter der schweren Last zurück.

Anschläge am Schwarzen Brett der Universität:
Studenten zum Teppichklopfen gesucht.
Studenten für die Schuhwerkstatt der Universität gesucht.
Studenten für die Wäscherei der Universität gesucht.
Studenten, die zu wenig zum Essen haben, können sich bei der Verwaltung melden. Ein medizinisches Gutachten ist erforderlich.

Ich fand heraus, wie Kohlen länger glühten. Ich nahm ein großes Brikett, wickelte es viermal abwechselnd in feuchtes und trockenes Zeitungspapier ein und legte den Packen aufs Feuer. Es gab zwar sehr wenig Hitze ab, schwelte dafür aber stundenlang.

Obwohl ich wenig zu essen hatte und die Räume in der Universität kalt waren, mußte ich fürchterlich hart arbeiten. Das Tübinger juristische Examen war und ist wahrscheinlich eines der härtesten in ganz Deutschland. Es wurde erwartet, daß man das ganze Zivilrecht mit über neunhundert Paragraphen kannte, dazu außerdem die wichtigeren Entscheidungen und Urteilsbegründungen des Reichsgerichts, das Strafrecht samt Urteilen und Kommentaren, das Handelsrecht, die Gesetze zur Prozeßordnung und Verwaltung, Kirchenrecht, Römisches Recht,

Altdeutsches Recht und vieles mehr. All dies mußte ich mir in einem statt der üblichen drei Jahre einpauken, aber trotz meines schlechten Gedächtnisses (und Erfolg hängt mehr von einem guten Gedächtnis als von allem anderen ab) war ich entschlossen, Tübingen so schnell wie möglich hinter mich zu bringen. Ich haßte die Atmosphäre von Armut und Hoffnungslosigkeit, aber noch mehr die wachsenden politischen Spannungen. Fast alle Studenten waren nationalistisch und reaktionär, und es kursierten Geschichten von geheimen Wehrübungen und versteckten Waffen. Die meisten von ihnen haßten die Novemberverbrecher, die Männer, die für die Novemberrevolution von 1918 verantwortlich waren; die meisten von ihnen hatten sich eingeredet, daß Deutschland den Krieg nie verloren hätte, wenn es nicht den Dolchstoß durch Juden, Freimaurer, Bolschewiken und andere dunkle Mächte gegeben hätte.

Also arbeitete ich bis in die frühen Morgenstunden und trank den stärksten Schwarztee, um wach zu bleiben.

Dreimal in der Woche traf ich mich mit einer kleinen Gruppe von gleichaltrigen Mitstudenten, um auf das Examen zu lernen. Einer von ihnen war Jordan, der aus einer vornehmen, aber getauften jüdischen Familie stammte. Er war der Intelligenteste von uns allen, litt aber unter der schrecklichen Angst, daß man seine jüdische Abstammung entdecken könnte. Er biederte sich den unbedeutendsten, nichtjüdischen Studenten an, um in ihrer Gesellschaft gesehen zu werden. Aber trotz seiner Bemühungen war er meistens alleine. Jede Verbindung, in die er eintreten wollte, hatte ihn abgelehnt.

Ich wußte von seiner traurigen Schwäche; ich akzeptierte ihn, weil ich seinen Intellekt bewunderte und wußte, daß sich hinter seiner Maske von Arroganz ein zutiefst unglücklicher Mensch verbarg. Die anderen in unserer Arbeitsgruppe tolerierten ihn, weil er der Beste von uns war. Aber eines Tages ging er zu weit: »Ich schlage vor, daß wir Guttmann in die Arbeitsgruppe mit aufnehmen«, sagte er. »Natürlich ist er ein Jude, aber ich garantiere persönlich dafür, daß er sich anständig benimmt.«

Es herrschte tödliches Schweigen. Dann stand K., ein unauffälliger Mensch auf, schaute Jordan an, öffnete ein Fenster und sagte: »Wir brauchen etwas frische Luft.«

Jordan starb in jungen Jahren, bevor die Nazis an die Macht kamen. Es war ein Segen für ihn. Er hätte das Dritte Reich nie überlebt, auch wenn Hitler ihn verschont hätte.

Ich hörte eine Vorlesung bei Professor von Rümelin, als ein junger Mann hereinkam und sich auf den freien Sitz links von mir setzte. Er war sehr ruhig, aber er hob sich von der schäbig gekleideten Menge ab: Er war äußerst gut gekleidet und trug einen Diamantring an der linken Hand. Er sprach nicht mit mir und zeigte wenig Interesse an der Vorlesung. Sobald die Glocke ertönte, stand er auf und ging so unauffällig, wie er hereingekommen war. Von Zeit zu Zeit gab uns von Rümelin einen juristischen Fall als Hausarbeit, die er dann einsammelte, korrigierte und uns nach ein bis zwei Wochen zurückgab. Ein paar Tage nach seinem ersten Auftauchen setzte sich der elegante junge Mann wieder auf den Sitz links von mir und von Rümelin begann, unsere Hausarbeiten auszuteilen. Wie gewöhnlich begann er unsere Namen aufzurufen und wie gewöhnlich rief jeder »anwesend« und ging nach vorne, um sie abzuholen. Plötzlich hielt er inne, setzte seinen schwarzgefaßten Kneifer auf und schaute langsam im dicht besetzten Saal herum. Zuletzt blieben, zu meinem Schrecken, seine Augen auf mir ruhen, zumindest dachte ich es. Man muß wissen, daß von Rümelin Rektor und Kanzler der Universität war, der mächtigste Mann in Tübingen. Alle Studenten hatten eine gewisse Ehrfurcht vor ihm, da sie wußten, daß ihr Schicksal in seinen Händen lag. Man stelle sich mein Herzklopfen vor, als der große Mann den ganzen langen Weg von seinem Pult zu mir kam. Aber im letzten Moment wandte er sich nicht mir, sondern meinem stillen Nachbarn zu, dessen Gesicht plötzlich feuerrot wurde. Von Rümelin verbeugte sich und gab ihm seine Arbeit mit ausgestrecktem Arm und ohne ihn anzublicken. Dann trat der Rektor vier Schritte zurück, verbeugte sich abermals, ging zu seinem Pult zurück und fuhr fort, die Namen aufzurufen.

Jeder starrte auf den jungen Mann links von mir. Wer war diese Person, der von Rümelin so respektvoll gegenübergetreten war? Keiner wußte es. Mein schweigsamer Nachbar verschwand wieder beim ersten Glockenton und wir konnten nur rätseln.

Zufällig traf ich ihn wieder. Es war eine Vorlesung von Professor Mezger, und Mezger, wie von Rümelin, begann, unsere Hausarbeiten auszuteilen.

»Herr Müller!« rief der Professor.

»Anwesend.«

»Herr Schubert!«

»Anwesend.«

»Herr Herzog Philipp Albrecht von Württemberg!«
»Anwesend.«

Nun wußten wir es. Er war der älteste Sohn des Mannes, der König von Württemberg gewesen wäre, wenn keine Revolution stattgefunden hätte. Ich sah ihn niemals wieder.

Am nächsten Tag wurde der leere Platz zu meiner Linken von Herrn Kaufmann, einem Mitglied der Straßburger Burschenschaft Arminia zu Tübingen, eingenommen. Diese Burschenschaft aus Straßburg hatte die Stadt nach den Versailler Friedensverträgen verlassen. Nach Kaufmann mußten alle »ausländischen« Verbindungen in Tübingen gegen die lokalen kämpfen, bevor sie als Gleiche unter Gleichen akzeptiert wurden. Gleichgültig ob es stimmte oder nicht, fast jeder Armine schien ständig verbunden herumzulaufen, und sie alle stanken entsetzlich nach Desinfektionsmitteln. Kaufmann war keine Ausnahme. Auch er stank.

Ich wagte nicht, den Platz sofort zu wechseln, sonst hätte er den Grund vielleicht geahnt und es als eine Beleidigung aufgefaßt. Statt dessen ertrug ich seine »betäubende« Gegenwart so gut ich konnte, und er fand aus irgendeinem Grund Gefallen an mir und unterhielt sich sogar außerhalb der Universität mit mir – allerdings nicht, wenn er seine Verbindungsfarben trug. Eines Tages besuchte er mich in meinem Zimmer. Er wollte mir den »Witz des Jahrhunderts« erzählen. Es ging um ein vorgetäuschtes Duell zwischen zwei jungen Füchsen der Arminia, wobei keiner von beiden wußte, daß sie zur gleichen Burschenschaft gehörten. Der große Tag kam. Die beiden Füchse, die erst ein paar Übungsstunden absolviert hatten, fingen an, aufeinander einzuschlagen und erzielten in der ersten Runde Treffer. Der Kampf wurde prompt gestoppt und die beiden Füchse wurden zusammengeflickt.

Und nun kam erst der eigentliche Witz des Ganzen.

»Einer der Füchse bekam sechs Lustnadeln«, sagte Kaufmann.

Ich fragte ihn, was Lustnadeln seien.

Er war verärgert. Wußte ich nicht, was Lustnadeln waren? »Gut«, erklärte er, »es sind Luststiche. Wenn einer nur vier Stiche braucht und man ihm zehn gibt, dann sind die extra Stiche Luststiche.«

»Und was geschah mit dem anderen?« fragte ich.

Herr Kaufmann konnte kaum sprechen, so amüsiert war er.

»Sie rasierten ihm eine Glatze innerhalb des Haarkranzes – eine Tonsur, die ungefähr einen Durchmesser von zwanzig Zentimetern hatte, nähten einen Hosenknopf darauf und verbanden ihm den Kopf. Sie hätten sein Gesicht sehen sollen«, sagte Herr Kaufmann, »als wir den Verband abnahmen und er den Knopf auf seinem Kopf berührte! Mein lieber Junge, ich bin fast vor Lachen gestorben.«

»Und was sagte *er*?« fragte ich höflich. »Verstand *er* den Spaß?«

Ein Schatten von Traurigkeit zeigte sich auf Herrn Kaufmanns Gesicht. »Er nahm es nicht so gut auf, wie wir es von unseren Füchsen erwarten. Er trat aus! Der Narr!«

Zu meinem Erstaunen bestand ich das Examen. Ich verließ Tübingen ohne Bedauern. Kurz danach schloß ich die Arbeit ab, die ich für meine Promotion einreichen mußte. Ich war immer an Psychologie interessiert gewesen und wählte als Thema »Die partielle Zurechnungsfähigkeit«. Wahnsinn und Schizophrenie waren noch nicht so weit erforscht wie heute. Die Frage war: Konnte ein Mann aus medizinischer oder juristischer Sicht für etwas nicht verantwortlich gemacht werden, das er mit großer Überlegung und Gerissenheit ausgeführt hatte?

Kurz vor dem Krieg hatte es einen bedeutenden Fall gegeben, der ein solches Aufsehen erregte, daß ich mich an jede Einzelheit erinnerte. Es war der berühmte Fall Wagner, der einen großen Einfluß auf die Geschichte der Erforschung des Wahnsinns hatte. Über diesen Fall schrieb ich meine Doktorarbeit.

Wagner war Lehrer in Mühlhausen gewesen, einem Dorf oder einer kleinen Stadt in der Nähe von Stuttgart. Er schien respektiert, nicht unbeliebt und harmlos gewesen zu sein – auf jeden Fall vermutete niemand, daß dieser ruhige Mann eines der sensationellsten Verbrechen seiner Zeit begehen würde. Eines Nachts, nachdem er ein paar Bücher von einem Nachbarn ausgeliehen hatte, holte er sich ein Beil und erschlug seine Frau und seine Kinder. Dann nahm er ein Fahrrad und fuhr Richtung Mühlhausen. Unterwegs hielt er an, bestieg mit Spezialhaken an den Schuhen einen Telefonmasten und durchschnitt die Drähte. Als er in der Stadt angelangt war, setzte er eine Anzahl von Häusern in Brand und eröffnete das Feuer auf jeden, der sich ihm näherte und tötete so ungefähr zwölf Menschen. Er konnte erst gefangengenommen und entwaffnet werden, als eines seiner Gewehre Ladehemmung hatte.

Bevor er diese ganzen Verbrechen beging, hatte er alles so sorgfältig wie für ein militärisches Unternehmen vorbereitet. Er hatte das Gelände studiert, um den besten Platz für die Brandstiftung herauszufinden, weil er den ganzen Ort niederbrennen wollte. Er hatte sich mit genügend Munition versehen, um fast die ganze Bevölkerung auszulöschen. Sein einziges Bedauern war, daß er nur so wenige umbringen konnte und daß seine weitere Absicht, nach Ludwigsburg zu gehen, um seinen Bruder und seine Familie umzubringen, vereitelt worden war.

Wagner hatte Tagebücher geführt, die für Professor Gaupp[64], der über seine Zurechnungsfähigkeit entscheiden mußte, von unschätzbarem Wert waren. Diese Tagebücher zeigten die Entwicklung seiner Krankheit von Tag zu Tag. Wagner beschuldigte sich selbst, Sodomie getrieben zu haben, aber niemand wußte, ob es stimmte oder ob es Einbildung war. Auf jeden Fall glaubte Wagner, daß alle in Mühlhausen darüber Bescheid wüßten. Die Leute »flüsterten«, wann immer er vorüberging, »zeigten mit Fingern auf ihn«, machten »üble« Bemerkungen über ihn. »Ich litt wie Jesus Christus«, schrieb er in einer Passage; und er beschloß, sich an allen zu rächen und den ganzen »Haufen« zu töten.

Gaupp entschied, daß er nicht zurechnungsfähig war, und somit wurde er trotz der öffentlichen Entrüstung nicht hingerichtet, sondern in eine Heilanstalt eingewiesen. Dort starb er in den dreißiger Jahren als überzeugter Nazi.[65]

Ich kann mich nicht mehr erinnern, zu welchen Schlüssen ich in meiner Doktorarbeit kam. Auf jeden Fall bin ich durchgekommen, mit dem Ergebnis, daß ich zum Doktor beider Rechte, Zivilrecht und Kirchenrecht, ernannt wurde. Wahrscheinlich steht mir dieser Titel heute noch zu, wenn ich mich nicht täusche. Ich bin ziemlich sicher, daß ich der einzige Doktor des Kirchenrechts bin, der von Beruf Maler ist.[66]

1924–1927

Die nächsten Jahre waren Jahre der Hoffnung für mich, und ich erinnere mich an sie als die, die für mich am wenigsten mit Angst besetzt waren. Der Hitlerputsch 1923 war schmählich gescheitert. Hitler war nun in einem bayrischen Gefängnis und schrieb an seinem Buch »Mein Kampf«. Etwa zur gleichen Zeit erschien ein anderes Buch, das Aufregung hervorrief und über eine Million Mal verkauft wurde. Der Autor war ein gewisser Artur Dinter und der Titel hieß »Die Sünde wider das Blut«.[67] Es war die traurige Geschichte eines blonden, arischen Mädchens, das sich in einen Juden verliebte. Jeder Jude hatte die heilige Pflicht (siehe die »Protokolle der Weisen von Zion«), die arische Rasse zu zerstören, indem er sein schlechtes, niedrigeres Blut mit dem reinen Blut der Arier mischte. Nur wenn viele Juden so oft wie möglich so handelten, konnte der Traum der Juden erfüllt werden, die Herrschaft über die Welt zu erringen.

Das arme Mädchen, das keine Ahnung hatte, daß ihr Blut geschändet worden war, oder daß ein Tropfen jüdischen Blutes ausreichte, die Jungen eines Affen zu verderben, wurde schwanger. Wie groß war ihr Schrecken, ihre Scham, ihre Verzweiflung, als sie ihr Kind zum ersten Mal sah! Es hatte alle schrecklichen Charakteristika eines negroiden Kindes: flache Nase, flache Füße und so weiter. Vom schlechten Gewissen verfolgt, beging sie Selbstmord. Ich kann mich aber nicht mehr erinnern, auf welche Weise. Ich weiß auch nicht mehr, was aus dem Mischlingsbaby wurde.

Es gab dann noch ihren Bruder, einen deutschen Offizier. Er tötete den Juden, um seine Schwester zu rächen. Dann sprang er auf sein Pferd, ging an die Front und starb im Kampf für Deutschland.

Das war das Thema in »Die Sünde wider das Blut«. Ich wiederhole, daß mehr als eine Million Exemplare verkauft wurden, und viele deutsche Eltern glaubten, daß diese Lektüre für ihre jungen Töchter von größter Wichtigkeit sei.

Deutschland erholte sich nach der Stabilisierung der Mark sehr schnell. Die Weimarer Republik schien an Stärke zu gewinnen, und bei besonderen Ereignissen konnte man sogar die schwarzrotgoldene Fahne auf den Privathäusern sehen. Berlin war das kulturelle Zentrum Europas, seine Theater waren unübertroffen, seine Bevölkerung war von übersprühender Lebendigkeit. Der Friede schien sicher zu sein und ich begann, das Leben wieder zu genießen.

Nachdem ich meine Studienzeit in Tübingen beendet hatte, wurde ich Rechtsreferendar in Stuttgart. Das heißt, ich war eine Art »Jura-Lehrling«, der, um Erfahrungen zu sammeln, drei Jahre sozusagen als Praktikant arbeiten mußte: einige Monate bei einem Zivilrichter, wieder ein paar Monate bei einem Strafrichter und so weiter. Ich mußte neben dem Richter sitzen, der mich zu Beginn eines Rechtsfalles nach meiner Meinung fragte oder mich für ihn einen Präzedenzfall nachschlagen ließ. Ich pflegte mich mit dem Richter und den zwei Beisitzern zurückzuziehen und bei ihren Sitzungen zuzuhören. Ich durfte Zeugen verhören und Angeklagte befragen.

Gelegentlich war es meine Aufgabe, einen Mann zu verteidigen, der sich keinen Rechtsanwalt leisten konnte.

Mein erster Fall endete – nicht durch meine Schuld – katastrophal. Es war so ein hoffnungsloser Fall, daß auch ein erfahrener Anwalt nichts hätte erreichen können.

Der Angeklagte hatte den Diebstahl von fünfunddreißig Fahrrädern gestanden. Die Polizei war sich sicher, daß er weitere dreißig oder vierzig Fahrräder gestohlen hatte, konnte es aber nicht beweisen. Er vertrat die Ansicht, daß es nicht seine Aufgabe sei, sondern die der Polizei, ihn davon zu überzeugen, daß jedes weitere Leugnen zwecklos war. (In Deutschland gilt der Grundsatz: im Zweifel für den Angeklagten.)

Es gab nichts, was ich tun konnte, um meinen Mandanten vor einer Gefängnisstrafe zu bewahren. Das einzige Argument, das ich zu seinen Gunsten vorbringen konnte, war, daß er die Einnahmen aus dem Verkauf der Fahrräder nicht für Alkohol oder Wetten ausgab, oder gar für Frauen, sondern für *Schmetterlinge.* Er war ein leidenschaftlicher Schmetterlingssammler. Nicht ein gewöhnlicher Dieb, sondern ein Wissenschaftler, ein Naturfreund, jemand, der zum Wohle der Menschheit stahl.

Unglücklicherweise betraten in dem Augenblick, als ich mein Plädoyer begann, meine Eltern den Gerichtssaal. Sie wollten den stolzen Augenblick nicht verpassen, wenn ihr Sohn seinen ersten Fall in Angriff nahm. Das machte mich

natürlich noch nervöser, als ich es schon war. Und trotzdem – meine Eltern waren glücklich. Als sie gingen, verbeugte sich mein Vater tief zum Richter hin und zeigte mit
dem Finger auf mich, damit es für den Richter keinen
Zweifel gebe, daß dieser ausgezeichnete junge Anwalt sein
Sohn war.

Noch erfolgloser, wenn das überhaupt möglich ist, war
mein erstes Auftreten als stellvertretender Staatsanwalt.
Der Fall hätte nicht einfacher sein können. Ein Lehrer
hatte einen Schüler ziemlich stark geschlagen. Der Junge
rannte heulend heim und erzählte es seinem Vater, der los-
ging und seinerseits den Lehrer vor der ganzen Klasse verprügelte.

Nun war es meine Aufgabe, den Fall so ungünstig wie
möglich für den Vater zu zeichnen. Aber wie konnte ich
das tun, wenn der Mann etwas so Vernünftiges getan hatte?
Dennoch tat ich mein Bestes und schloß mein Plädoyer mit
der Forderung nach einer strengen Strafe – um andere ab-
zuschrecken, das gleiche zu tun: zwanzig Mark oder zwei
Tage Gefängnis.

Der unglückliche Anwalt, der den Vater verteidigte, verlangte einen Freispruch, weil sein Mandant infolge einer
extremen Provokation und um sein Kind zu schützen, gehandelt habe.

Er hatte kaum Zeit, sein Plädoyer zu beenden, bevor der
Richter seine Strafe verkündete: drei Monate Gefängnis. Es
war, sagte der Richter, ein schwerer Fall eines öffentlichen
Angriffs gegen die Autorität eines Lehrers. Er war über die
Haltung des Verteidigers erstaunt, die nur durch seine Ju-
gend und seine fehlende Erfahrung erklärt werden konnte.

Der unglückliche Mann schaute mich an und ich ihn. Er war genauso alt wie ich.

Daneben hatte ich genügend Zeit, um mich zu amüsieren. Im Winter ging ich regelmäßig mit meinen Freunden, vor allem jungen Rechtsanwälten, Skifahren, und es war alles sehr schön. Zum ersten Mal in der Geschichte Schwabens erhielten junge Mädchen aus guter Familie die elterliche Erlaubnis, ganze Wochenenden ohne Anstandsdame in den Bergen zu verbringen. Ein mutiges Mädchen erschien sogar in Hosen, was eine Sensation hervorrief, vor allem in den katholischen Dörfern von Baden.

Im Sommer ging ich schwimmen. Ich reiste. Ich war 1925 in Ragusa. Ich besuchte St. Tropez, das damals noch ein kleines, unbekanntes Dorf war. Ich sah die Schätze von Ravenna und erinnere mich immer noch mit Erregung daran. Ich ging nach Paris und Venedig.

Ich sah viele Theaterstücke und tanzte leidenschaftlich gerne Foxtrott und Charleston. Diese Jahre vergingen ohne große Ereignisse. Ich führte ein »normales« Leben und erinnere mich nur an drei Episoden.

Eines Abends ging ich auf eine Tanzveranstaltung. Gerade als ich im Begriff war zu gehen, betrat ein junges, ungefähr siebzehn Jahre altes Mädchen den Saal. Sie sah aus, wie ich mir die Natascha aus »Krieg und Frieden« vorgestellt hatte. Ich tanzte mit ihr und verliebte mich in sie. Davor hatte ich mich gelangweilt, jetzt war ich verzaubert. Ich tanzte fast jeden Tanz mit ihr, bis zwei Uhr morgens. Sie schien überglücklich. Während eines Tanzes verließ sie mich für einen Augenblick, um mit einem jungen Rechtsanwalt zu sprechen, der lächelte und sie sanft wegschob.

Der reizende Abend näherte sich seinem Ende; sie versprach, mich in drei Tagen wiederzutreffen. Ich ging nach Hause und erinnerte mich an jeden Augenblick. Das Leben konnte so schön sein.

Zwei Tage später fuhr ich mit der Straßenbahn nach Hause. Ein Mann neben mir hatte eine Zeitung vor sich aufgeschlagen und ich schaute ihm über die Schulter.

Ich sah eine Todesanzeige. Es war das Mädchen, mit dem ich zwei Nächte zuvor getanzt hatte, vor achtunddreißig Stunden. Ihre Anfangsbuchstaben lauteten J. H. …

Später hörte ich, daß sie nach dem Tanz heimgegangen war, in den obersten Stock ihres elterlichen Hauses gestiegen war und sich aus dem Fenster geworfen hatte. Sie war unsterblich in den jungen Rechtsanwalt verliebt gewesen, der sie an jenem Tanzabend weggeschoben hatte; er hatte sich geweigert, sie zu heiraten, weil sie zu jung sei, und sie nahm sich mit ihren siebzehn Jahren wegen ihm das Leben. Ein oder zwei Jahre später heiratete er die Tochter seines Chefs.

Auch die zweite Episode hat mit einem gewaltsamen Tod zu tun. Ich ging wie gewöhnlich in mein Büro im Gericht und fing an, einen Fall zu bearbeiten, als ich durch das Geräusch von Hammerschlägen gestört wurde. Ich schaute aus dem Fenster, um zu sehen, wo der Lärm herkam. Einige Männer errichteten eine Art Gerüst. Es war ein Gerüst von ziemlich ungewöhnlicher Größe und Ausmaß. Es hatte eine Plattform; darüber erhoben sich zwei große Holzbalken, die durch einen Block getrennt waren. Ich starrte mit Entsetzen darauf. Es war eine Guillotine.

Ich ging in den Hof hinunter und betrachtete das monströse Gestell mit dem riesigen Fallbeil. Die Männer hatten ihre Arbeit beendet und starteten einen Versuch. Gut geschmiert, schoß das Fallbeil blitzartig nieder und traf mit einem dumpfen Schlag auf den Block auf.

Mir wurde schlecht und elend. Der ganze Platz, der mir so vertraut war, wurde fremd und düster und schien schon nach Blut zu riechen.

Man erzählte mir, daß ein junger, kaum erwachsener Mann am nächsten Morgen hingerichtet werden sollte.

Nichts hätte mich hindern können, der Hinrichtung beizuwohnen. Ich hätte das bleiche Gesicht des Opfers sehen können; ich hätte hören können, wie ihm das Urteil, entsprechend dem Gesetz, nochmals verlesen wurde, ich hätte dem Priester zuhören und jede Einzelheit der makabren und elenden Szene studieren können. Und ich hätte fortgehen und meinen fragenden und neidischen Freunden alles darüber erzählen können. Aber wie konnte jemand, ein normaler Mensch, das Verlangen haben, einer solchen Schreckensszene beizuwohnen, wenn er nicht ein Sadist war und eine psychiatrische Behandlung nötig hatte?

In der gleichen Nacht hielten ungefähr vierzig Schreibgehilfinnen im Gerichtsgebäude Wache und warteten auf die Hinrichtung, die sie natürlich von ihren Fenstern aus ausgezeichnet verfolgen konnten.

Die letzte der drei Episoden hatte nur mit mir zu tun.

Im Februar 1926 ging ich in den Zirkus. Einige Stunden zuvor fühlte ich einen entsetzlichen Schmerz in der Magengegend, und während der Vorstellung wurde ich ohnmächtig; aber als ich wieder zu mir kam, gelang es mir, nach Hause zu kommen und ins Bett zu gehen. Für meinen Vater, der nie krank war, war Krankheit eine Untugend oder ein Vorwand, nicht in die Schule zu gehen. Wenn ich als Kind Kopfweh hatte, war sein einziger Kommentar »Oh, das gibt die besten Köpfe«, und wenn ich Magenschmerzen hatte, »Das gibt die besten Mägen.«

Zwischen zwei und drei Uhr morgens stand ich auf, kroch den Gang entlang zum Schlafzimmer meiner Eltern und klopfte an die Tür. Mein Vater öffnete sie und ich sagte ihm, daß ich einen Arzt brauche. Er zögerte. Ob ich nicht bis zum Morgen warten könne? War es *wirklich* notwendig, einen Arzt mitten in der Nacht zu stören?

Schließlich rief er doch einen Arzt. Irgendetwas mußte ihn vom Ernst der Lage überzeugt haben.

Der Arzt kam, raste mit mir in seinem Wagen ins Krankenhaus und operierte mich. Ich erinnere mich noch, wie herrlich angenehm es war, als ich einschlief und der Schmerz aufhörte.

Drei Tage lang war es unsicher, ob ich davonkommen würde. Ich hatte einen Blinddarmdurchbruch und verbrachte fünf Wochen im Krankenhaus. Nicht einmal mein Vater konnte dieses Mal sagen »Das macht den besten Magen.«

Der Rechtsanwalt

Nachdem ich 1927 mein zweites juristisches Staatsexamen bestanden hatte, mußte ich mich entscheiden, ob ich beim Staat angestellt werden oder mich selbständig machen wollte. Die Entscheidung war leicht: Ich *mußte* mich selbständig machen. Sonst hätte ich nur Hilfsrichter mit einem bescheidenen Gehalt werden können, der befugt war, Leute zu Geldstrafen und Gefängnis zu verurteilen. Nach einiger Zeit konnte man zum Amtsrichter aufsteigen, mit etwas mehr Gehalt, und danach konnte man mehr oder weniger langsam und gemäß Alter, Befähigung und so weiter noch zum Landgerichtsrat, Oberlandesgerichtsrat und Präsidenten befördert werden, bis man dann mit einer ansehnlichen Pension – je nach Position, die man erreicht hatte – in Ruhestand trat.

Das war die normale Laufbahn. Und niemand konnte mich zum Rücktritt zwingen. Aber angenommen, ich würde aus irgendeinem Grund nicht befördert werden? Sollte ich dann mein ganzes Leben lang Amtsrichter bleiben? Oder würde ich vielleicht in irgendeine kleine Provinzstadt geschickt, wo ich weniger Schaden anrichten könnte als in der Hauptstadt? Und wo ich dann wie eine Primel eingehen würde, vergessen und allein, ohne jeglichen oder zumindest kaum einen interessanten gesellschaftlichen Umgang? Und sollte ich dann als verbitterter alter Mann enden, dessen Urteile und Launen gute Kaffeeklatschgeschichten abgeben würden, wie die Geschichten über den alten Richter X, der Autos haßte und deshalb jeden Autofahrer bestrafte, ob schuldig oder unschuldig? Oder sollte ich wie Y werden, der als der Elf-Stunden-Richter bekannt war, weil er so viel Zeit dafür verwendete, Kommas und Ausrufezeichen zu verbessern, der Schreibmaschinen ablehnte und statt eines Füllers einen Federkiel verwendete und Sand anstelle von Löschpapier. Oder wie Z, ein Richter in Ulm, der für seine seltsamen Urteile berühmt war, wie zum Beispiel im Fall mit der Ziege…

Eines Tages kam eine Bäuerin mit viel Geschirr und einer Ziege auf den Markt. Eine andere Frau kam mit einem Ziegenbock. Die Ziegen fanden sofort Gefallen aneinander, und es ging ziemlich viel Geschirr dabei zu Bruch. Die wütende Besitzerin der Ziege und des Geschirrs ging vor Gericht und verlangte Schadensersatz von der Besitzerin des Ziegenbocks. Nach einiger Überlegung entschied Z, daß die Besitzerin des Ziegenbocks ein Drittel des Schadens bezahlen mußte und die Besitzerin der Ziege zwei Drittel. Er begründete sein Urteil damit, daß im entscheidenden Augenblick der Ziegenbock nur auf zwei Füßen gestanden sei, die Ziege hingegen auf vier und daß es deshalb mehr als gerecht sei, den Schaden dementsprechend zu regeln.

Ein anderer Landrichter erlegte einem meiner Freunde eine Geldstrafe auf, weil er an die Mauer des Gerichts uriniert hatte. Er fügte an, daß erschwerend hinzukäme, daß er an das Gerichtsgebäude uriniert habe, »wo er doch die Gelegenheit gehabt hätte, statt dessen an das Gebäude des Finanzamtes zu urinieren, das nur ein paar Meter weiter lag«.

So mietete ich also im Herbst 1927 zwei Räume[68] an, stellte eine Sekretärin ein, kaufte eine Schreibmaschine und ein paar Möbel, ließ ein Telephon installieren und ein Namensschild mit folgender Inschrift anbringen:

Rechtsanwalt Dr. jur. Uhlman
1. Stock

In den ersten Wochen gab es fast nichts zu tun. Meine Sekretärin verbrachte ihre Zeit damit, ihre Fingernägel zu polieren, Krimis zu lesen und entzückende Ketten aus meinen Büroklammern zu machen.

In Deutschland gibt es im Gegensatz zu England keine Unterscheidung zwischen einem Anwalt, der vor Gericht plädiert, und einem Anwalt, der nicht vor Gericht plädiert. Ein Rechtsanwalt in Deutschland kann beide Funktionen wahrnehmen. Man kann als angestellter Anwalt in eine Kanzlei eintreten und hoffen, daß man eines Tages zum Partner aufsteigt. Oder man muß, wie ich es tat, seine eigene Kanzlei eröffnen und hoffen, daß die Verwandten und Freunde sich an einen erinnern und mit einem kleinen Fall beauftragen, bei dem man keinen Schaden anrichten kann. Ich baute darauf, daß es schlimmstenfalls immer die Möglichkeit gab, Rechtshilfe für Arme zu leisten, die mir zumindest die Miete und die Sekretärin finanzieren konnten. Mein Vater und meine Onkel beauftragten mich mit ein paar einfachen Fällen: es ging um geplatzte Schecks, jahrelang unbezahlte Rechnungen und dergleichen.

Nach ungefähr drei Wochen stürzte meine Sekretärin eines Tages in mein Büro, als ich gerade »Les Liaisons Dangereuses« las und flüsterte »Ein Klient!« Der Klient, der einen Kopfverband trug (ein gutes Zeichen), trat ein, schaute mich an und wartete. »Was kann ich für Sie tun«, fragte ich ihn hoffnungsvoll. »Herr Doktor«, sagte er, »ich leide an Schweißfüßen. Können Sie mir irgend etwas dagegen empfehlen?« Nach einer kurzen Überlegung verschrieb ich zwei Aspirin alle vier Stunden und abwechselnd ein kaltes und heißes Fußbad jeden Tag.

Er ging, sichtlich gerührt, weil ich vergessen hatte, eine Gebühr zu verlangen.

Einige Tage später hatte ich meinen ersten richtigen Fall. Der Klient war ein Bauer aus Plattenhardt. Er war angeklagt, einen Gastwirt aus seinem Dorf verletzt zu haben, der, so sagte er, angefangen und ihn mit einem großen Messer angegriffen habe.

Als der Fall verhandelt wurde, stritt der Gastwirt ab, ein Messer gehabt zu haben. Als ich ihn aber ins Kreuzverhör nahm, gab er doch zu, daß er zur Zeit des besagten Angriffs ein »Messerle« in der Hand gehalten habe. Ich fragte ihn wie groß. »Ungefähr so groß, wie der Schwanz eines neugeborenen Kätzchens«, sagte er. Ich vermutete, daß es größer gewesen sei. Er gab zu, daß es vielleicht ein »bissle« größer gewesen sei. Ich nahm meinen ganzen Mut zusammen. »Ich warne Sie zum letzten Mal!« brüllte ich. »Sie sagen unter Eid aus! Wissen Sie, daß Meineid mit mindestens zwölf Monaten Zwangsarbeit bestraft wird? Zum letzten Mal: *Wie groß war das Messer?* Könnte es sein, daß es so groß wie der Schwanz einer *ausgewachsenen Katze* war?« Er begann zu stottern, gab zu, daß es möglich wäre – und ich bekam meinen Mandanten frei.

Das war an einem Freitagnachmittag. Als ich am darauffolgenden Montagmorgen ins Büro kam, warteten bereits drei stark verbundene Männer auf mich. Sie waren alle aus Plattenhardt, wo man sich erzählt hatte, daß man einen neuen Rechtsanwalt entdeckt habe, der in der Lage sei, den stärksten Mann erzittern zu lassen und der wie ein Löwe brülle.

Zu der Zeit war Plattenhardt im ganzen Land für Wildern, Trunkenheit und den großzügigen Gebrauch von Messern und Schrotflinten berüchtigt, nicht zu vergessen hölzerne Geräte wie Stuhl- und Tischbeine, Zaunlatten, Leitersprossen, kurzum, alles was dazu taugte, einen Streit zu regeln. Zu den bedrohlicheren Waffen gehörten schwere Bierkrüge und Flaschen, die vor allem in den Nächten von Sonntag auf Montag zum Einsatz kamen – siehe meine Besucher am Montagmorgen.

Die Gründe, warum die Männer aus Plattenhardt kämpften, wenn überhaupt ein Grund vorhanden sein mußte, waren selten politischer Natur. Es machte ihnen einfach Spaß, zu streiten um des Streitens willen.

Abgesehen vom Streiten, war ihr Hauptfreizeitvergnügen, zum Gericht zu gehen, das in Deutschland billig war. Aus allem konnte ein Prozeß gemacht werden: Ein Stück Land von der Größe eines Handtuches, ein Wegerecht, das fünfzig Jahre lang nicht beansprucht worden war, eine alte Kuh oder ein altes Schwein oder ein uneheliches Kind – und davon gab es viele –, ein gebrochenes Bein oder eine gebrochene Nase, ein verlorenes Auge; aber das Vielversprechendste war, Testamente anzufechten. Jeder nahm teil und alles war erlaubt: Meineid war als Waffe im Prozeß ebenso akzeptiert wie eine Leitersprosse oder ein Messer in einer Wirtshausschlägerei.

Ein erfahrener Richter wußte normalerweise Bescheid über die Sitten und Gebräuche der Einwohner von Plattenhardt. Bevor der Angeklagte vereidigt wurde, mußte er die rechte Hand heben und die linke *offen* auf den Richtertisch legen, weil es allgemein bekannt war, daß der Zeuge möglicherweise etwas Erde in seiner linken Hand hielt, oder mit drei Fingern auf den Boden zeigte, so daß der falsche Eid durch seinen Körper abgeleitet werden sollte, ohne ihm zu schaden… Monatelang finanzierte ich meine Kanzlei mit den Einwohnern von Plattenhardt. Jeden Montag kamen die Stammklienten. Einer von ihnen hatte einen »durchgeschlagenen« rechten Arm, aber am meisten erzürnte ihn, daß der Verursacher der Schriftführer des örtlichen Tierschutzvereins war. Während des Prozesses konnte ich ihn mit Mühe davon abhalten, wiederholt aufzuspringen und zu schreien: »Und sowas will der Schriftführer des Tierschutzvereins sein! Bricht mir einfach meinen Arm!«

Ein anderer meiner Klienten, der gesund und munter war, als er mich verließ, wurde am selben Abend erschossen. Ich weiß nicht mehr, warum. Vielleicht gab es Gründe.

Viele Streitfälle fanden nur um des Streitens willen statt. Ein Bauer bat mich um Hilfe, weil der Geruch in seinem Haus unerträglich war. Der Grund dafür war, daß die Toilette im Haus keine Lüftung hatte. Es gab nur eine einzige Möglichkeit der Abhilfe, nämlich, ein Rohr durch das

Dach des Nachbarn zu legen. Der Nachbar wurde um sein Einverständnis gebeten. Es war eine vernünftige Bitte, die aber glatt abgelehnt wurde, und der Fall zog sich über Jahre hin.

Es gab außerdem eine bestimmte Art Rechtsstreit, die sozusagen alter schwäbischer Brauch war. Ein Bauer, der zu alt war, richtig zu arbeiten, überließ seinen Hof normalerweise seinem Sohn und zog in ein kleines Haus in der Nachbarschaft. Zuvor schloß er einen Vertrag mit seinem Sohn, in dem festgesetzt wurde, wieviel an Eiern, Kartoffeln, Wurst, Fleisch, Bier oder Most den Eltern gegeben werden mußte. Oft, wenn die alten Leute einfach nicht sterben wollten und immer weiterlebten, bis sie uralt wurden, versuchte der Sohn, sich seinen Verpflichtungen zu entziehen. Dann pflegte der Vater zu prozessieren. Es gab viele solche Fälle. Württemberg ist ein Land von Kleinbauern. Vielleicht liegt der Grund in dem schwäbischen Gesetz, das besagt, daß man ein Kind nur unter außergewöhnlichen Umständen enterben kann und daß, wenn es soweit kommt, ein Kind zumindest die Hälfte des Erbes, das ihm eigentlich zusteht, fordern kann.

Einmal kam ein Bauer in mein Büro, mit einer ellenlangen Liste von Gegenständen, die sein Vetter angeblich gestohlen hatte, nachdem die Mutter eines der beiden gestorben war. Die Liste enthielt ungefähr fünfzig Posten von geringem Wert: Löffel, Messer, Bratpfannen, einen Kamm, zwei weitere Kämme, eine Haarbürste, ein Babyfläschchen und einen Nachttopf. Mein Kollege, der den Vetter, und ich, der den Bauer verteidigte, waren beide der ganzen Angelegenheit so überdrüssig, daß wir das Gefühl hatten, den

Prozeß etwas beleben zu müssen. So beschloß ich, ein Gedicht zu machen.

Wir begannen die Verhandlung mit folgendem Vierzeiler:

Willi Beck verlangt einen Hafen,
Den man nachts benützt zum Schlafen,
Doch Karl Schütz der Bösewicht
Gibt heraus den Hafen nicht.

Und so ging es weiter. Der Richter war wütend, aber da es gesetzlich nicht eindeutig vorgeschrieben ist, daß Prosa benutzt werden muß, mußte er sich dreinfügen.

Ungefähr zwei Jahre lang hielten mir die Plattenhardter die Stange und ich lernte ziemlich viel über Psychologie. Es war zum Beispiel ein Fehler, ein einfaches juristisches Problem einfach zu beantworten und das Honorar zu verlangen. Die Plattenhardter nahmen dies sehr übel. Für sie sah es so aus, als ob ich für das Geld nicht genug geleistet hätte.

Später machte ich es auf folgende Weise: ich bat sie, in einer Woche wiederzukommen, da der Fall sehr kompliziert sei. Wenn sie dann wiederkamen, war mein Schreibtisch mit Gesetzesbüchern bedeckt und ich sagte ihnen, daß ich in jedem einzelnen von ihnen hätte nachschlagen müssen, um ihre Fragen zu beantworten. Daraufhin bezahlten sie mit Vergnügen!

Bei einem Firmendirektor benutzte ich einen anderen Trick. Ich wollte ihn beeindrucken, aber leider hatte ich außer meinen verrufenen Plattenhardtern immer noch sehr wenig Klienten. Ich bat alle meine Freunde, mich an dem

Nachmittag, als mich der Direktor in meinem Büro aufsuchte, zwischen vier Uhr und halb fünf anzurufen. Ebenso bestellte ich alle meine Klienten, außer den Plattenhardtern, zur gleichen Zeit in mein Büro. Als der Direktor eintraf, war mein Büro überfüllt, das Telefon läutete ununterbrochen, meine Sekretärin tippte einzelne Kapitel aus der Bibel ab, und auf meinem Schreibtisch waren Berge von Akten und Büchern. Als er schließlich in mein Büro geführt wurde, sagte er mir, daß er es kaum für möglich halten könnte, daß man in so kurzer Zeit eine solch florierende Anwaltspraxis aufbauen könne. Ich stimmte ihm völlig zu.

An einem Montagmorgen kamen keine Plattenhardter in mein Büro. Ein neuer Stern war am Advokatenhimmel aufgegangen, ein Kollege, der noch lauter brüllte als ich und zu dem sie nun überwechselten.

Ich fühlte eine große Erleichterung. Trotz allem waren sie eine Belastung – und ich war nicht mehr so dringend auf sie angewiesen, da meine Praxis auf wundersame Weise angefangen hatte, zu wachsen. Ich schlug mich immer noch hauptsächlich mit kleinen Fischen durch, aber auch einige größere Fälle kamen jetzt auf meinen Tisch. Einer davon war ein Prozeß gegen die Stuttgarter Oper. Eine neunjährige Ballettänzerin, die barfuß auf dem Bühnenboden getanzt hatte, verletzte sich durch einen Splitter. Es kam zu einer Blutvergiftung, und trotz vieler Operationen war ihr Bein für immer kaputt. Ich verlangte Schadensersatz und gewann den Fall. Die Richter erkannten an, daß es grobe Fahrlässigkeit war, das Mädchen ohne Ballettschuhe auf dem Holzboden tanzen zu lassen.

Aus meiner Sicht noch beeindruckender war, daß die Gewerkschaft der Taxifahrer meine Hilfe in Anspruch nahm, wahrscheinlich als Ergebnis der großen Publizität, die der Opernfall ausgelöst hatte. Das war ausgezeichnet: Taxis neigen dazu, in Unfälle verwickelt zu werden, Unfälle verursachen Schaden und Verletzungen, diese führen zu Schadensersatzansprüchen und Schadensersatzansprüche sind gut für Rechtsanwälte.

Meine neue Verbindung endete beinahe in einer Katastrophe, bevor sie überhaupt begann. Durch ein Versehen unterlief mir ein Fehler beim Termin, zu dem der erste Fall gehört werden sollte. Eines Morgens rief mich meine Sekretärin ungefähr um acht Uhr an, um mich daran zu erinnern, daß die Verhandlung gegen den Taxifahrer Bemfle um halb neun beginnen sollte. Ich war erst halb angezogen. Zehnmal schlimmer war, daß ich noch nicht einmal die Akten gesehen, geschweige denn mit dem Angeklagten gesprochen hatte. Ich wußte überhaupt nicht, warum er angeklagt war, wann oder wo der Unfall passiert war und ob es bei Tag oder bei Nacht war, in der Stadt oder auf dem Land, oder wer oder was dadurch geschädigt worden war.

Aber es blieb mir keine Zeit, über solche Nebensächlichkeiten nachzudenken. Ich mußte hin, wenn es nicht ein Abschied für immer von der Gewerkschaft der Taxifahrer werden sollte. Ich rannte zum Gericht, fand heraus, wer mein Mandant war und kam gerade noch rechtzeitig, um zu hören, wie der Staatsanwalt eine Geldstrafe oder einen Monat Gefängnis forderte. Dann sagte der Richter mit breitem Lächeln, »Sie sind dran, Herr Doktor.«

Ich sprach zehn Minuten lang: nicht über Fakten, denn

Fakten mußte ich um alles in der Welt vermeiden, aber übers Leben allgemein und im speziellen über das Leben der Taxifahrer, wie sie Tag und Nacht fahren müssen, einerseits bei Regen, Schneeregen, Schnee und Eis und andererseits bei Staub und Hitze. Ich hatte nur eine Absicht: bei meinem Mandanten durch meine schiere Eloquenz Eindruck zu schinden. Und er war beeindruckt genug, um sich nicht bei seiner Gewerkschaft zu beschweren; im Berufungsverfahren bekam ich ihn dann frei.

Niemals zuvor, und ich glaube auch niemals danach, war ich in solch einer mißlichen Lage, und von diesem Tag an war ich bereit, über jegliches Thema zu reden – außer über Wissenschaft und Mathematik.

Ungefähr um diese Zeit beschloß ich, ein Auto zu kaufen. Es war ein alter Lancia mit einer großen, bedrohlichen Motorhaube. Er machte einen Krach wie ein Rasenmäher.

Voller Stolz erzählte ich meinem Vater von diesem Kauf, aber er sagte nichts dazu.

Am nächsten Morgen lag ein Brief für mich auf meinem Tisch. Es war die Handschrift meines Vaters, was seltsam anmutete, da wir doch in der gleichen Wohnung wohnten. Der Brief lautete:

Mein lieber Sohn, – die Familie Uhlman hat sich bisher immer sehr viel auf ihre Ehrlichkeit und Sparsamkeit zugute gehalten. Deshalb war es für mich ein *schrecklicher* Schock und eine *schreckliche* Überraschung, zu entdecken, daß mein einziger Sohn ein *Gauner* ist! Nichts kann mich davon überzeugen, daß Du Dir *in Deinem Alter* ein Auto leisten kannst!!!! Es wäre *Deine Pflicht*

gewesen zu *warten,* bis Du mindestens fünfzigtausend
Mark auf der Bank gehabt hättest. Ich muß Dich bitten,
den Wagen *sofort* zu verkaufen! Wenn Du Dich wei-
gerst, sind wir geschiedene Leute!!!

Dein Vater

P.S. Wenn Du beim Verkauf Verlust machen solltest, bin
ich bereit, Dir das Geld zu ersetzen.

Als ich merkte, daß mein Vater zutiefst verärgert war, verkaufte ich den Wagen mit beträchtlichem Verlust, was ich
aber für mich behielt. Zwei Jahre später kaufte ich wieder
ein Auto. Dieses Mal gab es keinen Brief, aber das Auto
wurde nie zwischen uns erwähnt.

Von den vielen Fällen, mit denen ich zu tun hatte, erinnere
ich mich an drei wegen ihrer ungewöhnlichen Umstände.
An den ersten, wegen seines seltsamen Mordmotivs; an den
zweiten, weil er die Wahrheit von Schillers Ausspruch
»Mit der Dummheit kämpfen Götter selbst vergebens«,
bewies; und an den dritten einfach, weil er in sich so ungewöhnlich war.

Der erste Fall fing mit dem Mord an einem jungen
Dienstmädchen in der Neckarstraße in Stuttgart an. Es gab
keine Spur, wer es getan haben könnte.

Wochen später verhaftete die Polizei einen Mann – ich
glaube in Dresden – wegen eines geringfügigen Diebstahls.
Als sie herausfanden, daß er sich zu der Zeit in Stuttgart
aufgehalten hatte, als das Verbrechen in der Neckarstraße
geschah, überstellten sie ihn. Es gab nicht den kleinsten

Hinweis, daß er mit dem Mordfall zu tun hatte; es war reine Spekulation.

Ein Polizeiinspektor der Stuttgarter Polizei wartete am Bahnhof auf ihn. »Na, Dressel«, sagte er, »Sie können sich denken, warum Sie hierher gebracht wurden?« »Ja«, sagte Dressel, »wegen dem Mord in der Neckarstraße.« Der Inspektor war verblüfft. »Ja«, sagte er schließlich; »das ist richtig; wegen dem Mord in der Neckarstraße. Also, Dressel. Ich schlage vor, Sie essen erstmal und legen dann ein Geständnis ab.« Er besorgte ihm ein gutes Essen, betete mit ihm *(sic!)* und dann legte Dressel ein Geständnis ab.

Er war Bayer und begann, als er jung war, in einer Bierbrauerei zu arbeiten, wo er Freibier erhielt. Er pflegte zum Frühstück vier Liter zu trinken und noch einiges mehr im Lauf des Tages. Später wechselte er seinen Beruf, wurde Mechaniker und hatte aufgrund seiner Zuverlässigkeit einen guten Ruf. Seine Firma schickte ihn von Stadt zu Stadt, um Reparaturen auszuführen. Er wurde sehr gut bezahlt, aber das Geld reichte nie, um seinen Durst nach Bier zu stillen. Um Bier kaufen zu können, beging er eine ganze Serie von wagemutigen Raubüberfällen und schließlich Mord.

In der Mordnacht, so erzählte er der Polizei, trank er ziemlich viel, »um sich Mut zu machen«, und brach in das Zimmer eines schlafenden Mädchens ein. Er schaute sie an, überlegte »eine oder zwei Minuten«, was er tun sollte und kam zu dem Entschluß, daß sie aufwachen könnte und daß es »das beste« wäre, sie »kaltzumachen«, was er dann auch mit einem Beil tat. Für die paar Mark, die er in ihrem Zimmer fand, kaufte er Bier.

Ich hatte die hoffnungslose Aufgabe, diesen armen Teufel zu verteidigen. Er wurde zum Tode verurteilt, aber wegen seiner Kriegsauszeichnung – er hatte das Eiserne Kreuz Erster Klasse – wurde die Strafe in lebenslänglich umgewandelt. Eine Stunde nach dem Urteilsspruch erhängte er sich in seiner Zelle.

Der zweite Fall betraf einen pickligen, achtzehnjährigen Jungen, der stotterte und der – einem medizinischen Gutachten zufolge – geistig nicht weiter als ein Zwölfjähriger war. Er war ein Laufbursche, Sohn einer verwitweten Putzfrau. Eines Tages wurde seine Mutter krank, und der Junge sagte einigen Nachbarn, daß er in Wahrheit der uneheliche Sohn Edsel Fords[69] sei, daß der berühmte Ford sein Großvater sei und daß seine Mutter unter keinen Umständen erfahren dürfe, daß er ihr »Geheimnis« gelüftet habe. Zu ihrem Erstaunen erhielt die arme Witwe plötzlich viele Blumen und Körbe voll Obst von Nachbarn, denen es bisher nie in den Sinn gekommen war, mit ihr zu reden; als sie nach dem Grund für diese unerwartete Großzügigkeit fragte, erhielt sie die geheimnisvolle Antwort, »Machen Sie sich keine Sorgen, liebe Frau K. – wir wissen Bescheid!«

Die Gerüchte, daß ein Enkel von Ford in Stuttgart lebe, kamen einem Direktor einer Ulmer Autofabrik, der dringend Kapital brauchte, um seinen Betrieb zu vergrößern, irgendwie zu Ohren. Der Direktor schnappte sich den Jungen, stellte ihm ein Auto und einen Chauffeur zur Verfügung, und »Fords Enkel« genoß es in vollen Zügen, zusammen mit seiner siebzehnjährigen Freundin, die in einem Kaufhaus angestellt war, landauf, landab umhergefahren zu werden.

Später traf der Junge den Direktor und seinen Vater in Ulm und machte einen »ausgezeichneten Eindruck« auf alle. Der Junge sagte, daß er die finanziellen Schwierigkeiten des Direktors verstehe und ernannte ihn zum Generaldirektor der neu gegründeten »Automobilgesellschaft Stuttgart-New York-Chicago«. Darüber hinaus informierte er ihn, daß er in Kontakt mit seinem Großvater sei, der sich bereits mit 15 Millionen Dollar in der Tasche auf dem Weg nach Ulm befände.

Ein paar Tage später erhielt der Direktor ein Telegramm folgenden Inhalts: »Gelandet in Konstanz«, gezeichnet Ford. Ein zweites Telegramm kam kurze Zeit später mit der traurigen Nachricht, daß Herr Ford einen Autounfall gehabt habe und nun in einem Krankenhaus in Tübingen liege, gefolgt von einem dritten und letzten Telegramm, mit der Mitteilung, daß er gestorben und sein Leichnam im Palast des letzten württembergischen Königs aufgebahrt sei.

Der Direktor schickte einen Kranz mit der Aufschrift »Für Henry Ford, den großen Wohltäter des deutschen Volkes«, war aber ziemlich erstaunt, daß der Tod eines so wichtigen Mannes in keiner Zeitung erwähnt wurde. Der Junge erklärte, daß die Nachricht geheimgehalten werden müsse, wegen der möglichen schrecklichen Auswirkungen auf die Börse. Auf die Frage, was mit den fünfzehn Millionen Dollar geschehen sei, erklärte der Junge, daß das Geld sicher in den Kellern der Reichsbank in Augsburg gelagert sei, aber es würde in einigen Tagen in Ulm ankommen.

Leider wieder eine Enttäuschung! Ein Telegramm kam an und meldete dem Direktor eine schreckliche Nachricht.

Auf seinem Weg nach Ulm sei der Zug von Bolschewiken angegriffen und ausgeraubt worden, und fünfzehn deutsche Soldaten seien getötet worden, als sie die Dollars verteidigten.

Dieses Mal wurde der Direktor mißtrauisch und ging zur Polizei.

Der Junge wurde wegen Betrugs verhaftet und vor Gericht gestellt. Es war einer der fröhlichsten Prozesse, denen ich je beigewohnt habe. Einer der Beisitzer, eine Frau, fiel vor Lachen fast vom Stuhl.

Am Ende der Verhandlung bekam der Junge Bewährung und wurde sofort freigelassen.

Fall Nummer drei betraf einen früheren Schulfreund von mir, Roschmann. Eines Tages bekam ich eine dringende Aufforderung, Roschmann zu besuchen, der im Gefängnis war. Er war angeklagt, Geld gefälscht und es in Umlauf gebracht zu haben, ein Delikt, das mit Zwangsarbeit nicht unter einem Jahr bestraft werden konnte. Es war eine verrückte Geschichte, die ich herausbekam. Roschmann war intelligent, aber unreif und unfähig, der Realität ins Gesicht zu sehen. Er war Philosophiedozent, hielt Vorträge über Hegel und Kant und war immer von einer kleiner Gruppe Bewunderer, vor allem älteren Damen umringt, die sich um ihn kümmerten. Eines Tages unternahmen Roschmann und die älteren Damen einen schönen Ausflug aufs Land und er sagte ihnen, daß er ein Haus brauche und deutete an, daß es ihre *Pflicht* sei, ihm eines zu kaufen. Die Damen versuchten, ihn zu beruhigen: er müsse nur noch ein paar Jahre bis zu seiner Ernennung zum Universitätsprofessor warten, dann könne er mit seinem eigenen Geld ein Haus kaufen. Roschmann sagte, er könne und wolle nicht warten. Plötzlich rannte er los, in ein Getreidefeld, man hörte einen Schuß, die erschrockenen Damen dachten, er habe Selbstmord begangen und erwarteten, seinen verstümmelten Leichnam zu finden. Statt dessen fanden sie ihn quicklebendig, den Revolver in der Hand, mit nicht mehr als einem Kratzer.

So kam es, daß Roschmann beschloß, sein eigenes Geld zu drucken und ein Haus damit zu kaufen. Er kaufte ein dünnes Stück Blech, einen Topf voll Klebstoff und einen Hammer. Das Blech legte er auf ein 50-Pfennig-Stück [...] und fing an, darauf zu hämmern, bis er den Abdruck eines 50-Pfennig-Stücks hatte. Auf gleiche Weise ging er für die Rückseite vor, dann schnitt er den Abdruck mit einer Schere aus und klebte beide Seiten auf ein Pfennigstück. Nachdem er einige Hundert dieser dilettantischen Falschmünzen hergestellt hatte, packte er alle in eine Papiertüte, kaufte zehn Zigaretten, angelte eines der 50-Pfennig-Stücke aus der Tüte und bot sie als Bezahlung an. Der Geschäftsinhaber warf einen Blick darauf und rief die Polizei.

Und nun war er im Gefängnis.

Meiner Meinung nach lag der Fall einfach. Es gab nur zwei Möglichkeiten: entweder ein Jahr Zwangsarbeit oder ein Gutachten auf Unzurechnungsfähigkeit. Ihm gefiel beides nicht, aber er wollte »frei« sein. Ich erklärte ihm nicht nur ein-, sondern dutzendmal, daß er zwischen den beiden Möglichkeiten wählen *müsse* und daß es keinen anderen Ausweg gebe. Ich sagte ihm, daß es sein Glück sei, daß seine Fälschungen so unglaublich schlecht gewesen seien, daß sogar der Staatsanwalt, mit dem ich den Fall diskutiert hatte, die Unzurechnungsfähigkeit anerkennen würde, wenn ich einen Sachverständigen fände, der sie attestieren würde. Schließlich stimmte er meinem Vorschlag zu, und als ich ihn verließ, war er ziemlich wütend.

Zufällig kannte ich den Direktor der wichtigsten Irrenanstalt in Stuttgart persönlich. Es war Professor T., dem ich meine Schwierigkeiten erklärte. T. war bereit zu bestätigen, daß Roschmann für seine Tat nicht verantwortlich sei und schrieb dies in einem Brief an den Richter. Am nächsten Tag rief mich der Professor wutentbrannt an. Er hatte Roschmann im Gefängnis besucht, und, anstatt für alles, was er für ihn getan habe, dankbar zu sein, hatte ihn Roschmann beschimpft. Roschmann sei nur ein »verzogener, kleiner Affe«, der nicht verrückter als er, der Professor, sei. Er war fest entschlossen, einen zweiten Brief an den Richter zu schreiben, um sein Gutachten zu widerrufen.

Ich beruhigte den Professor, rannte wieder ins Gefängnis und forderte Roschmann auf, sich nicht lächerlich zu machen und denjenigen vor den Kopf zu stoßen, der ihm ein Gutachten geschrieben und vor dem Gefängnis gerettet habe. Nun beschimpfte Roschmann *mich* und sagte, er hätte keinen schlechteren Rechtsanwalt in ganz Deutschland finden können und daß er mich von der Verpflichtung befreien würde, ihn weiterhin aufzusuchen. Er sagte mir immer wieder, daß er nur »frei« sein wolle, *ohne* Gutachten, das seinen Aussichten als zukünftigen Universitätsprofessor schaden würde.

Schließlich wurde er gegen seinen Willen als unzurechnungsfähig erklärt und entlassen. Als ich ihn ein paar Wochen später auf der Straße traf, schaute er zur Seite. Er haßte mich.

Das aufziehende Gewitter

Während all dieser Jahre nahmen die politischen Spannungen in Deutschland zu, ebenso wie die Macht der extremistischen Parteien, der Nazis und der Kommunisten. Die deutsche Regierung war schwach und unentschlossen. Immer wenn durchgegriffen werden sollte, wurden Stimmen laut, die jede Demonstration von Stärke als »undemokratisch« und als »Widerspruch zu den geheiligsten demokratischen Prinzipien« verwarfen. »Wie kann man erwarten«, so hörte man sagen, »daß die Nazis Respekt für unsere Institutionen haben, wenn wir unsere eigenen Ideale verletzen?«

Was das Vorgehen gegen die Kommunisten anbetraf, waren die Stimmen jedoch unschlüssig. Welche Mittel man gegen *sie* anwandte, war eher egal. Aber bei den Nazis war es anders. Sie hatten viel zu viele einflußreiche Freunde auf der Rechten, die zwar sagten, daß sie von ihrer Gewalttätigkeit »abgestoßen« würden, die aber mit ihren Grundsätzen sympathisierten. Aus den Wahlen im Jahre 1930 gingen die Nazis – zu ihrer eigenen Überraschung – als stärkste Partei hervor, dicht gefolgt von den Kommunisten.[70] Auf das war ich nicht gefaßt gewesen, und genauso ging es meinen politisch engagierteren Freunden. Es war klar, daß ich in einer Traumwelt gelebt hatte: Ich hatte es nicht für möglich gehalten, daß Millionen von Deutschen, die Goethe und Schiller zitierten und sich stolz ein »Volk von Dichtern und Denkern« nannten, auf einen solch bodenlosen Unsinn wie die »Diarrhöe der unverdauten Ideen« eines Hitlers hereinfallen konnten.

Ich hatte nicht einmal gemerkt, wie viele Deutsche noch immer politisch unreif und naiv waren, wie ungebildet und wie leicht sie auf Pseudowissenschaften hereinfielen. Zu ihren liebenswerten Eigenschaften gehört ein rührender, fast kindlicher Glaube an Bildung; ich glaube, in keinem anderen Land genießt ein Universitätsprofessor ein so großes und vorbehaltloses Ansehen. Was ein Professor sagte, mußte einfach wahr sein; und dieses Vorurteil ist so allgemein bekannt, daß es von den Werbeagenturen regelmäßig ausgebeutet wurde. Der Deutsche – im Gegensatz zum Menschen romanischer Abstammung – läßt sich nicht so schnell von Gefühlen mitreißen. Er will *überzeugt* werden und das ist auch der Grund, warum so viele Anzeigen in Deutschland erwähnen, daß Professor X von der Universität München und Professor Z aus Berlin das eine oder andere Produkt getestet und unter wissenschaftlichen Gesichtspunkten für gut befunden hätten. So wurde zum Beispiel die ganze Werbekampagne für eine Fußeinlage namens »Pneumette« in dieser Richtung aufgezogen. Ein Professor untersuchte die Wirkung bei Busschaffnern, die stundenlang stehen müssen, ein anderer Professor tat das gleiche bei Postboten, die so viel laufen müssen, und natürlich kamen sie zum Schluß, daß jedermann eine »Pneumette« brauche.

Aber diese Methoden wurden nicht nur im Geschäftsleben angewandt. Auch die Nazis benutzten sie. Ich habe bereits einmal den Roman von Dinter, »Die Sünde wider das Blut«, erwähnt, der in seinen Fußnoten eine wissenschaftliche Bestätigung für seine These lieferte, daß ein beträchtlicher Prozentsatz jüdischen Blutes für Arier und sogar für Affen gefährlich war. Die gleichen Methoden wurden von Hitler, der nach meiner Meinung aufrichtig an die pseudowissenschaftlichen Beweise für die Überlegenheit der arischen Rasse glaubte, immer und immer wieder angewandt. Ich zweifle auch nicht daran, daß er überzeugt war, daß es eine jüdische Weltverschwörung gab, daß die »Protokolle der Weisen von Zion« echt waren und daß Deutschland nicht im Feld besiegt worden war, sondern von »dunklen Mächten«. Er hätte niemals so viele Millionen von der Wahrheit seines Mythos überzeugen können, wenn er nicht selbst felsenfest daran geglaubt hätte.

Es ist ein Rätsel, daß so viele Deutsche mit ihrer großen kulturellen Tradition Hitlers Rassenlehre so einfach akzeptiert haben. Aber Millionen, vor allem die Arbeiterklasse, sind wiederum nicht darauf hereingefallen.

Ich war der sozialdemokratischen Partei beigetreten, der einzigen Partei, der ich aus Überzeugung beitreten konnte. Die Demokraten oder Liberalen waren politisch zu schwach, das Zentrum war eine katholische Partei und die Deutsch-Nationalen waren reaktionär. Nur wenige Rechtsanwälte waren Mitglieder der sozialdemokratischen Partei und, soweit ich mich erinnern kann, nur ein Richter. Um 1932 war ich Vorsitzender, Schriftführer, Schatzmeister und eines der beiden einzigen Mitglieder des Verbandes der sozialdemokratischen Rechtsanwälte in Württemberg.

Fast unmittelbar nach der Wahl im Jahr 1930 und bis Hitler an die Macht kam, herrschte Bürgerkrieg in Deutschland. Vier große Armeen standen einander gegenüber: das republikanische Reichsbanner, die s.a. der Nazis, der kommunistische Rote Frontkämpferbund und der rechtsgerichtete Stahlhelm. Das Reichsbanner mußte an zwei Fronten kämpfen, nicht nur gegen die Nazis, sondern auch gegen die Kommunisten, die die Sozialfaschisten für gefährlicher hielten als die Nazis.

Wenn ich von Bürgerkrieg spreche, meine ich keine großen Kämpfe wie in Rußland nach 1917, sondern eine fast endlose Serie von größeren oder kleineren Zwischenfällen, bei denen etliche Tausend verletzt, viele getötet und Tausende gefangengenommen wurden. Es ist einfach nicht wahr, wenn man behauptet, wie es viele im Ausland tun, daß es keinen Widerstand gegen die wachsende Macht der Nazis gegeben hätte. Im Gegenteil, es gab harte und erbitterte Kämpfe, und der Widerstand ging sogar weiter, als Hitler an der Macht war: davon zeugen die vielen Hinrichtungen und die Märtyrer in den Konzentrationslagern, die natürlich nicht alle Juden waren.

Die Nazis benutzten zwei verschiedene Taktiken in ihrem Kampf gegen das Reichsbanner, aber die Ergebnisse waren die gleichen.

Die erste Taktik bestand darin, einen politischen Gegner unter Zuhilfenahme von Revolvern, Fahrradketten, Messern, mit Nägeln versehenen Stöcken und mit Stacheldraht umwickelten Holzknüppeln zusammenzuschlagen. Wenn sie ihn damit nicht töteten, war er zumindest krankenhausreif und damit einige Monate außer Gefecht gesetzt.

Die zweite Methode bestand darin, das Gesetz als Waffe einzusetzen. Dann verbrachte ihr Opfer statt einiger Monate im Krankenhaus ein paar Monate oder sogar Jahre im Gefängnis. Es kam aufs gleiche heraus: der Mann war außer Gefecht gesetzt.

Die Art und Weise, wie das Gesetz als Waffe eingesetzt wurde, war ziemlich einfach. Eine Gruppe von Nazis pflegte einige Reichsbannerleute anzugreifen und rannte dann so schnell sie konnte zur nächsten Polizeiwache. Dort beschwerten sie sich, daß sie – die Nazis – zusammengeschlagen worden seien. Die Polizei verhaftete dann aufgrund dieser Information die Reichsbannerleute, die nun die Angeklagten waren. Die Nazis waren die Zeugen und Meineid war eine akzeptierte politische Waffe! (Ein- oder zweimal gelang es mir tatsächlich nachzuweisen, daß sich die Nazis vor dem Prozeß getroffen und ihre Aussage abgesprochen hatten. Aber es war normalerweise unmöglich, diese Art von Verschwörung aufzudecken, die oft die aktive oder passive Unterstützung der Richter sowie der Staatsanwaltschaft fand.)

Meines Wissens hat man sich nie richtig klargemacht, welche wichtige Rolle viele Richter dabei gespielt haben, den Nazis zur Macht zu verhelfen.[71] Ich weiß, worüber ich spreche, da meine Kanzlei seit 1930 hauptsächlich damit betraut war, die Verteidiger der Weimarer Republik zu verteidigen.

Fast alle Richter standen politisch rechts. Einige von ihnen waren Mitglieder der NSDAP, hielten es aber geheim, bis Hitler fest im Sattel saß. Alle von ihnen zogen es vor, einem Nazi mehr als einem Reichsbannermann zu glauben.

Von den vielen Beispielen möchte ich zwei Fälle anführen, um zu zeigen, was tatsächlich geschah:

Eines Morgens in der Frühe überfiel eine Gruppe von uniformierten Nazis das Haus eines älteren Reichsbannermannes, der im Ersten Weltkrieg schwer verwundet worden war. Einige von ihnen kletterten aufs Dach und andere warfen die Fensterscheiben ein. Der Mann feuerte ein paar Warnschüsse ab, aber niemand wurde verletzt und die Nazis flohen. Dieses Mal war der Fall so klar, daß der Polizei keine andere Wahl blieb, als einige der Nazis zu verhaften, die wegen Überfalls angeklagt wurden. Es war für mich von Anfang an klar, daß der Richter auf der Seite der Angeklagten war, die er mit ausgesuchter Höflichkeit behandelte. Sobald mein Mandant auftrat, änderte sich das Bild völlig. Aus einem bestimmten Grund war es von großer Bedeutung, in Erfahrung zu bringen, wie viele Schüsse abgefeuert worden waren. Mein Mandant sagte drei, die Nazis sagten zwei. Der Richter wiederholte seine Frage: »Wie viele Schüsse haben Sie abgegeben?«

»Drei, Euer Ehren.«

»Sie sagen drei, aber die anderen sagen zwei. Passen Sie auf, ich warne Sie«, (schreiend) »ich warne Sie. Wenn Sie es wiederholen, lasse ich Sie wegen Meineids verhaften! Und Meineid bedeutet mindestens ein Jahr Zwangsarbeit! Zum letzten Mal: wie viele Schüsse haben Sie abgegeben?«

»Zwei, Euer Ehren.«

»Nun, das hört sich schon besser an. Ich hoffe, es ist Ihnen klar, daß ich Sie vor dem Gefängnis gerettet habe und daß Sie mir dankbar für das sind, was ich für Sie getan habe.«

Man mag sich fragen, warum ich nicht energischer eingegriffen und den Richter davon abgehalten habe, meinen Mandanten niederzuschreien. Die Antwort fällt mir schwer. Man brauchte sehr viel Erfahrung, Selbstvertrauen und Mut, um zurückzuschreien. Ein falscher Schritt, und man mußte mit Disziplinarmaßnahmen rechnen. Ein Rechtsanwalt konnte seines Amtes enthoben werden, ein Richter niemals. In Deutschland wie in Frankreich war ein Richter ein mächtiger Mann. Er wußte alles über einen Fall, lange bevor er eröffnet wurde. Die Einzelheiten wurden ihm direkt vom Untersuchungsrichter übermittelt, der die Zeugen und den Angeklagten vernommen hatte. Wenn der Angeklagte vorbestraft war, wußte es der Richter, und außerdem wurde es immer gleich am Anfang eines Gerichtsprozesses verlesen. Jeder wußte dann, wie oft der Angeklagte bereits mit dem Gesetz in Konflikt gekommen war. Nicht nur, daß der Richter den Angeklagten oft schon im voraus für schuldig hielt, er entschied auch oft schon vor dem Prozeß, welche Strafe er verhängen würde. (Als Referendar war ich einmal dabei, als der Amtsrichter Braun und der Staatsanwalt über das Strafmaß sprachen, das die Anklage fordern würde, und welches Strafmaß er verhängen würde! Braun sagte mir mit einem Lächeln, daß dies »natürlich« gegen die Vorschriften sei, aber es wurde oft praktiziert.)

Viele Richter waren autoritäre, schlecht gelaunte Tyrannen, die die Angeklagten anschrien und oft die Zeugen, die schon nervös genug waren, mit Bemerkungen wie etwa

»Können Sie sich kürzer fassen? Ich habe das alles schon einmal gehört!« oder »Glauben Sie, ich möchte hier den ganzen Tag verbringen?« einschüchterten. Die meisten von ihnen haßten die Anwälte. Sie haßten sie, weil einige von ihnen an einem Tag mehr verdienten als ein Richter in einem Jahr, weil einige gerissen waren, oder einfach, weil sie es als lästig empfanden, daß sie sich in die bereits zuvor unter den Richtern abgesprochenen Prozeßverläufe einmischten. Oft zeigte ein Richter seine Verachtung sowohl für den Staatsanwalt als auch für den Verteidiger, indem er das Urteil und die Begründung während der noch laufenden Plädoyers niederschrieb und es verkündete, ohne daß er sich auch nur für eine Sekunde zurückzog, nachdem die Anwälte ihre Plädoyers beendet hatten. Einmal hielt ich mitten in einem Plädoyer inne. Der Richter wurde durch mein plötzliches Schweigen aufmerksam und schaute auf. »Haben Sie geendet, Herr Doktor?« Ich sagte ihm höflich, daß ich wünsche, daß er zuhöre und daß seine bloße körperliche Anwesenheit allein nicht ausreiche. Er schaute mich wütend an, sagte, ich solle fortfahren, hörte auf zu schreiben, gab vor, zuzuhören, fing aber nach einer Minute an zu gähnen und verurteilte meinen Mandanten zu drei Monaten, sobald ich mein Plädoyer beendet hatte. Wenn ich ihn nicht gestört hätte, hätte er ihm vielleicht nur zwei Monate gegeben.

Natürlich gab es auch Richter, die sich korrekt verhielten. Ich stand mit einigen von ihnen auf freundschaftlichem Fuße und ich erinnere mich mit Dankbarkeit an ihre Namen und manchmal sogar mit Bewunderung. Schließlich waren sie schlecht bezahlt. Oft hatten sie Grund, über solche Rechtsanwälte verärgert zu sein, die jeden zwielichtigen Fall annahmen, solange es Geld für sie bedeutete. Sie dagegen arbeiteten hart und gewissenhaft und waren, soweit dies menschenmöglich ist, unparteiisch und sicherlich unbestechlich.

Aber es gab doch im großen und ganzen zu viele Richter, die, weil sie zu Hause Ärger gehabt hatten oder Alpträume, schlecht gelaunt und mißvergnügt zum Gericht kamen und es am Angeklagten »ausließen«. An einen von dieser Sorte erinnere ich mich mit Wut, Amtsrichter Otto, ein Sadist, gehaßt und gefürchtet von allen; er fällte so harte Urteile, daß die Angeklagten oft im Gerichtssaal ohnmächtig wurden. Es gab noch andere, deren Namen ich vergessen habe, aber sie waren alle Produkt eines Systems, das zuviel Macht in ihre Hände gelegt hatte.

Es gibt einen weiteren typischen Fall, in welchem die Polizei und die Richterschaft zusammenwirkten, um einem angeklagten Nazi zu helfen.

Drei Nazis hatten eine Gruppe von jungen Reichsbannerleuten angegriffen, wurden aber in die Flucht geschlagen. Zwei der Nazis entkamen; der dritte, der mit einem Messer und einem Revolver bewaffnet war, wurde auf die nächste Polizeiwache gebracht. Das Ergebnis war erstaunlich: der Nazi wurde wegen gefährlichen Waffenbesitzes angeklagt, nämlich ein Messer – der Revolver wurde nicht erwähnt. Meine Reichsbannerleute, die den Nazi unverletzt auf die Polizeiwache gebracht hatten, wurden, anstatt als Zeugen behandelt zu werden, wegen »Freiheitsberaubung« auch angeklagt!!!

Da es keine anderen Zeugen gab, kam der Nazi mit einer

kleinen Strafe davon, weil er im Besitz eines Messers war. Von der Anklage wegen Überfall und Besitz eines Revolvers wurde er freigesprochen. Für die nach den damaligen strengen Gesetzen geltenden Bestimmungen hätte er mindestens sechs Monate mit Gefängnis bestraft werden müssen. Wenigstens wurden meine Männer auch freigesprochen.

Die Wahrheit ist, daß alle Bemühungen, unparteiisch zu sein, während eines Bürgerkrieges zum Scheitern verurteilt sind. Die meisten der deutschen Richter, die unter ganz anderen Bedingungen gerecht geurteilt hätten, gaben der politischen Leidenschaft nach und gaben sich sogar kaum Mühe, ihre Vorurteile zu verstecken. Ich glaube, daß das auch in jedem anderen Land geschehen wäre, sogar in England mit seiner sprichwörtlichen Fairneß.[72]*

In diesen Jahren habe ich viele Politiker der linken Parteien und Gewerkschaftsführer kennengelernt. Die herausragendste Persönlichkeit unter ihnen war Kurt Schumacher[73], der bis zu seinem Tod der unbestrittene Führer der westdeutschen Sozialdemokratischen Partei war. Er war Preuße, nicht Schwabe, und bis zu seiner Wahl in den deutschen Reichstag Herausgeber der sozialdemokratischen Zeitung »Die Tagwacht«.

Er war ein lauterer und mutiger Mann. Sein einer Arm war amputiert und in seinem Körper befanden sich ungefähr ein Dutzend Granatsplitter, die ihm oft große Schmerzen verursacht haben müssen. Die Nazis fürchteten und haßten ihn mehr als irgendeinen anderen politischen Gegner. Er weigerte sich, ins Ausland zu fliehen, als die Nazis an die Macht kamen, wurde verhaftet und verbrachte zwölf Jahre in einem Konzentrationslager. Er weigerte sich, eine Erklärung zu unterzeichnen, daß er als Preis für seine Freiheit politisch nicht mehr tätig sein würde. Nach 1945 mußte ihm auch ein Bein amputiert werden und dennoch hatte er, ein Krüppel mit einem Bein und einem Arm, die Willenskraft und die Autorität, die Partei bis zu seinem Tod zu führen.

Ich traf ihn fast jeden Tag im Schlossgartencafé, zusammen mit meinem Freund Bauer[74], der heute Generalstaatsanwalt in Frankfurt ist. Wir bemerkten nicht, daß unser Kellner ein Nazispion war. Schumacher war einer der besten Redner in Deutschland und konnte wie Goebbels und Hitler eine tausendköpfige Menge in Erregung versetzen. Sein Einfluß auf die Massen in Württemberg war so groß, daß die Sozialdemokraten in Stuttgart 1933 immer noch mehr Stimmen als die Nazis bekamen.[75] (In ganz Württemberg erhielten die Nazis, soweit ich mich erinnere, nur fünfundzwanzig Prozent der Stimmen, verglichen mit dreiundvierzig Prozent im übrigen Deutschland.[76])

Schumacher war groß, schlank und leicht gebeugt. Er hatte ein Gesicht wie ein verschrumpelter Apfel, Lippen so dünn, als wären sie mit einer Rasierklinge in sein Gesicht geschnitten worden, und eiskalte, grüne Augen. Wie Churchill rauchte er unaufhörlich oder zog an einer Zigarre. Man spürte seine Willenskraft und seinen unbedingten Glauben an die absolute Richtigkeit seiner Sache. Ich für meinen Teil fürchtete mich aber vor ihm und war an seiner Seite nervös und linkisch. Verglichen mit ihm war ich ein schwacher und unentschlossener Mensch; Politik bedeutete für ihn alles; sie war sein Leben, und er war bereit, für seine Überzeugungen zu sterben und andere dafür sterben zu lassen. Für mich war Politik nur ein Teil des Lebens, ein zwar notwendiger, aber ziemlich unangenehmer Teil. Ich bin sicher, daß er es wußte und diese Haltung als Flucht vor der Wirklichkeit mißbilligte und deshalb auch eine Abneigung gegen mich hatte. Ich glaube nicht, daß er enge Freunde hatte und bin nicht sicher, ob er welche brauchte oder sogar wollte. Aber er hatte Tausende von ergebenen Anhängern, die bereit waren, für ihn zu sterben, und einige sind auch für ihn gestorben.

Wenn ich auf die damalige Zeit zurückschaue, scheint es unglaublich, daß wir nur wenige Monate vor Hitlers Sieg noch glaubten, Grund für die Annahme zu haben, daß seine Macht zurückging. Er hatte Stimmen verloren, er hatte enorme und drückende Schulden, und viele seiner Anhänger aus dem Lumpenproletariat hatten beschlossen, daß es Zeit sei, ins kommunistische Lager zurückzukehren. Schumacher selbst sagte mir, daß er dachte, daß die Hauptgefahr vorüber sei. Ein Jahr zuvor sagte er, daß ein Nazi für Informationen über geheime Parteiversammlungen bis zu hundert Mark verlangen und auch erhalten konnte. Nun war der Preis auf fünf Mark gesunken, weil es so viele Spitzel gab.

Ich glaube immer noch, daß man unsere optimistische Einstellung nicht als Unvernunft bezeichnen kann. Wir konnten nicht wissen, daß Papen Hitler vor einer Katastrophe bewahren würde. Der Grund für Papens Handeln war vielleicht die Furcht, daß Hitlers Untergang die kommunistische Gefahr dadurch verstärken würde, daß Millionen enttäuschter Nazis in ihr Lager überwechseln würden. Vielleicht habe ich aber auch unrecht. Ich bin kein Historiker. Fest steht, daß wir die Lage nicht ohne Grund so einschätzten.

Der Widerstand der Sozialdemokraten gegen die Nazis war um so schwieriger, da wir an zwei Fronten kämpfen mußten. Die deutschen Kommunisten, wie gewöhnlich blind und dumm, hatten beschlossen, daß der Hauptfeind nicht die Nazis, sondern die Sozialfaschisten waren. Mag sein, daß sie damit vielleicht einer neuen Parteilinie folgten, die ihnen aus Moskau befohlen worden war.

Ihre paramilitärischen Stoßtrupps griffen unsere Reichsbannerleute an; zur gleichen Zeit versuchten sie nicht nur mit allen schmutzigen Tricks, die sie kannten, die Gewerkschaften, sondern sogar Musikvereine, Sportvereine und so weiter in ihre Hand zu bekommen. Ihre Methoden waren immer die gleichen. Erst vor einiger Zeit veröffentlichte die »Sunday Times« vom 8. Dezember 1957 einen Artikel von einem »führenden Gewerkschaftsmitglied«, in welchem dieser die Taktik beschrieb, mit der die Kommunisten heute in England vorgehen. Es war die gleiche Taktik wie in Deutschland in den späten Zwanzigern. »Die Kommunisten waren immer fest entschlossen, Kontrolle über die Gewerkschaften zu gewinnen. Es ist das Ergebnis einer Direktive, die vor sechsunddreißig Jahren von der Kommunistischen Partei in der Sowjetunion ausgegeben und von Zeit zu Zeit nachdrücklich wiederholt wurde… Das Ziel ist, die Grundlagen unserer wirtschaftlichen Stärke zu stören, die Gewerkschaften von ihren Tarifverhandlungen abzubringen und sie zu einem politischen Instrument des Klassenkampfes zu machen... Wenn erst einmal Kommunisten in den Schlüsselpositionen innerhalb der Gewerkschaften sind, sind sie durch ihre eigene frühere Tätigkeit im Dienste der Partei in gewissem Sinn erpreßbar. Sollte es also notwendig sein, könnte auf diesem Weg Druck auf sie ausgeübt werden.« Falls einer von ihnen der kommunistischen Sache untreu wird, wird er so lange verleumdet, wie er um seine Integrität kämpft. Überall werden kommunistische Parteimitglieder Lügen über ihn verbreiten. Wenn er ein Gläschen trinkt, »säuft er«; in »seiner Familie kommen Geisteskrankheiten vor« und so weiter.

So war es in Deutschland gemacht worden. Wenn Kurt Schumacher auf einer Geburtstagsfeier ein Glas Champagner trank, schrieben die Kommunisten, daß man ihn betrunken und krank aufgefunden hätte, »weil er zu viele Austern und zu viel Kaviar gegessen hat«. Ein Bericht nach dem anderen erschien in der kommunistischen Presse und beschuldigte bekannte Gewerkschaftsführer der Bestechlichkeit. Wenn man gegen die kommunistischen Verleger Verleumdungsklage erhob, unternahmen sie niemals auch nur den geringsten Versuch, zu beweisen, daß ihre Unterstellungen auch nur ein Körnchen Wahrheit enthielten. Ihre Rechtsanwälte pflegten dann nur eine Rede zu halten des Inhalts, daß sich die Kommunisten vollkommen im klaren darüber seien, daß sie von einem »bürgerlichen Gericht« keine Gerechtigkeit erwarten konnten. Und damit hatte es sich. Sie bezahlten die Strafe – Verleumdung war in Deutschland billig [...] – und fuhren am nächsten Tag mit den gleichen Verleumdungen fort. Einmal fragte ich den

Rechtsanwalt der Partei, einen dummen Kommunisten namens Pahl, warum sie die Verleumdungen immer wieder wiederholten. Er schaute mich mit einem grimmigen Lächeln an: »*Semper aliquid haeret*«, etwas bleibt immer hängen, sagte er.

Ich erinnere mich noch mit großer Bitterkeit an unsere letzte Demonstration vor der Märzwahl 1933. In perfekter Ordnung marschierten wir, fünfundzwanzigtausend Mann stark und angeführt von Schumacher und allen sozialdemokratischen Führern, durch die Straßen von Stuttgart. An der Spitze marschierten einige tausend Reichsbannerleute, dann die Gewerkschaften mit ihren Bannern und Fahnen. Alle sangen die alten Lieder von 1848:

Brüder, zur Sonne, zur Freiheit,
Brüder zum Lichte empor!

und

Schwarz ist die Nacht
Blut ist rot
Golden flackert die Flamme

Hinter den Männern marschierten Tausende von Frauen – und genau an dieser Stelle durchschnitten die Kommunisten den Zug und spalteten unsere letzte freie Demonstration in zwei Hälften. Sogar die Nazis hatten uns in Ruhe gelassen.

Seit diesem Tag habe ich mich keinen Illusionen über die Kommunisten mehr hingegeben.

Kurz vor den Wahlen traf ich zwei kommunistische Parteifunktionäre, die mir erzählten, daß sie ihre Stimme Hitler geben würden. Als ich sie fragte, warum um Himmels willen sie so etwas Verrücktes tun wollten, antwortete der eine mit einem überlegenen Grinsen: »Wir müssen ihn an die Macht bringen. Solange er in der Opposition ist, ist er gefährlich. Wenn er erst einmal an der Macht ist, ist er in sechs Monaten erledigt. Und dann sind wir an der Reihe!«

Einige Tage später war er an der Macht, und sowohl die Kommunisten als auch die Sozialdemokraten wurden in den Abgrund gefegt.

Gegen Ende Februar 1933 bat Schumacher mich, einige Wahlreden im Schwarzwald zu halten. Im letzten Moment hielt er mich davon ab, da es bereits zu gefährlich war, dorthin zu gehen. All die kleinen Städte, Nagold, Horb, Calw, waren nun schon Nazi-Hochburgen. Statt dessen schickte er mich zu kleinen Industriestandorten in der Nähe von Ulm und Reutlingen, wo die Sozialdemokraten noch stark waren. Ich sprach in überfüllten Sälen, mußte aber auf meinem Weg dorthin geschützt werden. Ein Lastwagen voller Reichsbannerleute fuhr vor meinem kleinen, zweisitzigen Opel, ein anderer dahinter. Es muß ein recht komischer Anblick gewesen sein.

Überall erhielt ich den Eindruck, daß die Arbeiterklasse stark antinazistisch eingestellt war. Es gab auf meiner Reise nur einen kleinen Zwischenfall. An einem Ort hatten die Kommunisten das Mikrophonkabel durchgeschnitten – mehr nicht.

Die Wahlen waren am 5. März. In der vorhergehenden

Nacht wurde die sozialdemokratische Parteizentrale in meine Kanzlei in der Archivstraße verlegt. Es war eine sehr ruhige Straße und niemand vermutete uns dort. Gewerkschaftler, Abgeordnete und der Parteisekretär schliefen auf dem Boden, auf Stühlen und auf meinem Sofa. Die meisten von uns waren bewaffnet.

Kurz nach Mitternacht hörten wir, daß die Nazis das Gerücht verbreiteten, daß Braun, der frühere Ministerpräsident von Preußen, in die Schweiz geflohen war. Wir zweifelten keinen Moment daran, daß dies nur eine Lüge der Nazis war. Zusammen mit einem anderen stürzte ich in meinen Wagen, trommelte einen Drucker aus dem Bett und ließ ein Dementi drucken, das wir am nächsten Morgen verteilten.

Leider stimmte das Gerücht. Ich glaube nicht, daß es irgendeinen Einfluß hatte. Die Schlacht war sowieso verloren; aber es deprimierte uns sehr.

Der Rest der Geschichte ist schnell erzählt. Fast alle meine politischen Freunde wurden verhaftet und in Konzentrationslager gebracht. Ein paar Leute wurden zusammengeschlagen, aber im großen und ganzen ging es in Württemberg weniger gewalttätig als in anderen Teilen Deutschlands zu, wo die Nazis ihre langersehnte »Nacht der langen Messer« hatten. Ich blieb weitere zehn Tage in Stuttgart. Ich wechselte häufig meinen Aufenthaltsort, ging aber jeden Tag aufs Gericht – mit einem Revolver in meiner Tasche. Alle schienen überrascht, daß ich immer noch auf freiem Fuß war. Ich war selbst darüber überrascht.

Am 23. März rief mich Pazaurek an. Er hatte Dill[77],

einen Richter, mit dem ich mich immer gut verstanden
hatte, getroffen, der sich zu meinem Entsetzen als altes Par-
teimitglied der Nazis entpuppte. Dill hatte ihm gesagt:
»Wenn Sie *Uhlmännle* sehen, sagen Sie ihm, daß es in Paris
jetzt sehr schön ist. Sagen Sie ihm: *jetzt.*«

Ich verstand sofort. Ich packte ein paar Habseligkeiten
zusammen, besorgte etwas Geld, und ohne daß ich mich
von meinen Eltern verabschieden konnte, setzte ich mich
in meinen Wagen und verschwand.

So verließ ich mein Land und die Stadt, in der ich geboren wurde und zweiunddreißig Jahre meines Lebens verbracht hatte. Die Sprache, in der Goethe und Hölderlin
und Mörike gesprochen und geschrieben hatten, würde
mir genauso fremd werden wie die Seen und Wälder und
Städte Württembergs mit ihren alten Stadtmauern. Auch
würden die Brunnen nicht mehr für mich rauschen.

Ich war zu erleichtert, daß ich endlich in Sicherheit war,
als daß ich den Schmerz des Abschieds spüren konnte.
Noch größer war meine Erleichterung, daß ich einem Alptraum entronnen war. Wie ein Mann, der schwer verletzt,
aber froh ist, daß er noch lebt, spürte ich die Wunde erst
später...

(Als ich nach dem Krieg wieder nach Stuttgart kam,
fühlte ich mich dort vollkommen fremd. Die Stadt war wie
»ein großer Friedhof im Mondenschein«, ich selbst ein
Geist unter Geistern. Die Fenster, die sich mir einstmals
geöffnet hatten, waren leer. Ich wartete und niemand kam.

Ich ging auf den jüdischen Friedhof und nach langem
Suchen fand ich endlich das Grab, zu dem ich wollte: das
Grab von Lina Uhlman, geborene Elsas, meiner Groß-

mutter, die so gut zu mir gewesen war. Ich hätte die Gräber meiner Eltern besucht und auch das Grab meiner
armen, unglücklichen Schwester, aber ihre Gräber – wenn
sie überhaupt ein Grab hatten – waren weit, weit weg;
irgendwo zwischen Belsen und Auschwitz. Ich brach zusammen. Ich weinte, wie ich noch niemals zuvor geweint
hatte und wie ich hoffentlich nie mehr weinen werde. Ich
war nun fünfzig Jahre alt. Ich weinte um meine hingemor-
dete Familie, meine toten Freunde, meine vergifteten Erinnerungen. Ich weinte über Tausende von ermordeten Juden
und Christen; ich weinte über Deutschland. Ich weinte
über die Ruinen so vieler schöner alter Städte aus meiner
Jugendzeit. Ich weinte über den verlorenen Glauben und
die verlorene Hoffnung und über die Vergänglichkeit und
Bedeutungslosigkeit des Lebens.

Ich verhielt mich wie ein Wahnsinniger. Ich schrie aus
Leibeskräften »Mord, Mord!« über die unbepflanzten, un-
gepflegten jüdischen Gräber hinweg und meine Stimme
war voller Haß, denn über die Hecke, die die Juden von
den Nichtjuden trennte, konnte ich die Gräber der Christen sehen, die hübsch gerichtet und sorgfältig gepflegt
waren.

Als ich in die Stadt zurückging, verlief ich mich. Natürlich war die Stadt stark zerstört, aber ich hatte alles vergessen. Ich hatte nicht nur die Namen und die Lage der
Straßen und Plätze vergessen, durch die ich fast jeden Tag
zweiunddreißig Jahre lang gegangen war, sondern auch die
Namen meiner alten Freunde. Meine Erklärung für diesen
teilweisen Gedächtnisausfall ist, daß mein Schmerz so groß
war, daß ich einfach vergessen wollte – und es mir gelang.)

Frankreich

Wer in Deutschland die französische Sprache versteht und schätzt, ist bereits ein kultivierter Geist, ein freier Mensch.

Karl Marx

Paris ist das neue Jerusalem und der Rhein ist der Jordan, der das Land der Freiheit vom Land der Philister trennt.

Heine

Ich ging am 24. März 1933 an einem einsamen Grenzposten, irgendwo zwischen Freiburg und Basel, über die Grenze nach Frankreich. Ein bewaffneter Grenzpolizist hielt mich an, nahm meinen Paß und schaute in ein kleines schwarzes Buch; ich wußte, daß er meinen Namen suchte. Nach einer Weile gab er mir ein Zeichen und ich durfte passieren.

In diesem Moment, und auch noch Jahre danach, wußte ich nicht, daß dieser Schritt einen Wendepunkt in meinem Leben bedeutete. Wenn ich zurückschaue, habe ich manchmal das Gefühl, als ob an diesem Tag das Leben für mich begonnen hätte. Bis dahin war ich ein kleiner Rechtsanwalt in einer Provinzstadt gewesen. Meine Aussichten waren klar vorgezeichnet: wenn ich nicht hätte ausbrechen können (und ein Ausbrechen wäre, wenn man den sozialen und moralischen Druck, unter dem ich lebte, in Betracht zieht, höchst unwahrscheinlich gewesen), wäre ich dort als erfolgreicher aber ungemein enttäuschter Rechtsanwalt gestorben, der es nicht geschafft gehabt hätte, sich aus seinen Fesseln zu lösen.

Es ist eine außergewöhnliche, aber wie ich glaube, richtige Feststellung, daß ich Hitler mehr als sonst jemandem in meinem Leben verdanke. Ich zweifle, ob ich die Initiative ergriffen hätte, zu gehen, wenn nicht er mich dazu gezwungen hätte.

Aber ich war mir dessen damals überhaupt nicht bewußt. Ich wußte nur, daß ich mich in einem tobenden Sturm befand und nicht die geringste Ahnung hatte, was meinem Boot zustoßen würde. Ich war nicht sicher, wie lange mein Exil dauern würde – vielleicht nur ein paar Wochen? All meine Freunde erwarteten meine Rückkehr in Kürze: Keiner von ihnen glaubte, daß Hitler, einmal an der Macht, tatsächlich danach trachten würde, sein wahnsinniges Parteiprogramm auszuführen und die ganze zivilisierte Welt gegen sich aufzubringen. Natürlich, sagten sie, mußte er »etwas« tun, nachdem er allen etwas versprochen hatte. Er würde alle jüdischen Organisationen auflösen, einige der großen Kaufhäuser und Ketten schließen und die Wiederbewaffnung einführen, um die Reichswehr und den alten Hindenburg zufriedenzustellen. Aber abgesehen davon konnte auch er »nur mit Wasser kochen«. Schließlich hatte Deutschland eine Kulturtradition. Es gab die alten, wunderschönen Städte, die Tradition von Weimar, die großen Musiker und Philosophen und die berühmten Universitäten. Und es gab die Arbeiterklasse, die es nach Jahren des harten Kampfes geschafft hatte, starke Gewerkschaften zu bilden. In die Verantwortung genommen, der Hitler bis jetzt klug ausgewichen war, würden ihn die Massen verlassen, würde sich der Mythos angesichts der harten Realitäten auflösen, und sogar der Blindeste würde ihn als das durchschauen, was er wirklich war: als Scharlatan. Aber ich begann, meine Zweifel zu haben.

Die Antwort darauf kam bald genug. Mit meinem alten Freund Pfander hatte ich ausgemacht, in einem geheimen Code zu korrespondieren. Er würde mir über einen imaginären Fall berichten – Schmidt gegen Maier. Zwei oder drei Wochen lang schrieb er mir, daß der Fall gut stünde, dann, daß die Angelegenheit zweifelhaft war, und Anfang Juli kam ein Telegramm mit der kurzen Nachricht: »Fall verloren.«

Ich kam am 25. März in Paris an. Das war für mich am naheliegendsten. Die meisten der ausgebürgerten deutschen Intellektuellen und Künstler gingen nach Paris. Die Politiker gingen vor allem nach Prag und die Geschäftsleute nach London. Seit 1830 wurde Frankreich von liberal gesinnten Deutschen immer als Heimat der politischen und religiösen Freiheit betrachtet. Es war die Zuflucht und das zweite Vaterland von Heine, Börne und so vielen anderen. Und da die Grenze nach Frankreich weit offen war, gab es keinen Zweifel, wohin ich gehen sollte.

Ich kannte nur eine Person in der ganzen Stadt: den Maler Paul Elsas, der in Montrouge, einem Vorort von Paris, nicht weit von der Porte d'Orléans, ein Atelier hatte.

Zu ihm ging ich. Er war erstaunt, entsetzt und hilfsbereit. Ich unterhielt mich bis lange nach Mitternacht mit ihm und bis es zu spät war, ein Hotel zu suchen. Er fragte seine Concierge, ob sie mich für eine Nacht aufnehmen könnte, und sie gab mir Zimmer siebzehn auf der ersten Etage. Es war meine erste Nacht in Paris und ich habe sie niemals vergessen. Das Zimmer war in einem unglaublich schmutzigen Zustand. Irgend jemand, der wahrscheinlich seine Miete nicht bezahlt hatte, hatte alle seine Habseligkeiten auf dem Boden zurückgelassen, zusammen mit schmutzigen Tellern, öligen Pfannen und Essensresten. Die Bettlaken waren schwarz, aber ich war zu erschöpft, um irgendwo anders hinzugehen. Wo hätte ich auch sonst um diese Zeit in einer fremden Stadt hingehen können?

Ich beschloß, mich mit meinen Kleidern ins Bett zu legen, um wenigstens ein wenig zu schlafen. Bevor ich das Licht ausmachte, schaute ich zufällig auf die billige Tapete mit ihrem verblichenen Blümchenmuster. Zu meinem Erstaunen bewegten sich einige der Blumen. Sie bewegten sich zur Decke und an der Decke entlang und fielen dann mit einem leichten Plumpsen auf mein Bett wie eine trockene Haselnuß. Es waren Legionen von Wanzen. Viele andere kleine Insekten, darunter wahrscheinlich auch Läuse, schlossen sich den Wanzen an, die auf ein warmes Mahl warteten. So saß ich die ganze Nacht in einem Stuhl, in Kleidern und mit einem Pantoffel bewaffnet und verteidigte mich und meinen Koffer gegen den Angriff. Als der Morgen anbrach, verließ ich das Gebäude und zahlte der Concierge zehn Francs für das Zimmer. Sie nahm die Nachrichten über die Wanzen mit großer Ruhe und Würde auf.

Ich fand ein anderes Zimmer im Chemin du Reposoir Nr. 15, einer fast ländlichen Straße, nicht weit von der Porte d'Orléans. Es war ein Haus mit möblierten Zimmern, die vor allem von Leuten aus der Arbeiterklasse, wie zum Beispiel Verkäufern, bewohnt wurden. Der Blick aus meinem Zimmer ging auf den Friedhof von Montparnasse und in der Ferne konnte ich den Eiffelturm sehen.

Ich kann mich an keinen von meinen Mitbewohnern erinnern. Paare kamen und gingen, und jede Frau, verheiratet oder unverheiratet, wurde ganz selbstverständlich mit Madame angeredet. Unter der Woche war es sehr ruhig, aber die Nächte von Samstag auf Sonntag waren laut, weil alle Bidets häufig benutzt wurden.

Nach einer oder zwei Wochen nahm mich die Vermieterin, Madame Péret, zur Seite. Sie sei ein bißchen in Sorge, sagte sie. Ich würde ganz alleine leben und das wäre nicht gut für die Gesundheit. War es nicht geradezu eine Energie- und Geldverschwendung, das Doppelbett nur alleine zu benutzen? Schließlich sei der Preis für zwei der gleiche wie für einen.

Ich dankte Madame Péret für ihre Freundlichkeit und versprach, mich um »meine Gesundheit« zu kümmern. Wenn ich ihr eigener Sohn gewesen wäre, hätte sie nicht aufmerksamer sein können.

Meine ersten drei Wochen waren vor allem damit ausgefüllt, die vielen Flüchtlingskomitees zu besuchen, mich anzumelden und Formulare mit Fragen wie folgt auszufüllen: War ich berühmt, von hohem Rang oder bedeutend? Wenn ja, wie? Ich war verpflichtet zu gestehen, daß ich nur ein

gewöhnlicher Rechtsanwalt ohne Anspruch auf Vorzugs-
behandlung war...

Unter dem Eindruck des Schreckens und des Mitgefühls
sammelten die französischen Juden zunächst große Summen Geld für die ärmeren Flüchtlinge. Später – wie zu erwarten – gewöhnten sie sich an die Situation, und so wie ihr
Interesse erlahmte, trockneten auch die Versorgungsquellen
aus. Noch später, als sie fürchteten, daß der Strom von so
vielen Tausenden von ausländischen Juden zu Antisemitismus führen und ihre eigene Position in Gefahr bringen
würde, stellten sie nur noch für die Auswanderung Geld zur
Verfügung. Das führte manchmal zu skurrilen Situationen.
Ein südamerikanischer Staat – ich glaube, es war Paraguay – hatte eine Vorschrift, die es Leuten erlaubte, ohne ein
Visum in das Land einzureisen, wenn sie entweder erster
Klasse anreisten oder so um die fünftausend Pesos in bar da-
beihatten. Das Flüchtlingskomitee entschied, daß es billiger
sei, die Emigranten erster Klasse reisen zu lassen, als jedem
von ihnen fünftausend Pesos zu geben. Aber dann fanden
sie heraus, daß alle Erster-Klasse-Passagiere Smokingjacken
tragen mußten. Es waren vierundzwanzig Emigranten: für
sie wurden vierundzwanzig Smokingjacken angefertigt. So
reisten sie in großem Luxus – um dann am Ende ihrer Reise
wie Müll an einen fremden Strand gekippt zu werden.

Mein Problem war, wie ich ein neues Leben beginnen
sollte. Meine finanzielle Situation war weniger ernst als die
vieler meiner Mitemigranten, da die Nazis anfangs die
Überweisung von vierhundert Mark pro Monat – später
nur noch zweihundert – erlaubten. Mit dieser Summe
konnte ich bescheiden leben und noch etwas für die Zu-

kunft sparen. Von allen Berufen ist der eines Rechtsanwaltes der nutzloseste für einen Emigranten. Ein Geschäftsmann, ein Arzt, ein Zahnarzt oder ein Elektriker kann überall eine neue Karriere beginnen – wenn er eine Arbeitserlaubnis erhält. Ein Rechtsanwalt, der sich nur in den Gesetzen seines eigenen Landes auskennt, kann das nicht. Für einen älteren Menschen war dies ein unlösbares Problem, und der beste Weg aus einer solch hoffnungslosen und demütigenden Situation war wahrscheinlich Selbstmord. So dachte wohl auch Senatspräsident F., als er seine Frau und sich selbst kurz nach ihrer Ankunft in Frankreich umbrachte.

Ein neues Leben beginnen? Was für ein Leben? Bezahlte Arbeit anzunehmen kam nicht in Frage. Ein Stempel im Paß eines jeden Flüchtlings verbot es ausdrücklich bei Strafe der sofortigen Ausweisung. Einzig möglich schien es, ein kleines Unternehmen anzufangen: vielleicht einen Waschsalon, ein Restaurant, einen Schuhreparatur-Schnellservice, einen Spielzeugladen, irgend etwas in der Art. Aber was immer man auch anfing, man brauchte Kapital und man mußte sich dem Wettbewerb mit den Franzosen stellen. Wer kann das? Wer kann mit einem ruhigen, hart arbeitenden, mißtrauischen und verschlossenen französischen Kaufmann konkurrieren? Sicher kein deutscher Intellektueller und vor allem nicht ich. Ich beschloß, daß ich zuerst Frankreich besser kennenlernen mußte, bevor ich mich Hals über Kopf auf unbekanntes Gebiet begeben dürfte. Es gab genügend Gründe, so lange wie möglich nichts zu tun, abzuwarten und sich nach Arbeit umzusehen, die nicht einfach stumpfsinnige Schufterei wäre, sondern meinem Leben Sinn und Ziel geben würde. Vor genau dreizehn Jahren hatte ich es abgelehnt, ins Geschäft meines Vaters einzutreten, und so war ich jetzt fest entschlossen, nichts anzufangen, was auch nur eine Spur von Unfreiheit bedeutete.

Was vielleicht für mich am meisten Gewicht hatte, war die beständige Hoffnung, daß ich durch den Zusammenbruch des Hitlerregimes davor bewahrt werden könnte, irgendeine Entscheidung treffen zu müssen. War es dann nicht das Klügste für mich, diese wunderbare Gelegenheit beim Schopf zu packen und Frankreich und Paris kennenzulernen? Warum nicht Paris erforschen, solange ich es mir leisten konnte?

Und das tat ich dann. Ich durchstreifte Paris von einem Ende zum anderen. Ich verbrachte meine Zeit tagelang in der Rue de Varennes oder hinter dem Hôtel de Ville, um das Haus zu finden, das dem Duc de Châlons-Luxembourg gehört hatte. Ich fand es und ich fand auch das Haus in der Rue St. André des Arts, von dem aus der alte Voltaire zum letzten Mal das Wort an die Pariser Bevölkerung gerichtet hatte. Ich entdeckte den Pavillon de la Reine Blanche de Castille, in der Nähe der Rue des Gobelins und gegenüber der Place Danton, eine kleine versteckte Passage, wo Danton und seine Freunde sich im geheimen zu treffen pflegten. Von dort ging ich zur Rue Mouffetard, wo sich 1561 die Hugenotten und die Christen gegenseitig niedergemetzelt hatten. Ich suchte die Häuser der alten Familien Broglie, Bourbon, Condé, Monmorency, Colbert und so weiter. Ich aß in den Arbeitervierteln in kleinen Restaurants wie zum Beispiel »A la Mère de Famille«, »Le Malgré Tout«, »Le

Bâteau Ivre«, »Au Petit Chez Soi«, »Aux Rendezvous des
Chauffeurs«, und ich genoß es, den Unterhaltungen und
den eleganten Ausdrücken der französischen Arbeiterklasse zuzuhören. Welcher Metzger irgendwo auf der
ganzen Welt hätte eine entzückendere Antwort geben können als Monsieur Jacques Bullet, Inhaber einer Pferde-
metzgerei, der, als er von der Schwiegertochter von Karl
Liebknecht nach dem Preis von etwas Katzenfutter gefragt
wurde, sagte: »Ein Lächeln von Madame.« Oder was
könnte die Höflichkeit eines betrunkenen Arbeiters über-
treffen, der angesichts meiner Begleiterin ausrief: »Madame, die schönste Sache auf der Welt ist die Sonne; danach
kommt gleich die Frau!« Und der Taxifahrer, der kein
Radio in seinem Taxi hatte, aber mit Kreide in riesigen
Buchstaben auf seinen Wagen schrieb: »Kein eingebautes
Radio, aber der Fahrer singt.« Später fiel mir auf, wie wenig der Charakter der Pariser Bürger sich während der
Jahrhunderte geändert hatte; ihr Temperament und ihre
Einstellung zum Leben schienen immer gleichgeblieben zu
sein. Das zeigte sich mir am 6. Februar 1934, als Kämpfe
zwischen der Polizei und dem Croix de Feu ausbrachen.[78]
Sie dauerten bis ungefähr acht Uhr abends an. Nach französischen Zeitungsberichten hörten sie dann auf, weil alle
zum Abendessen nach Hause gehen wollten. Aber anschließend gingen die Kämpfe mit unverminderter Härte
bis spät in die Nacht hinein weiter. Ebenso geschah es auch
am 26. August 1648. An diesem Tag hatte Mazarin die Ver-
haftung von drei Vertretern des Volkes angeordnet. Die Einwohner von Paris strömten in die Straßen und schrien »*Liberté et Broussel!*« und errichteten zweihundert Barrikaden.

Am Abend jedoch hörte der Kampf auf, »weil die Pariser um nichts auf der Welt das Abendessen verpassen wollen«.

Die alten Stadtführer von Georges Cain, der Direktor des Musée Carnavalet war, waren sehr nützlich für mich. Mann kann sie immer noch bei den Bouquinisten entlang der Seine kaufen; darunter sind Titel wie »Coins de Paris« und »Les Pierres de Paris«. Sie halfen mir viel und ich schätzte die Anekdoten. Eine der besten beschreibt, wie einige der ägyptischen Könige dazu kamen, unter der Bastille begraben zu werden. Nach den Straßenkämpfen während der Julirevolution von 1830 wurden die getöteten Revolutionäre auf dem Friedhof von St.-Germain-l'Auxerrois, gegenüber vom Louvre, begraben. Einige Jahre später begannen im Louvre einige der Mumien zu zerfallen, weil damals die Konservierungstechniken noch nicht ausgereift waren. Deshalb wurden die Mumien neben den Revolutionären von 1830 begraben. Nach der Revolution von 1848 beschloß die Regierung, die Helden von 1830 wieder auszugraben und sie zusammen mit den Opfern von 1848 in einem gemeinsamen Grab zu bestatten. Irgendwie wurden die Leichname verwechselt. Laut dem Führer von Cain wurden die Helden von 1830 und 1848 unter der Säule auf der Place de la Bastille zusammen mit den Mumien der Pharaonen aus dem alten Ägypten begraben.

Nach einigen Wochen des Herumstreifens und Vergnügens hatte ich mir ein romantisches Bild von Paris geschaffen, einer Stadt, in der Literatur und Kunst den Platz einnehmen, den der Sport in England einnimmt, wo jedes Essen als Bereicherung des Tages und nicht als notwendiges Übel angesehen wird, wo es dem Träger einer Uniform peinlich ist, eine solche anzuhaben, und wo es ein Zeichen von barbarischem Geist ist, wenn jemand das Unmögliche verlangt; wo die Unterbrechung der Arbeit wichtiger ist als die Arbeit selber, und wo jeder Mann und jede Frau eine instinktive Angst davor haben, seine oder ihre Individualität zu verlieren. Was für ein Gegensatz zum Nazi-Deutschland! Friede und Handel war das Motto, nicht Blut und Eisen. Geschmack und Vernunft schienen das Leben zu beherrschen, nicht Geschmacklosigkeit und teutonische Hysterie. Später, als meine Flitterwochen mit Paris zu Ende waren, revidierte ich viele meiner ersten Eindrücke. Ich merkte, daß Paris gnadenlos sein konnte. Ich vergaß, wer folgenden Satz schrieb: »Eines der Privilegien der guten Stadt Paris ist, daß man hier auf die Welt kommen, leben und sterben kann, ohne daß irgend jemand davon Notiz nimmt.« Ich kann das bestätigen. In Paris kann man tun, was man will, kann man eine oder zehn Geliebte haben, reich oder arm sein, aber man kann auch in größte Not geraten, ohne daß sich jemand um einen kümmert.

Ich erinnere mich an eine Schlagzeile in einer Zeitung: »Zwei Clochards tot auf den Bänken des Boulevard Montparnasse aufgefunden.« Hunderte müssen an den sterbenden Männern vorbeigegangen sein, aber wer wollte oder konnte sich um die Tausende von menschlichen Wracks in einer solchen Stadt kümmern? Es gibt zum Beispiel Viertel in Paris, in der Nähe der Portes, wo Algerier und Tunesier leben, die so schrecklich und beschämend wie die

1   Fred Uhlman (rechts) mit seinen Eltern und seiner Schwester, ca. 1906

2   Fred Uhlman (in der Mitte auf dem Boden sitzend)
    als Verbindungsstudent in Freiburg, ca. 1921/22

3 Reichsbanneraufmarsch in Stuttgart 1931.
An der Spitze vor den Fahnen Kurt Schumacher

4 Blick auf Stuttgart, ca. 1931

5 Blick vom Bahnhofsturm auf die Königstraße in Stuttgart.
Links im Vordergrund das Schloßgarten-Café, ca. 1935

6 Marktplatz in Stuttgart, ca. 1933

7 Paul Elsas in seinem Atelier in Paris, ca. 1937

8 Oskar Zügel, Selbstporträt, ca. 1935   9 Diana Croft, ca. 1934/35

GALERIE D'ART
LE NIVEAU
133, Boul. Montparnasse - PARIS-VI° - Tél. ODÉON 54.57

DU 16 JANVIER AU 30 JANVIER 1937

EXPOSITION

FRED UHLMAN

VERNISSAGE SAMEDI 16. JANVIER A 21 H. 30

OUVERT DE 10 A 12 HEURES ET DE 14 A 19 HEURES

ENTRÉE LIBRE

CATALOGUE

1. LE CIMETIERE
2. LA ZONE
3. VOITURE BLEUE
4. PLACE A PARIS
5. PONT A PARIS
6. BANLIEUE
7. ANNONCIATION
8. MAGASIN DE POMPES FU-NEBRES
9. NATURE MORTE
10. LA MAISON BLEUE
11. LE PEINTRE ABSTRAIT
12. PORT FANTASTIQUE
13. PEINTRES EN BATIMENTS
14. LE GRAND POISSON ROUGE
15. NUIT A LONDRES
16. IMPRESSIONS ESPAGNOLES (Coll. DAVID-BAIRD, Londres.)
17. IMPRESSIONS ESPAGNOLES
18. FEMME AU TRAVAIL
19. DEPART POUR LA PECHE
20. LA PECHE
21. LA PECHE
22. LA PECHE
23. RETOUR DE LA PECHE
24. LE PETIT ATELIER
25. MEETING A HYDEPARK

26. LA BARQUE
27. SALLE D'ATTENTE
28. VILLE DE PROVINCE
29. REVOLUTION EN ESPAGNE
30. LE PHOTOGRAPHE DE TOSSA
31. MARCHE D'ETOFFES A TOSSA
32. MARCHE DE POISSONS A TOSSA
33. PORTRAIT DE L'EXPLORA-TEUR (Coll. M. Albert SARRAUT, Paris.)
34. NATURE MORTE
35. PETIT POISSON ROUGE
36. ETOILES DE MER
37. FRUTTI DI MARE
38. LES CRABES
39. PECHE MIRACULEUSE
40. MAISONS DE PECHEURS
41. PECHEURS A LA LIGNE
42. BOULES LUMINEUSES
43. FLEURS ETRANGES
44. DEUX LIEGES (Coll. Miss SACKVILLE-WEST, Londres.)
45. RELIGIEUSES ESPAGNOLES
46. AU PALAIS DES GOURMETS

C'est à quoi je rêvais en acquérant à la galerie « Le Niveau » un étonnant tableau où l'un de ces charmants artisans (il a nom Fred Uhlman), avait figuré une « Annonciation » dans une rue de Paris, avec, comme témoins, des souteneurs et des filles publiques. La double « gloire » lumineuse de la Vierge et de l'ange scintille devant les façades noires qu'éclabousse le sang des corsages et l'enseigne d'un bal musette, cependant que de longues fumées balaient un ciel lamentable. On voudrait avoir conçu ce tableau.

André LHOTE
(Nouvelle Revue Française. — Mars 1936.)

« Le Niveau » nous révèle un jeune talent plein de fraîcheur et fort piquant dans sa naïveté spontanée. Petits paysages et petites compositions révèlent un œil subtil et du goût. Où ira Fred Uhlman? Ses œuvres, exécutées sans arrière-pensée, sont diverses d'inspiration. On reste avant tout, sensible à leur charme.

Jacques de LAPRADE
(Beaux-Arts, du 14-2-36.)

La même galerie expose de M. Fred Uhlman de petites toiles de qualité. Leur spontanéité, leur fraîcheur, sont plaisantes. M. Uhlman se prépare un belle journée.

G.-J. GROS
(Paris-Midi, du 21-2-36.)

Il excelle aussi bien dans le sombre et dramatique que dans les radieuses et fines plages ensoleillées; Fred Uhlman apporte un élément nouveau et précieux.

(Semaine à Paris, du 7-2-36.)

Uhlman : compositions d'une grande richesse d'imagination et exécutées avec une délicieuse liberté de pur artiste. La scène du cimetière, où l'on voit les âmes jaillir éthérées hors des tombes pour rejoindre le ciel, est une des plus fantastiques trouvailles de toute l'exposition. Peintre raffiné, subtil, à suivre.

Henri Héraut
(Suf, décembre 1935.)

Etrangement différente de la peinture des autres « Parnassiens », Fred Uhlman possède une fantaisie picturale extraordinaire et un don magnifique pour la poésie des couleurs. L'étonnante personnalité qui se dégage de ces petits tableaux a été très remarquée. Wilhelm Uhde qui se connaît dans ce genre de talent fût « tout à fait enchanté ».

Paul WESTHEIM.

FRED UHLMAN   Pont à Paris

10   Broschüre einer Ausstellung von Fred Uhlman in Paris, 1937

CATALOGUE

2nd Art Exhibition
19.11.1940.
in Hutchinson Camp.

Please ask for Camp Prices.

FECHENBACH, Hermann.
        3 Linocuts :   "Internment"
                            "Released"
                            "Douglas"
        4 Portraits
        3 Oilpaintings :   "Flower Stillife"
                            "View out of a Window"
                            "Back-Yards"

FLEISCHMANN, Peter
        2 Portraits
        Houses
        Still Life

GUSSEFELD, H.G.
        Decorated Tent Herrings

HAMANN, Paul.
        2 Sketches for Life Size Garden Sculptures.
        Portrait. (Donation for Home Office Auction.)

HELLER, Georg.
        Portrait Sketches.

HENNING, Paul.
        Linocuts :   "Hutchinson Internment Camp"
                          The "To-and-From-The-World" Gate.
                          "Corner View"
                          "Camp Artist"
                          "Idyll"
                          "Almost Southern"
                          "Smiling Through"

HERTEL, Gerd.
        Sketches on the German Anti-Nazi Fight
        and the Spanish Fight for Liberty.

HOFBAUER, Frank.
        "Boxes"

KAHN, Erich.
        Oilpainting :   "Landscape"
                          "The Philosophers" (Monotype)
                          "Papageno and Papagena"
                          Carricature of Dr.Hinrichsen
                          and several Drawings.

KOHN, Johann.
        Chess-Men

11   Katalog (= 2 Blätter) einer Ausstellung im Internierungslager
      Hutchinson Camp, Isle of Man, 1940

KRAEMER, Fritz.
        Portrait of Dr.Fraenkel
        Several Watercolours: Landscapes

MARKIEWIC, Herbert.
        1 Portrait (Oil)
        6 Portraits (Chalk)

MUELLER-BLENSDORF, Ernst.
        A) Drawings: "Kneeling Woman" "Norwegian Fishermen"
                       "Young Couple"   "Lovers"
                       "Nude Girl"   "Girl with Hat"
                       "Girl Arranging Her Hair"
        B) Plaques: "Girl with Veil" (Mahagony)
                       "Lady With Hat" (Stained Wood)
                       "Lovers" Mahagony)
        C) Sculptures: Group:"Fugitives" (clay,cast in plaster)
                       Group:"Refugee Family"(" " "   ")
                       Nude Girl   (" " "   ")
                       Fugitive Children (" " "   ")
                       Figure of a woman (" " "   ")
                       Relief "Adam and Eve" (" " "   ")

PLANER, Felix.
        Oil-paintings: Portrait of a Peasant; Study of Prees Heath
                 Camp Life.

SCHREINER, Johann.   Architectural Designs.

SCHITTERS, Kurt.   Oil paintings: PORTRAITS.

SINGER, Dr.Erich.   Cartoons (Portraits and Carricatures).

SOLOMONSKY, Fred.   Portrait - drawings.

SONTAG, Mark.   Stage prospect to "Punch and Judy"

TECHNICAL SCHOOL.   Selection of technical instruments.

UHLMANN, Fred.   Oil paintings: "Douglas", "Ascot",
                                   "View of Douglas".
                  Pen-, Pencil - and coloured drawings.

WIESSENBORN, Helmuth.   3 large woodcuts: Warth Mill, Douglas I
                                   and Douglas II.
                  9 woodcuts of medium size:
                     1 - 8: Stillife in the Camp.
                        (first pages of a picture book)
                     9: Sitting man.
                  6 small wood engravings.

Price of catalogue: 2d

For prices of the works exhibited kindly ask attendants -
Place your order for your portrait!

The vignette of this catalogue   HUTCHINSON CAMP
is an original work   DOUGLAS, I.o.M.
by Erich Kahn.

THE BERKELEY GALLERIES
WILLIAM F. C. OHLY
20 DAVIES STREET, LONDON, W.1

MAY, 1944

PAINTINGS and DRAWINGS

BY

**HENRY MOORE
MATTHEW SMITH
FRED UHLMAN**

DAILY - 10—5   SATURDAY - 10—1

**CHINESE SCULPTURE
AND PAINTINGS
SUNG AND MING POTTERY**

12 Fred Uhlman (rechts) mit
Berthold Viertel (links) und Oskar
Kokoschka im Garten seines
Hauses in London, 1938

13 Karte einer Ausstellung von Fred
Uhlman in London, 1944

The pleasure of your company is requested at the

PRIVATE VIEW, WEDNESDAY JULY 6, 1938

of the first Exhibition in England of paintings by

FRED UHLMAN

The Exhibition will be open from July 7 to August 6

THE ZWEMMER GALLERY

26 LITCHFIELD STREET, W.C.2   TEMPLE BAR 1793

14 Einladungskarte zu einer Ausstellung von Fred Uhlman in London, 1938

15 Fred Uhlman. Ölporträt von Kurt Schwitters im Internierungslager, 1940

Der Stadt Stuttgart

Trotz Allem

Fred Uhlman

Oct. 1960

16 Widmung Uhlmans an die Stadt Stuttgart in seiner Autobiographie, 1960

17   Fred Uhlman in seinem Atelier in London, ca. 1965

18   Fred Uhlman, ca. 1965

Elendsviertel in Afrika sind. Hinter St. Julien le Pauvre und hinter den großen Boulevards gibt es Straßen, die vor Armut stinken und wahrscheinlich heutzutage gefährlicher für die Gesundheit sind als im sechzehnten Jahrhundert. Es gibt in Paris Tausende von Häusern, die kein Bad haben und nur mit den primitivsten sanitären Einrichtungen ausgestattet sind. Oft müssen drei oder vier Familien eine Toilette benützen.

Die meisten ausländischen Besucher, zumindest die, die nach Paris gehen, um sich zu amüsieren, sehen davon nichts. Sie steigen in einem der »entzückenden« kleinen Hotels an der Rive Gauche ab, vielleicht im »Hotel d'Angleterre« in der Rue Jacob oder im »Hotel de Londres« in der Rue Bonaparte. Sie kennen »köstliche« kleine Bistros, wo sie »köstliches« französisches Essen, einen einfach »köstlichen« Burgunder und einen himmlischen Käse aus einer kleinen Provinzstadt an der Loire bekommen. Genau so ist es.

Nichts davon trifft auf einen Flüchtling, der sich seinen Lebensunterhalt verdienen muß, zu. »Hilf Dir selbst« ist die einzige Antwort, die er bekommt und »Zählen Sie auf mich« ist eine höflich verpackte Absage. (Ich brauchte lange, um das zu kapieren.)

Ich weiß, daß alle großen Städte wild und grausam sind, aber London scheint mir geradezu sanftmütig zu sein im Vergleich mit der Grausamkeit, Korruption, Gleichgültigkeit und dem Egoismus in Paris.

Jedoch war mein damaliger Aufenthalt in Paris angenehm, trotz meiner Zukunftsangst. Mein Hauptquartier war das »Dôme«, damals das internationalste Café in Paris.

Nur wenige Franzosen gingen hin, sie bevorzugten »La Coupole«, das ungefähr hundert Meter entfernt lag, aber alle anderen Nationalitäten bevölkerten das »Dôme«. Der Platz war eine Goldmine für den Inhaber, der angeblich ein Kaufangebot von zwölf Millionen Francs abgelehnt haben soll. Man erzählte mir, daß die Kellner keinen Lohn bekamen, sondern sogar für das Recht, dort bedienen zu dürfen, bezahlen mußten und durch die Trinkgelder oft soviel Geld verdienten, daß sie nach ein paar Jahren ein eigenes Geschäft eröffnen konnten. Dasselbe traf auf den Mann zu, der Erdnüsse und Pistazien verkaufte, auf die Toilettenfrau, auf den Künstler, der versuchte, Bilder von Paris zu verkaufen oder Porträtskizzen der Gäste anfertigte. Wenn man wie ich aus einer Provinzstadt kam, schien das »Dôme« zunächst ein zauberhafter und wundervoller Ort zu sein. An jedem Tisch vermutete ich einen Picasso, Miró oder Matisse und ich brauchte einige Zeit, um zu merken, daß es wesentlich mehr Versager als Künstler gab.[79] Gelegentlich tauchten ein paar der Meister auf und ich traf Leger, ebenso Othon Friesz, André Lhôte und Chirico dort.[80] Einmal kam sogar Picasso. Normalerweise ging er ins »Flore«, aber dort hatte es einen Zwischenfall gegeben: Seine Frau hatte ihn angeblich geohrfeigt und er mußte das »Flore« meiden, bis sich der Sturm gelegt hatte. Als der Meister kam, gab es eine außergewöhnliche Szene. Alle starrten ihn an und der Name Picasso, Picasso, Picasso wurde an jedem Tisch wiederholt, bis es sich anhörte wie Wellen, die sich am Ufer brachen. Es gab so viele Künstler, die ihn kannten oder vorgaben, ihn zu kennen und mit ihm zu sprechen versuchten, daß er niemals wiederkam. Man erzählte mir, daß er beschloß, statt dessen ins »Champs-Elysées« zu gehen, wo er eher damit rechnen konnte, unerkannt zu bleiben.

Aber die meisten der Stammgäste waren wenig bekannt oder noch unbekannt, wie zwei junge Künstler, die ich oft traf; ein ruhiger Mann namens Giacometti und ein Junge namens Grueber, der oft betrunken war.[81] Némont, ein Kunsthändler, erzählte mir, daß Grueber eines Tages zu ihm kam und ihn inständig bat, eines seiner Bilder für ein paar Mark zu kaufen, da er seit Monaten kein Bild verkauft habe und einfach seinem Freund sagen können wollte, »Ich habe ein Bild verkauft.«

Die Versager und die Bohemiens waren in der Mehrheit, Männer und Frauen, die fast ihr ganzes Leben mit Reden und Trinken zubrachten. Sie waren Treibgut von vielen Einwanderungswellen: Weißrussen, italienische Antifaschisten, Spanier, Juden aus der ganzen Welt, Deutsche, Österreicher, Polen, dazu ein Sortiment von internationalen Gaunern, dies alles durchmischt mit angeblichen Flüchtlingen, die die echten Flüchtlinge ausspionierten und sie bei ihren Botschaften anzeigten. (Ich entdeckte einen, der mich ausspionierte.) Und dann gab es noch Leute aus der ganzen Welt, die nur da waren, um die Künstler, die Freaks und die Spinner anzustarren.

Es war ein verrückter Kreis, in dem ich mich jetzt bewegte. Dazu gehörte Fernande, die erste Frau des Malers Foujita.[82] Sie saß an einem Tisch mit Kiki, dem berühmten Modell von Renoir.[83] Sie wollten die Aufmerksamkeit auf sich lenken, indem sie ihren Bekannten über die Tische hinweg etwas zuriefen, die wiederum zurückriefen. Die Be-

merkungen von Fernande waren gelegentlich so obszön, daß
sogar die ältesten Stammgäste erröteten. Zu diesem Kreis
gehörte auch Madame Albert-Lazard[84], deren rotes Haar –
womöglich war es eine Perücke? – vom Kopf herabhing, und
die stolz erzählte, daß sie Rilkes Geliebte gewesen sei. Sie
war Lyrikerin, und ich erinnere mich an ein entzückendes
kleines Gedicht, das sie auf das Tischtuch geschrieben hatte:

In Paris lebten einmal zwei Ameisen,
Die wollten nach Australien reisen.
Aber in Meudon auf der Chaussée
Taten ihnen die Füße weh.
Sie verzichteten dann weise
Auf den Rest der Reise.

Außerdem gab es eine Amerikanerin, die fast immer betrunken war und immer tiefer sank. Sie sah aus wie sechzig, war aber wohl nur vierzig. Es war offensichtlich, daß
sie viel Geld hatte, da sie oft von schmutzigen kleinen
Schmarotzern umgeben war, die sie ausnahmen und jung
genug waren, ihre Söhne zu sein. Eines Tages hielt sie mich
an und bat mich inständig, wobei ihr die Tränen über das
kaputte, zerfurchte Gesicht liefen, einen der Schmarotzer
zum Essen zu überreden: »Oh, Monsieur Uhlman«, sagte
sie, »er ißt nicht! Er verhungert! Sagen Sie ihm, daß er essen muß!« Dabei versuchte sie, ihm, der den Kopf voll Ekel
wegdrehte, mit einem Löffel Essen in den Mund zu stopfen. Später beging sie Selbstmord, sie sprang aus dem Fenster. Nach ihrem Tod erfuhr ich, daß sie die ehemalige Frau
des amerikanischen Botschafters und eine nicht unbedeu-

tende Schriftstellerin gewesen war.

Dann gab es noch Olive und seine Freunde, die vom frühen Nachmittag bis Mitternacht Karten spielten. Olive war einer der gemeinsten kleinen Zuhälter, die mir je begegnet sind. Er war Anfang Zwanzig, trug eine graue Melone und sah aus wie ein hübsches dickes Baby. Jeden Abend kamen seine Mädchen und brachten ihm einen Teil ihres Verdienstes. Eine von ihnen, eine Neunzehnjährige, war sehr hübsch, und der Maler Kisling[85] wollte sie unbedingt als Modell. Wir gingen auf sie zu und sie sagte, daß sie gerne einverstanden sei, daß sie aber zuerst Olive um Erlaubnis fragen müsse. Leider war Olive, der eine riesige Zigarre rauchte, dagegen. »Sie ist mein bestes Pferd«, sagte er zu Kisling, aber er habe nichts dagegen, ihm Suzanne auszuleihen. Kisling lehnte ab, da Suzanne nicht halb so interessant war wie die andere.

Damals befand ich mich hauptsächlich in der Gesellschaft von Paul Elsas; Paul Westheim[86], der heute Professor in Mexico ist; Bueck[87], ein früherer Dozent an der Berliner Universität; Gert Wollheim[88], der Maler; Tatjana Barbakoff[89], die Tänzerin, die wie eine mongolische Prinzessin aussah und später von den Nazis umgebracht wurde; Henri Héraut[90], ein Maler und Kunstkritiker, der in der Rue du Moulin de Beurre das verrückteste und furchterregendste Atelier, das ich je in meinem Leben gesehen hatte, bewohnte. Wenn der Besucher eintrat, sah er sich einem Grab gegenüber, dem »Grab der unbekannten Puppe«. Auf dem Grab stand ein Kreuz, die Erde darum herum war mit nackten Puppen und Puppengliedern, Armen und Köpfen, bedeckt. An den Wänden des Ateliers waren noch mehr nackte Puppen, einige ganz, einige kaputt, zusammen mit afrikanischen Masken und Bildern; der Kopf, Arme oder Beine baumelten an Fäden. Das sah makaber und erschreckend aus, wie zerstückelte Körper von kleinen Kindern. Berge von Gemälden, schmutzigem Kochgeschirr, Ölfarben und Pinseln bedeckten den immer ungefegten Boden und alles war voller Staub. Auf dem Schreibtisch stapelten sich Hunderte von Briefen, Büchern, Eierschalen, eine Büste von Héraut selbst, die eine Papierkrone trug und eine Öllampe. Er war ein interessanter Maler und ein einfühlsamer Kunstkritiker, der sehr gut schrieb. Er hatte schlechte Zähne und stotterte so stark, daß man gut daran tat, genügend Abstand zu wahren, wenn man seiner nassen Aussprache entgehen wollte.

Paris

In keiner anderen Stadt der Welt gab es so viele an Kunst interessierte Leute. Die Pariser waren seit Generationen Sammler. Jedes Jahr fingen neue Leute neue Sammlungen an und versuchten durch die Entdeckung eines neuen Talentes reich zu werden. Sieburg sagt in seinem Buch »Gott in Frankreich?« über die französische Literatur: »In Frankreich ist kreatives Schreiben ein so natürlicher Vorgang wie Regen oder Donner.« Er hätte dasselbe über französische Kunst sagen können.

Tausende von Franzosen malten in ihrer Freizeit. Wie oft habe ich sie gesehen, wenn sie, nachdem sie den Morgen an den Ufern der Marne verbracht und versucht hatten, einen unglücklichen Fisch zu fangen, friedlich hinter einem kleinen Klapptisch Platz nahmen und die grauen Bäume, die weißen Brücken über den blauen Fluß und das weiche Blau des freundlichen Himmels malten. Wie wunderbar ernst waren sie dabei! Der Handel, der Friede und die Malerei waren in unsichtbaren Buchstaben auf ihre Strohhüte geschrieben. Es gab nichts, was ihren wunderbaren inneren Seelenfrieden stören konnte; alles war ruhig, sanft und voll Harmonie. Es gab kein Problem, das nicht gelöst werden konnte, kein Bereich des menschlichen Lebens schien einen Streit wert. Der Fluß floß ruhig dahin, sein Wasser strömte ereignislos in den nächsten Fluß und von dort durch sehr alte Städte in das Meer. Dem französischen Pan, wie Sieburg sagt, »fällt es nicht im Traum ein, die Leute mit seiner Stimme zu erschrecken. Auf seinen spitzen Ohren trägt er einen Strohhut wie ein Gärtner. Seine Ziegenbeine sind in blauen Leinenhosen versteckt. Nach einem Schlaf in der heißen Mittagssonne vergißt er seine Teufelsnatur und wacht als freundlicher und ehrwürdiger Feldschütz auf.«

Der Pariser konnte gar nicht anders, als überall Kunst zu sehen. Selbst wenn er niemals in den Louvre ging, mußte er irgendwann einmal durch die Rue de la Boëtie oder die Rue de Seine. Und dort konnte er in jedem Fenster der vielen Galerien Bilder von Picasso, Braque, Matisse, Rouault, Derain, Vlaminck, Segonzac, Valadon, Kisling und Utrillo sehen. Als praktisch veranlagter Mensch, der Wohlstand und Besitz nicht als etwas Verachtenswertes empfand, sondern als wesentlich für den Lebensgenuß, würde er die Möglichkeit in Betracht ziehen, sein Geld in Kunst anzulegen, vor allem wenn er eine reelle Chance sah, daß sein Lieblingskünstler, sein Favorit, eines Tages vielleicht im Rennen unter den Ersten sein würde.

Wie oft habe ich einen kleinen, ruhigen Franzosen gesehen, wie er eine Galerie betrat, voller Bewunderung vor einem Bild stand, die Oberfläche vorsichtig und liebevoll mit seinem Daumen berührte und ausrief: »Oh das ist gemalt.«

Madame Némont, die Inhaberin der Galerie »Le Niveau«, erzählte mir eines Tages, daß ihr ihre Putzfrau einmal gestand, daß sie ein wundervolles Bild in Madame

Némonts Ausstellung gesehen habe, das aber zweifellos sehr teuer sei. Da es eine Sammelausstellung war, erwartete sie, daß die Wahl ihrer Putzfrau eher auf etwas ziemlich Liebliches gefallen wäre – eine Katze von Foujita oder ein Mädchen von Kisling. Aber sie hatte sich einen kleinen und entzückenden Braque[91] ausgesucht.

Einer meiner Freunde, einst ein sehr bekannter Künstler, erzählte mir, daß das einzige Bild, das er in Paris verkaufte, an einen Kammerjäger ging, der in seiner Abwesenheit alle seine Bilder anschaute und schließlich ein Stilleben kaufte, weil es nach der Erde roch, »die ich so liebe«.

Natürlich wäre es lächerlich, nun zu behaupten, daß französische Putzfrauen generell Braque lieben und französische Kammerjäger Stilleben. Ich behaupte nur, daß es in Paris möglich ist, daß eine Putzfrau einen Braque schätzt; aber ich würde nicht wagen, das von einer Herzogin in London zu sagen.

Am 18. Juli 1933 wurde der Befehl, mich in Schutzhaft zu nehmen, aufgehoben. Bald danach erhielt ich einen Brief von meinem Vater, in dem er schrieb, daß er den früheren Richter Dill aufgesucht habe, der jetzt die rechte Hand des Justizministers Schmid[92] sei. Mein Vater hatte ihn gefragt, ob ich auf einen kurzen Besuch heimkommen könne, um Privatangelegenheiten zu regeln und meine Familie zu sehen, vor allem meine alte Großmutter, die über die Trennung sehr unglücklich sei. Dill war einverstanden und hatte ihm versprochen, daß er, solange ich dafür Sorge trüge, nicht in der Öffentlichkeit gesehen zu werden, mir meine

Rückkehr nach Stuttgart für einige Tage erlauben und ebenso meine Rückkehr nach Paris garantieren würde. Aber es müsse klar sein, daß er mich in Schutzhaft nehmen müsse, wenn in irgendeiner Weise Anstoß an mir genommen werden würde. Mein Vater fügte hinzu, daß er die Entscheidung zu kommen völlig mir überließe. Ich überlegte mir das Angebot einige Zeit und beschloß – gegen den Rat all meiner Freunde, die sicher waren, daß es ein Trick sei – es anzunehmen. Dafür waren zwei Gründe ausschlaggebend. Aus der Sicht der Nazis war ich nicht wichtig genug, als daß ich mir deswegen hätte Sorgen machen müssen. Warum sollten sie mich in ein Konzentrationslager stecken und mich dort durchfüttern, wenn ich wieder nach Paris zurückgehen konnte? Aber der Hauptgrund war, daß ich den schwäbischen Charakter kannte. Es wäre einfach »unschwäbisch« gewesen, mir solche Versprechungen mit der erklärten Absicht zu machen, mich in ihre Gewalt zu bringen. Und ich kannte auch Dill. Er war Nazi, aber er war ohne Heimtücke und ich war sicher, wie ich bereits einmal geschrieben habe, daß er einige Sympathien für mich hegte. Es war ein Spiel. Aber was mich schließlich überzeugte zu gehen, war das Wissen darum, welche Freude ich meiner Familie mit meinem Besuch bereiten würde.

Nachdem ich Dills Angebot angenommen hatte, erhielt ich eine offizielle Mitteilung, daß ich Württemberg frei betreten könne. Die Polizei schlug vor, daß ich nicht über Straßburg und Baden einreisen sollte. Das wäre der kürzeste Weg gewesen, aber die badische Polizei war nicht an irgendwelche Entscheidungen der württembergischen

Polizei gebunden. Statt dessen mußte ich einen langen Umweg machen und über die Schweiz und Friedrichshafen nach Württemberg einreisen. Mein Vater und ein befreundeter Rechtsanwalt, der ihn für den Fall, daß es Schwierigkeiten gäbe, begleitete, warteten in Friedrichshafen auf mich. Ich kam in Stuttgart an und sah meine Familie und ein paar alte treue Freunde. Während meines Besuchs fuhr ich fast immer mit dem Taxi, aber gelegentlich konnte ich nicht umhin, zu Fuß zu gehen, und ein paar Leute erkannten mich.

Zwei Tage vor meiner Rückkehr ging ich auf den Bahnhof, um meine Fahrkarte zu kaufen. Dabei sah ich, wie sich in der Scheibe am Schalter ein Mann spiegelte, der hinter mir stand. Ich war sicher, daß ich ihn schon zuvor gesehen hatte. Ich hatte keinen Zweifel, daß ich beschattet wurde.

Am Morgen vor meiner Abfahrt läutete es ungefähr um sieben Uhr an der Tür. Der Mann, den ich in der Scheibe gesehen hatte, stand auf der Schwelle. Er sagte mir, daß ich mich um elf Uhr im Gestapo-Hauptquartier im Hotel Silber[93], Zimmer 207, einfinden solle. Ich versprach, dort zu sein. Glücklicherweise schliefen meine Eltern noch und bekamen nichts von dem frühen Besuch mit. Ich nahm Kontakt mit dem befreundeten Rechtsanwalt auf und beschwor ihn, wenn ich ihn nicht bis ein Uhr anrufen würde, sein möglichstes zu versuchen, mich aus einem Konzentrationslager herauszubringen. Dann ging ich zu meinem Verhör ins Hotel Silber.

Ein ss-Mann mit schwarzen Schaftstiefeln führte mich zu Zimmer 207. Ich klopfte, jemand sagte »Herein«, und ich stand demselben Mann gegenüber, der mich beschattet und um sieben Uhr geläutet hatte. Ich setzte mich, und er begann sofort, mich zu verhören. Ich fragte mich ziemlich beunruhigt, wieviel er über meine Aktivitäten in Paris wußte. Wußte er, daß ich einen Vortrag im Freien Deutschen Klub gehalten hatte? Hatte irgendeiner dieser angeblichen Flüchtlinge über meine Gespräche mit anderen Flüchtlingen berichtet?

Nachdem er meine Personalien aufgenommen hatte, war seine erste Frage in breitem Schwäbisch:

»In welchen Kreisen verkehren Sie in Paris?«

»Hauptsächlich in Künstlerkreisen.«

»Hoffentlich keine Schriftsteller?«

Ich versicherte ihm, daß kein einziger Schriftsteller je meinen Weg gekreuzt hätte.

»Gehören Sie zu denen, die gegen das neue Deutschland konspirieren?« (Seine Stimme zitterte, als er »das neue Deutschland« sagte, und er sprach dabei nicht Dialekt, sondern Hochdeutsch.)

Ich versicherte ihm mit Nachdruck, daß ich nicht konspiriere und ich sah, wie er zu Protokoll gab: »Und versichert mir, daß er nicht zu denen gehört, die gegen das neue Deutschland konspirieren.«

In diesem Stil ging es weiter, Frage auf Frage, jede von unsäglicher Dummheit. Nach einer dreiviertel Stunde forderte er mich auf, das Protokoll zu unterzeichnen. »Heil Hitler!« sagte er und öffnete mir die Tür. Ich war frei. Meinen Eltern erzählte ich niemals von diesem Besuch.

Am nächsten Tag verließ ich Deutschland wieder.

Als ich etwa fünfzehn Jahre später zurückkam, gab es

kein Hotel Silber und kein Zimmer 207 mehr. Sie waren zusammen mit der halben Stadt in Rauch und Flammen aufgegangen.

Neubeginn

Als ich meine Eltern ein paar Monate später in Zürich traf, waren sie voll Furcht und sprachen nur im Flüsterton. Als ich sagte, daß wir in der Schweiz und nicht im Nazi-Deutschland seien, raunten sie, daß Guttmann, einer meiner Kollegen, nach seiner Rückkehr aus der freien Stadt Zürich an der deutschen Grenze verhaftet worden sei.

Er hatte »zu laut« gesprochen, und ein Schweizer Kellner hatte ihn bei der Gestapo denunziert.

Und doch war mein Vater immer noch optimistisch und glaubte, daß die Nazis ihren Antisemitismus mäßigen würden. Er deutete sogar an, daß es vielleicht gut für mich wäre, wieder nach Hause zurückzukommen. In dieser Ansicht wurde er von einem Geschäftsfreund bestärkt, der »plötzlich« aufgetaucht war und sich zu uns gesellte. »Warum kommen Sie nicht zurück?« fragte er. »Was machen Sie denn in Paris? Sie werden dort nur ein Bettler sein. In Deutschland können Sie Geld verdienen und Ihre Ehre – niemand kann Ihnen Ihre Ehre nehmen. Sie ist ein Teil von Ihnen. Ich weiß, daß nicht alles so rosig ist, aber schließlich tut Hitler sein Bestes für Deutschland. Man erzählte mir, daß das Licht in seinem Büro nie vor Morgengrauen verlöscht...«

Zwei Jahre später traf ich meinen Vater in Saarbrücken,

das damals französisch war, wieder; trotz der großen Gefahr hatte er etwas Geld für mich herausgeschmuggelt. Es war schmerzlich, dem alten Mann zuzuhören. Er konnte nicht mehr ausgehen, er konnte nicht einmal mehr ein Glas Bier trinken. Wo immer er auch hinging, bekam er kleine Zettel, auf denen Juden unerwünscht stand. Es gab Parkbänke, die nur für Juden bestimmt waren, und er mußte einen gelben Stern tragen. Meine Mutter, die stark unter Krampfadern litt, mußte ihren Sitzplatz in der Straßenbahn freimachen, weil ein Arier ihn beanspruchte.

Dieses Mal schlug mein Vater nicht vor, daß ich zurückkommen solle.

Als ich von Stuttgart wieder nach Paris kam, sahen mich meine Freunde an, als wäre ich Lazarus oder Dante, der aus der Hölle zurückkehrte. Einer warnte mich sogar, daß er mich unweigerlich für einen Spion hielte, wenn ich wieder hinginge! Ich sagte ihm, daß es das letzte Mal gewesen sei; die Brücken seien abgebrochen. Wie um mich darin zu bestärken, beschloß ich, daß es nun Zeit war, endlich eine Arbeit zu suchen. Ich hatte mir bereits einige Dutzend Vorschläge angehört. Die Gäste im »Dôme« waren voll genialer Ideen, und fast jeden Tag bot mir jemand eine »sichere« Investition an. Eines Tages schlug mir Dr. E., der jetzt als Dozent an einer englischen Universität arbeitet, vor, ein Kinderkino im Jardin du Luxembourg, neben dem Theater »Grand Guignol«, zu eröffnen. Ich sollte die Filme vorführen und er würde die Karten verkaufen. Die Idee schien vielversprechend zu sein. Um sicherzugehen, daß sie uns niemand wegschnappen konnte, ließen wir das Kino

unter dem Namen »Ciné Enfant« im Handelsregister ein-
tragen. Aber die Schwierigkeiten waren zu groß und der
Plan zerschlug sich.

Als nächster sprach Robert Breuer[94], der frühere Reichs-
pressechef und ein bekannter Journalist, der unter dem
Pseudonym »Germanicus« schrieb, mich und Dr. Bueck
an. Dr. Bueck war ein Mann von Rang und Übersetzer von
Gogol und Unamuno. Breuer hatte die Idee, daß wir eine
Art Nachrichtendienst herausgeben sollten, da er uns aufgrund seiner Kontakte zum Außenministerium mit interessanten politischen Neuigkeiten versorgen konnte. Seiner
Ansicht nach wurden mindestens hundert oder mehr
deutschsprachige Zeitungen in der ganzen Welt, in Prag, in
der Schweiz, in Südamerika und sonstwo herausgegeben.
Bueck sollte über die neuesten literarischen Entwicklungen
in Frankreich schreiben, während ich als Jüngster die Kur-
bel der Vervielfältigungsmaschine drehen sollte. Das schien
ein hervorragender Einfall. Keiner von uns war besonders
praktisch veranlagt oder hatte Erfahrungen in der Ge-
schäftsführung. Wir fingen voller naivem Optimismus an.
Bueck und ich kauften eine Vervielfältigungsmaschine, Papier, Umschläge und Briefmarken. Breuers Schlafzimmer
diente als Büro, und bald erschien die erste Nummer von
»Inco« (International Correspondence), schlecht gedruckt,
aber lesbar. Sie enthielt politischen Klatsch, den Breuer
aufgeschnappt hatte, ein paar gute Artikel von Bueck über
französische Literatur und Theater in Paris und eine Kurz-
geschichte von einem Autor von internationalem Rang,
René Dupont alias Fred Uhlman. Etwa vier Wochen lang
wurde »Inco« an über hundert Zeitungen geschickt, und

jetzt war die Zeit gekommen, daß wir für weitere Liefe-
rungen Geld verlangen mußten. Wir waren überzeugt, daß
»Inco« nun absolut unersetzlich war und freuten uns auf
einen regelmäßigen Strom von Abonnements. Nach vierzehn Tagen wollte eine Zeitung in Paraguay und eine in der
früheren deutschen Kolonie Südwestafrika »Inco« abon-
nieren, aber alle anderen schienen zu unserer Verblüffung
gut ohne auskommen zu können. Noch verblüffender,
wenn nicht sogar unerklärlicher, war das Verhalten von
fünfzehn französischen Verlegern, denen wir »Inco« für
weitere vier Wochen kostenlos angeboten hatten. Bueck
selbst hatte die Einladung in »exzellentem« Französisch
geschrieben; er war äußerst ungehalten und beklagte sich
bitterlich, daß nicht einer der Verleger eine Spur von An-
stand zeigte und seinen Brief wenigstens bestätigte. Nach
einer Woche vollkommener Stille zeigte ich Buecks Schreiben einem Franzosen, der beim Lesen sein Vergnügen
kaum verbergen konnte. Bueck wollte schreiben: »Unser
Nachrichtendienst wird ganz Europa umfassen und wird
am 1. Juli erscheinen.« Statt dessen hatte er geschrieben:
»Unser Nachrichtendienst wird ganz Europa durcheinan-
derbringen und wie ein Geist am 1. Juli erscheinen.«

Das bedeutete das Ende von »Inco«. Breuer verkaufte
unseren einzigen Vermögenswert, die Vervielfältigungsmaschine, mit beträchtlichem Verlust und bestand auf einem
Drittel des Erlöses, da wir als Gesellschaft fungiert hatten.
Vergeblich erinnerten Bueck und ich ihn daran, daß *wir* es
waren, die das Geld eingebracht hatten; Breuer behielt sein
Drittel.

Nach dem kläglichen Ende von »Ciné Enfant« und »Inco« hatte ich das Gefühl, daß ich etwas Erholung brauchte und zog mich für einen kurzen Zeitraum in das Haus eines gewissen Ehepaares T. in der Nähe von Fontainebleau zurück. T. war Künstler, der seine Ausbildung an der Ecole des Beaux Arts erhalten hatte. Einst war er reich, jetzt war er darauf angewiesen, zahlende Gäste bei sich aufzunehmen. Madame T. war ein bourgeoiser Snob, kochte für die Gäste und schrieb in ihrer freien Zeit unter dem Pseudonym »Existence« schlechte Romane. Sie stellte mich einer Gräfin von… vor, die einzige Nachbarin, bei der sich nach ihrer Meinung ein Besuch lohnte. Alle anderen waren Neureiche und deshalb meiner und ihrer unwürdig. Während meines Aufenthaltes im Haus der T. fand ich ein entzückendes Tagebuch von Monsieur T.s Großvater, in welchem er seine Atlantiküberquerung in einem Segelboot und seine Eindrücke von Amerika beschrieb. Ich übersetzte das Tagebuch ins Deutsche und es wurde von der Frankfurter Zeitung unter dem Titel »Eine Reise nach Amerika im Jahre 1851« in elf Folgen veröffentlicht.

Nach einer Woche kehrte ich nach Paris zurück und traf dort Madame Doumergue. Ich erzählte ihr, daß ich eine angenehme Woche bei dem Ehepaar T. verbracht hatte. »Was für ein Snob sie ist«, sagte ich, »und was für ein außergewöhnliches Pseudonym sie hat. Warum nennt sie sich ›Existence‹?«

Madame Doumergue starrte mich an. »Ich glaube Ihnen kein Wort davon«, sagte sie. Ich sagte ihr, daß ich das Buch mit meinen eigenen Augen gesehen habe. Wie hätte ich solch eine Geschichte erfinden können? »Aber das ist unerhört!« rief Madame Doumergue, »welche Dreistigkeit, das ist unglaublich!« Ich beruhigte sie und sie erzählte mir die Geschichte von »Existence«. Nach ihren Worten gab es in Paris drei Klassen von Prostituierten. Diejenigen, die im Hotel anschaffen, diejenigen, die im Café anschaffen und als niedrigste Klasse diejenigen, die auf der Straße anschaffen, die Straßenmädchen. Madame T. hatte die Cafés »bearbeitet« und war allen als »Existence« bekannt, weil sie auf die Frage »Wie geht es Ihnen?« regelmäßig geantwortet hatte: »Überhaupt nicht gut. Dieses Leben ist keine Existenz.«

Vor nicht allzulanger Zeit wurde ich neugierig und wollte wissen, was mit den T.s geschehen war. Ich fand heraus, daß »Existence« gestorben war und daß Monsieur T., der arme Bursche, sich wie Seneca die Pulsadern in der Badewanne aufgeschnitten hatte.

Es fällt mir schwer, das genaue Datum anzugeben, als ich mit dem Malen anfing. Ich glaube, es war im Frühjahr 1934. Vieles ist in diesem Jahr passiert: Der Stavisky-Skandal[95] in Frankreich, Straßenkämpfe in Paris, die Ermordung von Roehm, Ernst und Heines durch Hitler[96], die Ermordung von Barthou und König Alexander von Jugoslawien in Marseille[97] und die von Dollfuß in Wien[98].

Für die Flüchtlingsmassen in Frankreich hatte die Ermordung von Barthou die schlimmsten unmittelbaren Folgen. Wie es für ein Land typisch ist, das für gewalttätige emotionale Ausbrüche anfällig ist, folgte dem politischen Verbrechen, das ein Ausländer begangen hatte, eine Welle des Fremdenhasses. Frankreich war »verseucht von ausländischen Verbrechern«, Frankreich war »zu großzügig« gewesen. »Schuld« an der ganzen Korruption, an der ganzen *Malaise* in Frankreich »waren die Ausländer«. »Werden wir sie los, nieder mit den Ausländern!«

Die Polizei hatte Befehl einzuschreiten und es regnete Ausweisungen. Niemand konnte sicher sein, ob er oder sie nicht auf der Schwarzen Liste stand. Später fragte ich einen französischen Polizeiinspektor, wie sie ihre Opfer heraussuchten. Gab es ein System? »Überhaupt keines«, sagte er. Jeder Bezirk mußte sehr viele Ausländer loswerden, so daß er nach dem Zufallsverfahren auswählte: zwanzig mit dem Buchstaben A, zwanzig mit B und so weiter durch das ganze Alphabet hindurch. Das Ergebnis war, daß in vielen Fällen der Vater Frankreich verlassen mußte, während der Rest der Familie dableiben durfte; daß eine Frau ausgewiesen wurde, aber nicht ihr Mann und so weiter.

Es ist heute schwer zu verstehen, was eine Ausweisung in dieser Form bedeutete. Viele der Flüchtlinge waren staatenlos, andere hatten gar keine Papiere oder nur einen Nansen-Paß[99] und niemand hatte ein Visum.

Mir kamen solche Grausamkeiten zu Ohren, daß es schwer war, an deren Wahrheit zu glauben. Aber ich bin sicher, daß sie nicht erfunden waren, wenn auch in einigen Fällen vielleicht übertrieben.

Da eine ausgewiesene Person kein Visum hatte, wurde sie von der französischen Polizei bei Nacht über die Grenze, zum Beispiel nach Belgien, abgeschoben. Die Belgier verhafteten den Abgeschobenen, da er ohne Visum nach Belgien eingereist war und verurteilten ihn zu drei Monaten Gefängnis. Nach Ablauf der drei Monate schoben ihn die Belgier bei Nacht über die holländische Grenze ab, wo er wieder drei Monate Gefängnis für die illegale Einreise nach Holland absitzen mußte. Dann schickten ihn die Holländer wieder nach Belgien zurück, wo er dieses Mal als Wiederholungstäter sechs Monate bekam. Auf diese Art ging das schreckliche Spiel immer weiter...

Ich hatte auch persönlich Erfahrungen gesammelt, welche Behandlung man von der französischen Polizei erwarten konnte. Eines Tages bat mich eine deutsche Frau, die mit mir befreundet und vielleicht sechsundzwanzig oder achtundzwanzig Jahre alt war, inständig, mit ihr auf die Präfektur zu gehen, da sie Angst hatte, alleine zu gehen. Ich sagte ihr, daß ich ihr keine Hilfe sein könne, keinen Einfluß habe und kein Geld, die Polizei zu bestechen. Ich müsse verdammt froh sein, wenn ich selber in Frankreich bleiben könnte. Dennoch ging ich mit. Wir warteten eine Stunde lang auf Bänken und waren, so kam es mir vor, von allen hilflosen Menschen aus dem ganzen verrückten Europa umgeben: Rumänen, Ungarn, Polen, Deutschen, Russen, Italienern – jede Nation schien vertreten zu sein.

Plötzlich ging eine Tür auf. Irgendein französischer Beamter, der wahrscheinlich vorübergehend durchgedreht hatte, streckte seinen Kopf heraus und schrie: »Sprechen Sie gefälligst Französisch, Sie sind hier in Frankreich! Sprechen Sie gefälligst Französisch, Sie sind hier in Frankreich!« und verschwand wieder. Dann waren wir an der Reihe. Als wir eintraten, schrie der Polizeioffizier meine Begleiterin an: »Setz Dich. Was machst Du noch in Frankreich?« Sie sagte ihm, daß sie ein Visum für Manila habe und ihr Schiff in achtundvierzig Stunden ablegen würde.

»In Ordnung«, sagte er, »ich gebe Dir achtundvierzig
Stunden, danach werfe ich Dich ins Gefängnis.« Als wir
gingen, mußte ich sie fast hinuntertragen.

Eines Nachts sah ich auf meinem Heimweg vom »Café
du Dôme« einige Polizisten, die einen Mann in ihrer Mitte
hatten. Als ich an der Gruppe vorbeiging, fragte mich ein
Polizist sehr höflich nach meinem Paß. Ich erklärte ihm, daß
ich ihn im Hotel, nur fünf Minuten von hier entfernt, gelassen hätte. Er sagte, das müsse ich dem Inspektor erklären,
und ich mußte ihm auf die Polizeiwache von St. Sulpice folgen. Als ich dem Inspektor vorgeführt wurde, sagte ich ihm,
daß mein Paß im »Hôtel de Londres«, in der Rue Bonaparte,
sei und daß ich ihn absichtlich dort gelassen hätte, weil ich
Angst hätte, ihn zu verlieren: ob er ihn nicht von einem Polizisten holen lassen wolle, ich würde auch das Taxi bezahlen. Er schaute mich an und machte eine Pause. (Ich verstand
seinen Blick zu spät. Ich hätte ihn bestechen sollen.) Er
zuckte die Achseln, sagte, daß es nun Mitternacht sei, daß
ich meine Geschichte einem anderen Inspektor erzählen
könne und ging hinaus. Ich fragte einen Polizisten, bis wann
etwa der andere Inspektor kommen würde. »Das weiß man
nicht, sicherlich nicht vor morgen früh.« Ich fragte, ob ich
in einer Zelle schlafen könne. »Wenn Sie von Wanzen aufge-
fressen werden wollen, bitte«, war seine Antwort. Ich saß in
dieser elenden Polizeiwache ungefähr dreizehn Stunden
lang auf einem Stuhl. Gegen ein Uhr am nächsten Tag kam
der andere Inspektor und schickte einen Polizisten in mein
Hotel. Er kam eine halbe Stunde später mit meinem Paß
zurück. Der Inspektor schaute ihn an, sah, daß alles in Ordnung war und gab ihn mir zurück. »Verschwinde«, sagte er.

Von Zeit zu Zeit schaute ich im Atelier von Paul Elsas vorbei. Er hatte zwei Schülerinnen: »die Marquise« und eine junge Frau namens Kate. Eines Tages wandte sich Elsas mit folgenden Worten an mich: »Warum versuchst Du nicht auch zu malen?« Er gab mir eine bereits aufgezogene, kleine Leinwand, ungefähr zwanzig auf siebzehn Zentimeter, ein paar Pinsel und ein paar Ölfarben, und ich malte ein Bild des Jardin du Luxembourg mit den Kinderwagen und Kindermädchen, den Statuen der Königinnen von Frankreich und dem Pantheon im Hintergrund. Am nächsten Tag vollendete ich ein Bild vom Vierzehnten Juli und am übernächsten Tag eines von einem Begräbnis in Montrouge. Darauf war ein Leichenwagen, der von einem elenden Klepper gezogen wurde, und nur die Frau und die Kinder des Verstorbenen folgten in einer traurigen Prozession.

Die Bilder riefen eine kleine Sensation im Atelier Elsas hervor. Eine der Schülerinnen vermutete, daß alles Anfängerglück war, aber Elsas sagte, daß ich bereits drei Bilder gemalt hätte. *Eines* könnte Zufall sein, aber nicht drei. Er fügte hinzu, das Beste, was er für mich tun könne sei, mich ganz alleine weitermachen zu lassen. Ich zog mich mit meinen Ölbildern und einer Palette, die aus Pergamentpapier improvisiert war, in mein Zimmer im Chemin du Reposoir zurück und malte weiter. Ich fühlte mich wie Moses, der an den Felsen geschlagen hatte. Nur anstatt Wasser sprudelten Ölbilder heraus, mit einer Lebendigkeit, die ich selten wieder erreicht habe. Nach zweiundzwanzig Jahren kann ich dies nun behaupten: die Bilder waren primitiv, naiv und genausogut wie alles, was Grandma Moses[100] hergestellt hat. Heute kann ich diese Bilder nicht ohne Rührung betrachten, erstaunt, daß ein völlig ungelernter Mann, der nie gemalt hatte (außer nur ganz nebenbei in den Ferien) und auch nie ein Maler, sondern ein Schriftsteller sein wollte, solche entzückenden Dinge machen konnte. Jeden Tag stellte ich ein Bild fertig, jedes neue ein wenig größer als das vorhergehende, bis ich die schwindelerregende Größe von fünfundvierzig auf fünfunddreißig Zentimeter erreicht hatte. Alle Bilder stellten das Leben in Paris dar: einen Sommertag an der Seine, Leute, die Fußball spielten, ein häßliches Wartezimmer in einem französischen Krankenhaus, Prostituierte vor baufälligen Häusern, den Flohmarkt, die Dächer von Paris, einen Photographen im Jardin du Luxembourg, der eine Mutter mit ihrem Baby photographierte, einen Metzgerladen, ein Leichenbestattungsunternehmen, eine Frau, die in eine Schaufensterauslage mit Büstenhaltern und Unterwäsche starrte... Ich hatte keinerlei Selbstzweifel. Malen schien für mich so leicht und natürlich zu sein wie Atmen.

So ging es viele Monate weiter. Elsas, der mich sehr ermunterte, war mein einziger Vertrauter, aber eines Tages bat ich Paul Westheim, einen Blick auf meine Bilder zu werfen. Er war ein integrer Mann und hatte jahrelang »Das Kunstblatt«, ein bekanntes deutsches Kunstmagazin, herausgegeben. Er kam und nahm mich zu meinem Erstaunen ernst. Meine Freude wurde nur dadurch getrübt, daß er manchmal, während er meine Bilder anschaute, lächelte. Ich konnte beim besten Willen nichts sehen, über das man lächeln konnte. Tatsache ist, daß der wahre Naive Maler keine Ahnung hat, daß er ein Naiver *ist;* sein ganzer Wunsch ist, wie alle anderen zu malen und ein *richtiger*

Maler zu sein. Er kann einfach nicht sehen, daß »etwas nicht stimmt«. Warum dies so sein muß, kann ich nicht erklären. Ein Mann kann alle Talente haben, die Kraft der Vernunft, die Klugheit eines Erwachsenen und kann doch zugleich das unschuldige Auge eines Kindes haben. Es ist ein außergewöhnliches Phänomen: eine Art »Entwicklungshemmung« könnte man sagen, die eine seltsame, teilweise »Blindheit«, analog der Farbenblindheit hervorruft; wo die ganze Erwachsenenwelt rot sieht, sieht nur der Naive grün.

Wenn der naive Künstler einmal erkannt hat, daß er ein Naiver ist, ist er an einer Weggabelung angekommen und muß entscheiden, welchen Weg er einschlagen will. Er kann weitermalen, »als ob nichts passiert wäre«, was mir unehrlich erscheint; oder er kann den schweren Weg wählen und versuchen, es den anderen gleichzutun – aber ohne dabei gänzlich seine »Unschuld« aufzugeben.

Vor diesem Problem stand ich nach meiner zweiten Ausstellung im Januar 1937, als mich einige Kunstkritiker mit Alain-Fournier, Gérard de Nerval und Emily Brontë (!) verglichen[101] und sagten, daß ich »der beste naive Maler unserer Zeit sei«. Ich habe wenig Zweifel, daß ich, wenn ich in diesem glücklichen Zustand naiver Unschuld weitergemacht hätte, heute zusammen mit Vivin, Bombois und Bauchant einer der populären Meister der Naiven Malerei wäre;[102] aber ich wollte ein richtiger Maler sein und nicht etwas, was mir wie ein verrückter Außenseiter vorkam.

André Lhôte hatte diese Krise vorausgesehen. Nach meiner ersten Ausstellung schrieb er in der »Nouvelle Revue Française« einen Artikel über mich unter der Überschrift »Rousseau der Zöllner, Constantin Guys und Fred Uhlman«[103]: »Er hat noch nicht den schwierigen Wendepunkt erreicht, an dem der Naive Maler ein professioneller Künstler wird, aber einen Punkt, an dem die Straße, die bisher gerade verlief, die ihn unfehlbar zum Ziel führte, sich zu winden beginnt. Daher ist weniger Zusammenhalt in seiner Arbeit, einige seiner Bilder entspringen immer noch der reinen Poesie und einem völligen Mangel an Technik, andere fangen an, ›Malerei‹ zu werden... Abgesehen von den immer noch erfrischenden Zeugnissen einer bewahrten Kindheit, zeigt uns diese Ausstellung – so wie sie ist – jene Zeugnisse, die noch sehenswerter sind und die Verwandlung eines Naiven Malers in einen Malerschüler dokumentieren, den Weg eines Menschen, der von den unfertigen Anfängen zu den ersten künstlerischen Errungenschaften gelangt.«

Dieser »schwierige Wendepunkt« bedeutete einen harten Kampf, einen langsamen Fortschritt, begleitet von Krisen der Verzweiflung und Perioden der Erschöpfung; und von dem, was Lhôte »den Zauber der Unfertigkeit« nannte, blieb nur »die Unfertigkeit«.

Der Weg wäre vielleicht leichter gewesen, wenn ich auf eine Kunstschule gegangen wäre und das ABC der Kunst gelernt hätte. Aber ich hatte das Gefühl, daß ich zu alt sei, um mit sechzehnjährigen Schülern neu anzufangen. Jedes Jahr zählte; ich hatte keine Zeit zu gehen – ich mußte rennen. Viele Jahre später in England schrieb ich einem Freund, der mich bat, etwas über meine Arbeit zu sagen: »Es tut mir leid, ich bin schlecht im Erklären. Ich bin – aus Mangel eines besseren Wortes – ein ›instinktiver‹ Maler

(›instinktiv‹ im Gegensatz zu der kühlen Präzision eines Nicholson oder Mondrian[104]) und überhaupt nicht in der Lage, zu erklären – wie es viele meiner Kollegen können –, wie ich male und warum ich so male. Ich kann nur sagen, daß ich immer romantisch veranlagt gewesen bin. Baudelaire sagt an einer Stelle: ›Die Romantik ist ein Kind des Nordens und der Norden ist ein Kolorist. Die Träume und die Märchen sind Kinder des Nebels… Der Süden ist grob und nüchtern, der Norden, der leidet und unruhig ist, tröstet sich mit der Phantasie… Die Romantik nimmt es weder mit der Wahl der Themen noch mit der Wahrheit genau, aber mit der Art zu fühlen.‹« Ich habe mich immer »mit der Phantasie« getröstet. Französische Kunstkritiker haben mich immer einen Kunst-Dichter genannt, und ich glaube, sie haben recht.

Ich arbeite hauptsächlich aus der Erinnerung. Gauguin sagt irgendwo: »Es ist am besten, aus der Erinnerung zu arbeiten; auf diese Weise wird das Werk Dein eigenes – Deine Erfahrung – Dein Geist.« Und Tschechow sagt fast genau dasselbe: »Ich kann nur aus der Erinnerung und nicht direkt nach der Wirklichkeit schreiben. Das Thema meiner Geschichte muß zuerst durch den Filter meines Geistes hindurchgehen, so daß nur das, was typisch und wichtig ist, übrigbleibt.« Das bedeutet nicht, daß ich als Romantiker ein reiner »Eskapist«, jemand, der vor der Realität flieht, bin (es sind die abstrakten Künstler, die diesen Beinamen verdienen). Wie hätte ich hoffen können, der Realität unserer schrecklichen Zeit zu entfliehen? Zwar kann ich es nicht herausschreien wie Francis Bacon[105]; meine Stimme ist ziemlich gedämpft und zurückhaltend; nicht die Trompete ist mein Instrument, sondern die Laute. Die Laute ist nach Addison »in ihrem Wesen der Trompete genau entgegengesetzt. Alleine oder in einem kleinen Ensemble klingt sie sehr schön… Ihre Töne gehen bei einer Vielzahl von Instrumenten leicht unter, und sie verlieren sich sogar bei wenigen Instrumenten, wenn man ihnen nicht eine besondere Aufmerksamkeit schenkt. Eine Laute hört man, wenn sie von mehr als fünf Instrumenten begleitet wird, selten heraus, wohingegen eine Trommel sich auch noch bei einem Orchester mit fünfhundert Instrumenten hervorhebt. Die Lautenspieler sind deshalb Musiker von besonderer Begabung… und hauptsächlich werden sie von Menschen mit gutem Geschmack geschätzt, die einzig als die wahren Richter über einen so entzückenden und harmonischen Ton gelten können.« In diesem Sinne kann ich mich hoffentlich einen »Lautenspieler« nennen, der nicht an die Verzweiflung glaubt, sondern, wie jeder wahre Künstler, an das Leben.

Ich bin überzeugt, daß der Beruf eines Künstlers die Schöpfung von Ordnung aus dem Chaos ist und daß er sich nicht vom Chaos verschlingen lassen darf. Ich glaube auch, daß es nicht unter seiner Würde ist, danach zu streben, mit der größtmöglichen Anzahl einfühlsamer Leute in Kontakt zu treten, und ich stimme mit Wyndham Lewis ein, daß »die absurden Dinge, die in den visuellen Künsten gegenwärtig passieren, Ausdruck dessen sind, was passieren muß, wenn Kunst sich völlig von der Gesellschaft loslöst, wenn Kunst keine unmittelbare Rolle mehr im Leben einnimmt und nur als Spielzeug des Intellekts bestehen kann«.

Ich bin sicher, daß viele ernstzunehmende Künstler genauso empfinden, es aber nicht öffentlich zu sagen wagen, aus Angst, mit diesem grotesken Munnings[106] in einen Topf geworfen zu werden.

Ich fürchte, ich bin den Ereignissen einige Jahre vorausgeeilt. Ich möchte nun zu Paul Westheims Besuch zurückkommen, der mir ein solches Selbstvertrauen gab. Zum ersten Mal sah ich den Schimmer einer Möglichkeit, Maler zu sein, aber ich war alt genug, um Angst vor der Armut zu haben; nur den ganz Jungen und den Narren geht es nicht so. Ich mußte mich nur umschauen, um diejenigen zu sehen, die vom Leben grausam zurückgestoßen wurden. Ohne jemals von Samuel Johnson gehört zu haben, hätte ich sicher seinen Worten zugestimmt: »Mein Herr, alle Argumente, die vorgebracht werden, um Armut als kein Übel darzustellen, zeigen, daß sie offensichtlich ein großes Übel ist. Man findet nie Leute, die nur deswegen arbeiten, um einen zu überzeugen, daß man mit einem großen Vermögen sehr glücklich leben kann.«

Es gab ungefähr vierzigtausend Künstler in Paris. Wie lebten sie? Viele lebten wahrscheinlich von der Arbeitslosenhilfe von zehn Francs pro Tag. Einige mußten ein kleines Einkommen haben oder Verwandte, die bereit waren, ihnen wenigstens eine Zeitlang zu helfen. Andere verdienten vielleicht ein wenig Geld, indem sie malten oder Aquarelle und Stiche an Ausländer in den Cafés verkauften. Aber viele müssen auch dauernd im Elend gelebt haben, trotz der niedrigen Lebenshaltungskosten (für paar Mark im Jahr konnte man ein kleines Atelier mieten, und wenn man kurz vor dem Ende der Verkaufszeiten auf einen der vielen Märkte ging, konnte man sehr billig einkaufen). Wie viele echte Talente in den Tiefen des Elends versanken, kann ich nur vermuten. Ich weiß, es ist schwer zu glauben, daß ein großer Künstler völlig unbekannt sterben kann und sein Werk mit ihm. Die Leute denken immer, daß er irgendwie entdeckt werden wird, wenn es auch erst nach seinem Tod ist, und daß kein großes Kunstwerk völlig von der Erdoberfläche verschwinden kann, ohne eine Spur zu hinterlassen. Wir kennen nur die Künstler, die Erfolg hatten, und wir übersehen die Tatsache, daß es vielleicht nur reines Glück gewesen sein mag – die richtigen Leute im richtigen Moment getroffen zu haben oder genug eigenes Geld besessen zu haben, so daß es ihnen möglich war, auszuharren, bis schließlich die Anerkennung und damit der Reichtum kam. Ich habe Künstler getroffen, die, obwohl sie in Paris kaum bekannt und schnell vergessen waren, in anderen Ländern vielleicht berühmt geworden wären. Eines Tages war zum Beispiel in einer kleinen Galerie eine Ausstellung von Bildern eines Künstlers, an dessen Namen ich mich nicht erinnere und der eine Zielscheibe des Spotts und des Mitleids war. Lem, ein Kunstkritiker bei der »Marianne«, entschloß sich hinzugehen, um sich zu amüsieren. Eine halbe Stunde später kam er zurück und holte mich ab. Er war ziemlich still. Er schien nicht soviel Spaß gehabt zu haben, wie er erwartet hatte.

Zusammen gingen wir in die obskure kleine Galerie. Es gab überhaupt keinen Zweifel: einst, vielleicht in den zwanziger Jahren, hatte dieses Wrack von einem Künstler große Möglichkeiten gehabt. Es gab ungefähr ein halbes Dutzend riesiger Bilder von 1920, die einen durch ihre einfache und ruhige Schönheit seltsam bewegten, und die in erstaunlichem Gegensatz zu den neueren Arbeiten standen, die schwach waren, ein Spiegelbild seines jetzigen Geisteszustandes. Wenn er vielleicht – ich kann es nur vermuten – vor siebzehn Jahren jemanden gefunden hätte, der ihm geholfen hätte, oder einen Bruder gehabt hätte wie Van Gogh seinen Bruder Théo, hätte er es vielleicht geschafft und sein Talent entwickeln können, um so eines Tages die Aufmerksamkeit der Kunsthändler oder Kunstkenner auf sich zu ziehen. Aber »er war immer im Elend«, wie also sollte er für die Ausstellungen und die Werbung, für die Kataloge und die Einführung ins Werk bezahlen?

Ich glaube, daß Armut manchmal ein Anreiz ist, daß sie aber wesentlich häufiger die kreative Kraft eines Künstlers zerstört. »Das Elend ist das beschämendste aller Verbrechen; diejenigen, die das Gegenteil behaupten, sind die Reichen«, sagt Henri Bataille. »Die Armut ist weniger für die Entbehrungen, die sie uns auferlegt, verabscheuungswürdig als für die schlechten Gedanken, die sie in uns erweckt.« (Lucenay)

So begann ich, eine Teilzeitarbeit zu suchen, die mir Zeit ließ zu malen, ohne zu hungern. Ich wußte, es würde Jahre dauern, bevor es Hoffnung gäbe, daß ich von meiner Malerei leben könnte. Ich war fast vierunddreißig und sollte jetzt den Höhepunkt meiner Kraft und meines Ruhms erreicht haben – und nicht erst bei Null anfangen! Ich mußte mir einfach ein kleines regelmäßiges Einkommen suchen, sonst gab es keine Hoffnung zu überleben.

Eines Tages stellte mich ein kleiner Mann namens Punasse, eine große Klatschbase, der jeden Skandal, den er auf dem Montparnasse aufschnappte, glaubte und weitererzählte und der bereits elf Monate vor der Geburt wußte, wer ein uneheliches Kind bekam, Madame Pétridès vor. Sie war die Frau eines zypriotischen Herrenschneiders in der Rue Rougemout. Madame Pétridès, eine charmante, intelligente und integre Frau, schlug mir eine Partnerschaft vor. Sie kannte viele der besten französischen Künstler und viele Kunsthändler. Ihr Vorschlag war, für mich Bilder zu kaufen und zu verkaufen und den Profit zu teilen. Zu diesem Zeitpunkt, so glaubten wir, hätten die Preise für Bilder gerade einen Tiefpunkt erreicht. Die amerikanische Wirtschaftskrise von 1930 und ihre Auswirkungen auf Europa sowie die Furcht vor einem neuen Krieg hatten solch eine Krisenstimmung hervorgerufen, daß es kaum Nachfrage für Bilder gab. Andererseits versuchten die Sammler unter dem wirtschaftlichen Druck verzweifelt, Bilder zu fast jedem Preis zu verkaufen. Bilder von Derain konnten für zweitausend Francs gekauft werden, Zeichnungen von Modigliani für tausend, Utrillos wurden für zweihundert Francs je *figure* verkauft (eine *figure* ist eine französische Standardgröße für eine Leinwand; eine *figure* entspricht ungefähr zehn auf vier Zentimeter, zwei *figures* ungefähr zwölf auf sechs Zentimeter und so weiter). Vergeblich versuchte ein Freund von mir, einen schönen Kokoschka für zweitausend Francs zu verkaufen. Es konnte passieren, daß nur bestimmte Perioden oder Themen verlangt wurden – zum Beispiel Utrillos der *époque blanche*, frühe Chiricos, Dufys Rennpferde oder Vlamincks »Winterlandschaften«. Madame Pétridès war überzeugt, daß ein

Kauf zum jetzigen Zeitpunkt eine sichere Geldanlage wäre.[107]*

Wir kamen überein, daß wir sehr vorsichtig sein muß-ten. Madame Pétridès unterstrich dies mir gegenüber nachdrücklich:»In Paris«, sagte sie, »gibt es nur diejenigen, die essen, und diejenigen, die gefressen werden.« Das Milieu, in dem wir uns bewegten, war voll von kleinen und großen Haien. Viele der Kunsthändler waren verzweifelt; man konnte sie in der Rue de Seine aus ihren Schaufenstern starren sehen, die voller unverkaufter Utrillos, Derains, Signacs und Modiglianis waren. Sie warteten auf Amerikaner. Es war nicht ungewöhnlich, daß ein Händler, wenn er sah, wie ein potentieller Käufer eine andere Galerie betrat, versuchte, ihn abzufangen und ihn davor zu warnen, die Fälschungen seines Konkurrenten zu kaufen.

Ich wurde davor gewarnt, ein Gemälde länger als für drei Tage aus der Hand zu geben, da ich sonst nicht sicher sein könnte, ob ich statt des Originals eine Fälschung zurück-bekommen würde. Man erzählte mir die Geschichte von Madame de B., die einem vornehm aussehenden Herrn mit einer Rosette der Ehrenlegion im Knopfloch ein Gemälde aushändigte, gegen sein Versprechen, daß er es seinem Kunden zeigen würde und ihr entweder den Preis von achtzigtausend Francs schicken oder ihr das Gemälde in-nerhalb von vierundzwanzig Stunden zurückbringen würde. Am selben Tag erhielt sie zwanzigtausend Francs von ihm. Sie wartete weitere ein oder zwei Tage, dann rief sie ihn an und fragte ihn, wann sie die restliche Summe er-warten könne. Der vornehme Herr teilte ihr mit, daß sie die verlangten zwanzigtausend Francs erhalten habe, nannte sie eine Betrügerin, »eine Schlange«, er habe das Bild bereits verkauft und legte auf. Da es keine Zeugen gab, hatte Madame de B. kein gesetzliches Mittel gegen ihn in der Hand. Ich hörte eine andere Geschichte von einer Witwe, die einen Kunsthändler im Faubourg St. Honoré aufsuchte. Nehmen wir an, der Händler hieß Meunier. Sie zeigte ihm zwei kleine Bilder von einem Maler aus dem achtzehnten Jahrhundert, die ihrem Mann gehört hatten. Ob er Interesse hätte? Monsieur Meunier sagte voller Bedauern, daß die Bilder nicht sein Sammelgebiet seien. Aber er kenne jemanden, der sie möglicherweise kaufen würde – Monsieur Dupont, ein paar Türen weiter. Sie fragte ihn, wieviel sie für die Bilder bekommen könnte. »Nun«, sagte Meunier, »sagen wir zwanzigtausend Francs.« Die Witwe war erfreut, da sie eine geringere Summe erwartet hatte. Monsieur Meunier rief, die Höflichkeit selbst, ein Taxi und gab dem Fahrer Duponts Adresse. Durch irgendein Versehen hielt das Taxi vor dem Haus eines anderen Kunsthändlers – im Faubourg St. Honoré gab es deren viele –, dem die Witwe die Bilder anbot. Der Händler, der nur an französischen Impressionisten Interesse hatte, wollte sie nicht kaufen. Sie teilte ihm ihre Enttäuschung mit. Monsieur Meunier habe ihr sein Interesse signalisiert und ihren Wert auf zwanzigtausend Francs beziffert. »Welchen Namen nannte Ihnen Meunier?« fragte der Händler. »Monsieur Dupont, Faubourg St. Honoré 136.« »Was sollen die Bilder wert sein?« Sie wiederholte, »Zwanzigtausend Francs.« »Oh«, sagte der Händler, »wenn das so ist, dann nehme ich die Bilder.« Und er kaufte die beiden Bilder, die er ein paar Tage später für vierhunderttausend

Francs an einen amerikanischen Sammler verkaufte. Es waren Bouchers[108] und der Händler wußte, daß Dupont der Strohmann von Meunier war.

Man mußte sich in diesem Geschäft auskennen. Eines Tages saß ich im »Dôme« neben der Kunsthändlerin Madame Zak, als einer ihrer Freunde auf sie zueilte und ihr zuraunte: »Matisse – Matisse liegt im Sterben!« Madame Zak stand auf und rannte zum Telefon, um den Verkauf von Gemälden von Matisse zu stoppen, da die Preise nun sicherlich in die Höhe schnellen würden. Bei einer anderen Gelegenheit wurde mir geraten, mit dem Kauf eines Othon Friesz zu warten. Es gab ein Gerücht, daß Friesz kurz vor der Scheidung stand und gezwungen sein würde, billig zu verkaufen, um die Gerichtskosten zu bezahlen.

Madame Pétridès kaufte fünf kleine Renoirs[109] von einem der Söhne des Malers für mich: ein Stilleben mit Heringen, eine Brücke über einen Fluß, eine Ansicht von Cagnes, ein Stilleben mit Äpfeln und ein lesendes Mädchen. Für alle fünf zahlte sie zusammen zwanzigtausend Francs. Das »lesende Mädchen« verkaufte sie ein paar Tage später für achttausend Francs, und ich teilte den Gewinn mit ihr. Ich selbst kaufte einen Friesz, eine Ansicht vom Hafen von Toulon. Das Bild kostete mich zusammen mit einem schönen, alten, handgeschnitzten Rahmen eintausendeinhundert Francs. Dazu kam noch eine hübsche Tuschezeichnung von Delacroix[110], eine Studie zum Faust, für die ich achthundert Francs bezahlte. Leider war das »lesende Mädchen« das einzige Bild, das wir verkaufen konnten! Es gab einfach keine Nachfrage. Es stimmte, die Preise fielen nicht weiter, aber sie stiegen auch nicht…

Einige Monate später verkaufte ich all meine Erwerbungen, um mein letztes und katastrophalstes Unternehmen zu bezahlen und bekam genau die Summe zurück, die ich dafür ausgegeben hatte. Wenn ich sie hätte behalten können, hätte ich ein Vermögen gemacht, das dann Monsieur Pétridès, der Herrenschneider, der sie kaufte, machte. Er hatte immer ein wenig mit Bildern gehandelt, indem er sich einen Mantel mit einem Derain bezahlen ließ, einen Anzug mit einem Dufy.[111] Ein paar Jahre später verkaufte er sein Geschäft und gab Utrillo[112] einen Vertrag, mit dem er ihn verpflichtete, ihm, wenn ich mich recht erinnere, gegen einhunderttausend Francs pro Jahr alles abzuliefern, was er schuf. Er hatte großes Vertrauen in Utrillo, der ein hervorragender Künstler gewesen war, aber jetzt, ein Schatten seiner selbst, jede Menge zweitklassiger Werke produzierte. »Utrillo«, pflegte er zu sagen und küßte die Spitzen seiner zwei mittleren Finger, »das ist Zucker!« Er sagte mir, daß er Weihnachten mit ihm gefeiert habe. »Er war charmant. Er sagte fast nichts, nur ›Ga, ga, ga‹. Das war sehr charmant.«

Das letzte Mal hörte ich von dem Ehepaar Pétridès vor ein paar Monaten. Sie beide waren traumhaft reich geworden. »Das sind Millionäre«, sagte ein Händler mit vor Erregung und Neid zitternder Stimme zu mir, »sie haben Hunderte von Utrillos, Renoirs, Cézannes – alles, was man sich nur denken kann.«

Ein seltsames Unternehmen

Bisher hatte ich nur geringfügige Verluste erlitten – ein paar hundert Francs für die Vervielfältigungsmaschine; mein kleines Vermögen war noch vorhanden. Sobald ich merkte, daß Bilderhandel hoffnungslos war, stürzte ich mich auf ein neues Unternehmen.

Ich weiß nicht mehr, wie ich Herrn Aal kennenlernte. Aber ich weiß, daß ich von Anfang an eine starke Abneigung gegen ihn hatte und noch mehr gegen seine fette, intelligente Frau. Jedoch, ich habe gelernt, ersten Eindrücken zu mißtrauen. Einer meiner besten Freunde sah abstoßend aus und war doch ein Mann von großer Güte und Intelligenz und ein Stammgast des »Dôme«, der wie ein *clochard* aussah, entpuppte sich als international berühmter Professor an der Sorbonne. Wie auch immer, von allen Möglichkeiten war sicherlich die, die sich mir jetzt bot, bei weitem die verlockendste. Dazu kam noch, daß Herr Aal ein Geschäftsmann mit Erfahrung war, und ich hatte nun genug von Universitätsprofessoren, Dozenten und Ignoranten. Aber das wichtigste war, daß seine Idee genau das war, wonach ich schon lange gesucht hatte: ein Geschäft, von dem die Franzosen nichts oder sehr wenig verstanden und das mir materielle Sicherheit und Zeit zum Malen geben würde.

Aal hob hervor, daß die Franzosen Haustiere über alles liebten, vor allem Katzen, Hunde und Papageien. Warum sollte man nicht ihr Interesse für so etwas Neuartiges und Wunderbares wie tropische Fische wecken können? War nicht jeder Franzose ein geborener Angler, und würde ihm nicht ein Aquarium zu Hause, diese »Miniaturwelt«, die wundervollen Tage, die er am Fluß verbracht hatte, in Erinnerung rufen? Gab es nicht in Deutschland bereits Tausende von Sammlern exotischer Fische, viele Fachzeitschriften, die diesem Thema gewidmet waren und Hunderte von Gesellschaften für tropische Fische? Verdienten nicht Zehntausende der Arbeitslosen ihren Lebensunterhalt, indem sie seltene Arten züchteten und sie an Händler verkauften, die sie ihrerseits wiederum nach Amerika verkauften und sogar zurück in ihre Herkunftsländer Brasilien, Paraguay und Ecuador?

Was ihn betraf, so war er schon immer an Tieren interessiert. Jahrelang war er einerseits Präsident der Gesellschaft der französischen Zwergbulldoggenzüchter und seit kurzem Vorsitzender der Gesellschaft für die Züchtung exotischer Fische. Er nannte ungefähr ein Dutzend Aquarien sein eigen.

Seit seiner Ankunft in Frankreich hatte er dieses »neue Hobby für den kleinen Mann« bereits mit großem Erfolg vorangetrieben. Eine Anzahl von großen Kaufhäusern hatte sich plötzlich für sein Projekt interessiert und er lud mich ein, sie mit ihm zu besuchen, um mir die ausgeklügelten und modernen Einbauten, die er aufgestellt hatte, zu zeigen. Alles, was er brauchte war Kapital, um sein bereits florierendes Unternehmen auszubauen; und er war überhaupt nicht abgeneigt, mich als passenden Partner zu betrachten. Er hatte die nötige Erfahrung und ich das Geld. Bald sollte ich auch über Erfahrung verfügen.

In zwei oder drei Monaten könnte er mir alles über dieses ungewöhnliche Geschäft beibringen. Das Wichtigste sei aber, daß es nur eine Teilzeitarbeit für mich bedeute, denn das Geschäft würde unfehlbar florieren und ich wäre in der Lage, einen Großteil des Tages mit Dingen zuzubringen, »die Sie wirklich interessieren, wie zum Beispiel Bücher, Schreiben und Kunst«.

Mit diesen Worten öffnete Herr Aal seine Aktentasche und breitete, um die Wahrheit seiner Worte zu unterstreichen, eine erstaunliche Anzahl von Katalogen, Fachzeitschriften, Broschüren und Bilanzen mit den verführerischsten Gewinnspannen vor mir aus. Es gab Bücher, die sich mit dem Liebesleben der Fische in allen Einzelheiten befaßten. Ebenso gab es andere Bücher, die sich mit komplizierten Nebensächlichkeiten beschäftigten, die für die Haltung und das Wohlergehen der, wie er sie poetisch nannte, »schwimmenden Kolibris« notwendig waren.

Es war alles ziemlich erstaunlich und völlig neu für mich. Ich fühlte mich fast beschämt, so viele Jahre meines Lebens in völliger Unkenntnis darüber zugebracht zu haben, daß es etwas von solch offensichtlicher wirtschaftlicher Bedeutung und solch unerschöpflichen Möglichkeiten in meiner Umgebung gab. Auf der ganzen Welt sehnten sich Leute nach »schwimmenden Kolibris«, vor allem Alleinstehende, die mit dem Kauf einer kleinen »Miniaturwelt« ein neues Interesse am Leben bekämen. Es gab eine farbige Broschüre über eine Fischfarm in Kalifornien na-

mens »Miami Sun Fisheries Ltd.«. Sie erstreckte sich in
einer so herrlichen Landschaft über mehrere Hektar, daß
man sich fast danach sehnte, selbst ein tropischer Fisch zu
sein. Andere Broschüren aus Deutschland bewiesen, daß es
Leute gab, die ihre Kreuzungen und Züchtungen mit so
großem Geschick betrieben, daß es ihnen gelang, die ur-
sprüngliche Art in so bemerkenswerter Weise zu verbessern, daß die unglücklichen Brasilianer sie wieder von den
teuflisch klugen Hunnen zurückkaufen mußten.

Hatte ich je Zweifel, so wurden sie zerstreut, als ich das
große Kaufhaus »La Samaritaine« besuchte. Es war ein er-
staunlicher Anblick; Dutzende von beleuchteten Aquarien
voller tropischer Fische und Hunderte von Parisern, Erwachsene und Kinder, standen herum und wußten nicht,
was sie am meisten bewundern sollten – die Fische oder die
Affen, Hunde, Papageien und Störche in der nächsten Abteilung. Der Empfang, der Herrn Aal bereitet wurde, war
ebenfalls beeindruckend. Der Leiter der zoologischen Abteilung schüttelte ihm die Hand, unterhielt sich mit ihm
ungezwungen und vertraulich und bestellte eine große
Menge Fische, Netze, Pumpen und Wasserpflanzen für
seine Werbewoche.

Alle diese Umstände, aber noch mehr Herrn Aals psychologischer Meisterstreich, mir zu versprechen, daß ich
genügend Zeit für meine Malerei haben würde, gaben den
Ausschlag. Ich war restlos überzeugt. Die »Société à Re-
sponsabilité Limitée Aquatropica« wurde im Handelsregister von Paris eingetragen. Die Direktoren waren Herr Aal
und ich.

Wir fanden passende Geschäftsräume in einer kleinen

Fabrik, die in Betonbauweise errichtet war. Sie stand im Hof einer Arbeiterwohnsiedlung, hoch über Paris und in der Nähe des Hauptquartiers der »Gesellschaft zur Selbstmordverhinderung« (kostenlose Beratung, montags und samstags, 10–12). Es war nicht leicht gewesen, etwas Passendes zu finden, denn die Räumlichkeiten mußten solide gebaut sein, um das enorme Gewicht der mit Wasser gefüllten Aquarien zu tragen.

Nach verschiedenen Rückschlägen wurden die ersten Aquarien schließlich aufgebaut. Wir fingen mit zwanzig an, aber bald kamen mehr und mehr dazu, bis wir schließlich den letzten verfügbaren Raum zugestellt hatten. Wir hatten nun zweihundertfünfzig bis dreihundert Aquarien.

Der Besichtigungsraum war rechteckig. Das Sonnenlicht flutete durch große Fenster herein und ließ die Tausende von tropischen Fischen, die einander durch hübsche Wasserpflanzendschungel jagten, leuchten. Es war, als ob der Amazonas plötzlich seinen Lauf geändert und beschlossen hätte, durch das Quartier Belleville zu fließen. Sogar heute noch, nach so vielen Jahren, habe ich manchmal den Wunsch, diesen wunderbaren Anblick wieder sehen zu können – dieses Mal als unbeteiligter Zuschauer.

Auf der linken Seite des Raumes standen fünfzig kleine Aquarien mit jeweils nur einem einzigen Fisch, dem sogenannten *combatant* oder Siamesischen Kampffisch. Bloße Beschreibungen wie smaragdgrün, rubinrot und saphirblau vermögen keine Vorstellung ihrer unvergleichlichen Farbenpracht zu vermitteln. Vielleicht kann man eine kleine Ahnung von dem Funkeln und Glitzern dieser Kampffische bekommen, wenn man einen wertvollen, zwölf Zentimeter langen Stein (wenn es einen solchen überhaupt geben sollte) gegen das helle Sonnenlicht hält – aber sicher nur eine kleine Ahnung, denn die Bewegungen des lebenden Fisches oder das Kräuseln des Wassers würden fehlen.

Jeder dieser Fische mußte für sich sein, und Aal steckte Kartons zwischen ihre kleinen privaten Aquarien, damit sie sich nicht sehen konnten. Ohne diese Vorsichtsmaßnahme hätten sich die Kampffische gegen das Glas geworfen und sich dabei selbst getötet oder schwer verletzt. Manchmal, wenn ein Käufer kam, nahm Aal die Trennwände weg, so daß man sie in ihrer Raserei beobachten konnte, wenn sie plötzlich ihren Feind, den Nachbarfisch, sahen. Es war in der Tat ein erstaunliches Schauspiel, zwei dieser Fische zu sehen, wie sie langsam ihre wunderschönen großen Schwanzflossen öffneten und mit langsamen Bewegungen durch das Wasser am Trennglas entlangglitten, bis plötzlich einer von ihnen blitzartig zum Angriff überging, indem er seinen schlangenähnlichen Kopf mit voller Wucht gegen sein Gefängnisfenster schlug. Aals Geschichte, daß in Brasilien Kampffische abgerichtet würden, um gegeneinander zu kämpfen – so wie Kampfhähne in England –, schien zu stimmen.

Aber es gab noch erstaunlichere Fische. Einer namens *hablochromis multicolor* war hellrot, blau und silbern. Das Weibchen hatte eine Art Tasche unter ihrem Maul, und wenn sie die geringste Gefahr für ihre Brut vermutete (zum Beispiel wenn jemand ans Glas klopfte), öffnete sie ihren Mund und ließ zwei oder drei Dutzend kleiner Fische hinein. Wenn die Gefahr vorüber war, öffnete sie wieder ihren

Mund und die kleinen Jonasse schwammen schnell heraus. Jedesmal, wenn ich jemandem diese Geschichte erzählte, wurde ich für einen Lügner gehalten, der die Geschichte aus einem Disney-Film hatte.

Ein anderer Lebendgebärer, der *xiphophorus hellerii*, hatte eine sonderbare Angewohnheit. Dutzende Male sah ich, wie das Weibchen, nachdem es Nachwuchs geboren hatte, ihr Geschlecht änderte und sich genauso wie ein Männchen verhielt, nur daß es dicker und streitsüchtiger war. Dann gab es noch einen Fisch, der aussah wie die Westentaschenausgabe eines Krokodils, einen, der einer wundervollen Raupe glich, einen, den Aal als »Glasfisch« bezeichnete, weil er so durchsichtig war, daß man die ganzen Innereien sehen konnte. Bei einigen Fischen kannten wir die genaue Bezeichnung nicht. Für diese erfand Aal Namen. Einen *barbus* taufte Aal nach dem Pariser Viertel, in dem wir uns eingerichtet hatten, *»barbus Belleville«*.

Auf der rechten Seite der Räume befanden sich vier große Aquarien, von denen jedes fünfhundert *scalares* enthielt. Das waren sehr schöne Fische, silbern mit schwarzen Streifen, die aufrecht im Wasser standen und sich wie Segelboote fortbewegten. Außerdem standen dort ein Dutzend Aquarien mit je fünfhundert bis tausend Goldfischen darin. In ungefähr hundert weiteren Aquarien in der Mitte des Hauses waren die bekannteren Arten untergebracht: *danio rerio, tetra* von Rio, *ozellifer, xiphophorus hellerii*, rote, schwarze und goldene *platy* und *macropodus*.

Am anderen Ende, gegenüber dem Eingang, waren zwei riesige Aquarien. In jedem schwammen ungefähr tausend *scalares*. Vier weitere, genauso große waren voll von Wasserpflanzen.

Das alles war sehr interessant. Zweifelsohne verstand Aal sein Metier und er liebte seine Fische. Sein ganzes Leben hatte er in verschiedenen Ländern mit verschiedenen Beschäftigungen zugebracht, und immer hatte er dabei Geld verloren (meistens das anderer Leute). Das schloß ich aus einigen beiläufigen und zurückhaltenden Bemerkungen, die er fallenließ. Sein wahres Hobby jedoch war das Studium der Fische.

Er muß sich auf diesem Gebiet gut ausgekannt haben. Eines Tages sah ich, wie er einen ziemlich großen, fetten Fisch aus dem Aquarium nahm, der, soweit ich mich erinnere, an Verstopfung litt. Aal gab ihm eine Art »Massage«. Und wirklich schien es dem Fisch hinterher besser zu gehen. Einige von Aals Kenntnissen kamen mir fast wie ein Wunder vor. Wie um alles in der Welt konnte er zum Beispiel wissen, daß sich einige der *danio* viel besser paaren würden, wenn ein weißer Porzellanteller mit Goldrand im Aquarium lag? Warum mußte er weiß und nicht rot oder blau sein? Warum der Goldrand? Und warum – warum machte er das *danio*-Paar so viel verliebter und leidenschaftlicher?

Zunächst schien alles hervorragend zu laufen. Nach zwei Monaten verdoppelten wir den Gewinn des ersten Monats und im folgenden Monat den der zwei vorhergehenden Monate. Aber allmählich fand ich die Nachteile heraus. Es konnte natürlich keine Rede davon sein, daß mir viel Zeit zum Malen übrigblieb oder zu anderen Dingen, die nichts mit Fischen zu tun hatten.

Mein Morgen fing damit an, daß ich Berge von Sand wusch. Danach mußte ich einige Aquarien putzen. Zuerst mußte ich die Fische herausnehmen und in andere Aquarien setzen, die die gleiche Temperatur aufwiesen. Nachdem das Wasser abgelassen war, mußten der Sand und die Pflanzen entfernt und das Glas des nun leeren Aquariums gereinigt werden. Ich mußte sie dann wieder mit Sand, Wasser, Pflanzen und Fischen füllen, nachdem ich mich erneut vergewissert hatte, daß das Wasser die richtige Temperatur für die jeweilige Art hatte. So ging es fast den ganzen Tag weiter und zwischendurch mußte ich etwa zwanzig- bis dreißigtausend Fische füttern.

Wenn eine große Bestellung kam, hätte das mein Herz erfreuen müssen. Statt dessen raufte ich mir die Haare. An solchen Tagen mußte man dann zum Beispiel hundert *danio rerio*-Pärchen fangen, zweihundert *tetra*-Pärchen, fünfundzwanzig männliche und fünfzig weibliche Kampffische, einhundert Pärchen schwarzer und einhundertzwanzig Pärchen goldener *platy*, dreihundert *scalares*, vierhundert Guppipärchen und so weiter, und es mußten Pärchen sein und sie sollten vor elf Uhr morgens angeliefert werden. Sie zu fangen war die absolute Hölle. Alle Fische verschwanden der Reihe nach so schnell wie möglich im Pflanzendschungel, um möglichst – ich bin sicher, es war absichtlich – ihr Geschlecht zu verbergen (man muß wissen, daß es sogar unter den günstigsten Bedingungen bei manchen Arten schwierig war, männliche und weibliche zu unterscheiden). Wenn das Herausfischen nach einigen Stunden vorüber und Aal in einem Taxi weggefahren war, waren die Aquarien in einem schlimmen Zustand. Alle

Pflanzen waren herausgerissen und das Wasser war trüb vom aufgewirbelten Sand.

Ich hatte die Befürchtung, daß mein ganzes Leben von jetzt an so sein würde, und ich war mir sicher, daß es Aal von Anfang an gewußt hatte. Eines Abends, als er in guter Stimmung war, weil er einen seltenen Fisch durch eine Massage von seiner Verstopfung geheilt hatte, sagte er zu mir: »Im Lauf meines Lebens habe ich Staubsauger in Deutschland, Waschmaschinen in Amerika und Büstenhalter in Frankreich verkauft. Ihnen habe ich eine Idee verkauft. Von dem Moment an, als ich den Köder, den Sie schlucken würden, fand, war es einfach.«

Es erübrigt sich zu sagen, daß es ihm nichts ausgemacht hätte, den Rest seines Lebens mit Fischen zuzubringen. Da er sich ernsthaft für sie interessierte, genoß er jede Minute seiner Arbeit, und abgesehen von Detektivgeschichten hatte er keine anderen Interessen in seinem Leben. Aber das galt nicht für mich. Ja, es gefiel mir, wenn meine Aquarien im Sonnenlicht funkelten, ich fand es sogar bis zu einem gewissen Grad interessant, das Leben in den Aquarien um mich herum zu beobachten. Aber ich war kein Naturforscher. Bald haßte ich diese stumpfsinnige Arbeit, die mich auslaugte und aus der es kein Entkommen zu geben schien. Sogar unter diesen Umständen hätte ich sie ertragen, wenn ich die geringste Hoffnung gehabt hätte, Zeit zum Malen zu finden, nachdem die Berge von Sand gewaschen, die Ströme von Wasser gereinigt, die Wälder von Wasserpflanzen gepflanzt und die Millionen von Würmern zerhackt worden waren; aber nein – Aal hatte mich in seinem Netz gefangen.

Als mir das bewußt wurde, verlor ich mein Interesse. Alles wurde mir zuwider: Aal, seine fette, kluge Frau und jeder einzelne Fisch. Ich kam jeden Tag und arbeitete wie ein Automat, aber ich schenkte Aal keine Beachtung mehr. Ich fragte ihn nicht einmal mehr, ob wir Gewinn machten.

Ich war tatsächlich ein Gefangener.

Die Katastrophen, von denen ich nun berichten muß, kamen Schlag auf Schlag, ohne Unterbrechung, wie die Plagen von Ägypten und zielten offensichtlich alle auf ein bestimmtes Ende – mich aus dem Geschäft zu treiben. Der Monat Juli war in diesem Jahr außergewöhnlich heiß und unser Wasservorrat wurde knapp. Fast alle unsere Aquarien, überfüllt wie sie waren, benötigten Sauerstoff, mit dem sie von zwei starken Wasserpumpen, die Tag und Nacht arbeiteten, versorgt wurden. In einer heißen Julinacht hörten zwei Pumpen plötzlich auf zu arbeiten. Eine halbe Stunde später hingen Tausende von Fischen an der Oberfläche und schnappten nach Luft. Die Lage war zum Verzweifeln. Wenn wir nicht sofort Hilfe bekamen, würde unser ganzer Fischbestand ersticken.

Ungefähr um zwei Uhr morgens beschloß Aal, einen Klempner zu suchen, der mit einem Sauerstoffgerät vorbeikommen sollte.

Schließlich gelang es uns, einen Klempner ausfindig zu machen, der niemals bereit gewesen wäre, zu solch einer unchristlichen Zeit aufzustehen – außer für Fische. Er brachte eine Sauerstoffflasche, schloß sie ans Aquarium an, und bald zeigten kleine Luftblasen, daß für die bereits halb erstickten Fische Rettung in Sicht war. Trotzdem starben am nächsten Tag zweitausend von ihnen, einer nach dem anderen, die wahrscheinlich ihre Kiemen durch den Sauerstoff verbrannt hatten (das war zumindest Herrn Aals Theorie).

Einige Tage später sah ich, wie Aal mit einem großen Besen ungefähr eintausendzweihundert *scalares* zusammenfegte, das entsprach dem ganzen Inhalt von einem unserer größten Aquarien. Irgendwann in der Nacht zerbarst eine Seite der elf Millimeter dicken Glasscheibe unter dem Wasserdruck, und ungefähr vier- bis fünfhundert Liter Wasser flossen aus und ergossen sich wie ein Strom über die Treppe. Alle *scalares* wurden mitgerissen und lagen tot und phosphoreszierend in allen Ecken.

Danach hatten wir für eine Woche Ruhe. Aber dann kam wie ein Schlag aus heiterem Himmel die nächste Katastrophe in Form der gefürchtetsten Fischseuche, der *ichthyo*, über uns.

Eines Morgens entdeckte Aal einen kleinen weißen Fleck auf der Schwanzflosse eines Zahnkarpfens. Er sagte nur »Ichthyo«, ein Wort, dessen Bedeutung ich nicht kannte, das aber offensichtlich Schlimmes meinte, da er sofort das ganze Aquarium unter Quarantäne nahm. Am nächsten Tag hatte der kleine *platy* drei oder vier kleine Flecken auf seiner Schwanzflosse und einen auf seinem Körper. Zwei andere hatten je einen Fleck.

Von da an breitete sich die Seuche Woche für Woche aus. Der kleine *platy*, einst golden und purpurrot, war tot. Seine goldene Farbe war unter einem weißen Kleid von Tausenden von Mikroben verschwunden, die ihn langsam bei lebendigem Leibe verzehrten. Hunderte von anderen Fischen erlitten den gleichen, schrecklichen weißen Tod, bis das ganze Aquarium leer, die Pflanzen und Fischleiber verbrannt und das Wasser vorsichtig weggegossen war. Aber schon hatten zwei entzückende *danio rerio* im benachbarten Aquarium kleine Flecken, und unausweichlich trat das gleiche schreckliche Ereignis ein. Die wunderschönen, azurblauen und silbernen Leiber wurden von dem tödlichen Schnee überzogen. Die Teile des noch lebenden Körpers zerfielen langsam, während der Fisch immer noch schwimmen konnte und hinter sich eine Spur weißen Schleims herzog.

Zuerst versuchten wir jede nur denkbare medikamentöse Behandlung. Wir verbrauchten pfundweise Chinin und Methylblau, was angeblich helfen sollte, aber ohne Erfolg. Alle infizierten Aquarien mußten von den nichtinfizierten getrennt werden, jedes Netz dauernd in kochendem Wasser sterilisiert werden, und wir mußten jedesmal unsere Hände waschen, wenn wir mit den befallenen Aquarien in Hautkontakt kamen. Aber keine unserer Vorsichtsmaßnahmen halfen. Immer mehr Aquarien nahmen die bedrohliche Farbe des Methylblau an, immer mehr komplizierte Ausreden mußten erfunden werden, um Besucher fernzuhalten und kein Wort wurde über die *ichthyo* verloren. Unsere Kunden wurden ungeduldig, da sie nicht verstehen konnten, warum wir nicht einmal die einfachsten Fische liefern konnten. Sie drohten damit, bei unseren Konkurrenten einzukaufen…

Zu Beginn des Winters ging die *ichthyo* schließlich vorbei. Dutzende unserer Aquarien waren so leer wie mittelalterliche Dörfer nach dem Einfall der Pest. Ich weiß nicht, wie viele unserer Fische starben oder wieviel Geld ich verloren hatte. Ich weiß nur, daß ich ab dieser Zeit nie wieder die gleiche Freude an der Schönheit exotischer Fische hatte wie zuvor. Immer hielt ich Ausschau nach weißen Flecken und nach weißen Fischen, die langsam und voller Qual durch methylblaues Wasser schwammen und eine weißliche Schleimspur hinter sich herzogen. Und auch der Geruch von Verwesung, verfaulenden Pflanzen und stinkendem Wasser ging mir nicht mehr aus der Nase. Sogar heute noch fühle ich Übelkeit und einen starken Ekel, wenn ich ein Aquarium sehe.

Der nächste Schlag, den das Schicksal für uns bereithielt, war ganz anderer Natur. Nicht ein Fisch war das Opfer, sondern die kluge, aber erstaunlich häßliche und fette Frau meines Partners. Aber bevor ich von diesem glücklicherweise nicht tödlichen Vorfall erzähle, muß ich noch einschieben, wo er passierte. Auf dem gleichen Stock wie die Geschäftsräume der »Aquatropica« hatten Herr und Frau Aal ein kleines Apartment. Es bestand aus einer kleinen Küche, einem Schlafzimmer und einer großen Terrasse, in deren Mitte ein Oberlicht war, das zu einer kleinen Werkstatt, die darunter lag, gehörte.

Eines Morgens saß ich auf der Terrasse, während Frau Aal, anscheinend tief in Gedanken versunken, langsam um das Oberlicht herum hin und her ging. Plötzlich und völlig unerwartet setzte sie einen Fuß auf das Oberlicht, mit dem Ergebnis, daß sie und einige Quadratmeter Glas in der Werkstatt verschwanden. Es war ein wahrer Schock, plötzlich nichts mehr an der Stelle zu sehen, wo sich kurz zuvor die stattliche Figur von Frau Aal bewegt hatte. Ich rannte die Treppen hinunter und schrie nach Hilfe, die ziemlich schnell eintraf. Wir brachen die Werkstatt auf und fanden die arme, fette Frau Aal bewußtlos auf dem Zementboden, ungefähr viereinhalb Meter unter dem Oberlicht. Wir legten sie ins Bett. Der Arzt kam und begann, kleine Glasstücke aus ihrem fleischigen Rücken zu entfernen. Davon abgesehen erlitt sie eine Gehirnerschütterung, und wir mußten tagsüber und nachts Schwestern für sie einstellen, und der Arzt mußte ungefähr drei Wochen lang regelmäßig kommen.

Dieser traurige Vorfall hatte auch Auswirkungen auf mich, da ich für den Arzt, die Schwestern und die vielen Arzneien bezahlen mußte. Aal bestand darauf, daß Geld kein Thema war, wenn es um die Gesundheit seiner Frau ging; aber da er leider keine Ersparnisse hatte zurücklegen können, mußte ich ihm Geld leihen (das er mir natürlich zu gegebener Zeit aus seinem Gewinn zurückzahlen würde).

Nach diesem Zwischenspiel fingen die Probleme mit den Fischen erneut an.

Das Frühjahr 1935 war so kalt und naß wie der Juli 1934, in dem der Unfall mit unseren Pumpen passiert war, heiß und trocken war. In Paris und wahrscheinlich in ganz Frankreich ist es üblich, daß die Vermieter in allen Häusern die Zentralheizung pünktlich am ersten April abstellen (das steht in jedem Mietvertrag, ohne Rücksicht darauf, ob die Mieter sich in ihren eiskalten Wohnungen zu Tode frieren oder Grippe und Schüttelfrost haben). Der erste April kam; draußen war es bitterkalt und in unseren Geschäftsräumen war es kaum wärmer. Die Wassertemperatur in un-

seren Aquarien fiel immer weiter, bis sie bald unter die
Mindesttemperatur sank, die für Tropenfische unbedingt
notwendig ist. Wir sprachen mit dem Vermieter und sagten
ihm, daß wir durchaus bereit wären, dafür zu bezahlen,
daß die Heizung weiterlief. Aber nach seinen Worten war
dies undurchführbar, da unser Teil des Gebäudes keine
eigene Heizungsinstallation hatte, sondern die Wärme von
einem großen Boiler kam, der den ganzen Block versorgte;
es sei denn, wir würden nicht nur unseren Teil bezahlen,
sondern ebenso den der anderen Mieter.

Wir kauften zwei oder drei Paraffinöfen, aber bald
war die Luft so schlecht, daß wir sie nicht weiter benutzen
konnten. Daraufhin beschloß Aal, warmes Wasser in die
Aquarien mit den teureren Fischen zu gießen, um wenigstens einen Teil unseres Bestandes zu retten.

Die folgenden zwei oder drei Wochen waren zusammen
mit der *Ichthyo*-Periode die schlimmsten in der ganzen
»Aquatropica«-Zeit. Tag und Nacht kochten Wasserkessel
auf dem Gasherd, es war eine Sisyphus-Arbeit. Sobald ein
Aquarium auf die richtige Temperatur gebracht worden
war, kühlte ein anderes wieder ab. Wir leisteten fast Über-
menschliches und tatsächlich gelang es uns, einen großen
Teil unserer Zucht zu retten. Dennoch kamen Hunderte
von Fischen um. Sie waren von einer Art weißen Bakterie
bedeckt, die Aal »Mehltau« nannte. Die ganze Geschichte
zog sich bis in den späten Frühling hin.

Diese letzte Katastrophe ließ meine Hoffnungen
schwinden. Ich hatte sehr wenig gemalt und ein ganzes Jahr
verloren. Ich entschloß mich zum Verkauf, um meine Verluste zu beschränken. Es fand sich ein Interessent, Herr

Lomar. Nachdem er vierzehn Tage bei »Aquatropica« verbracht und jede Einzelheit untersucht hatte, kaufte er meinen Anteil. Er zahlte fünftausend Francs an und versprach mir den Rest in vierzehn Tagen. Er tauchte zusammen mit Aal am Tag, den wir für die zweite Zahlung ausgemacht hatten, auf. Er sagte, daß er entdeckt habe, daß nur zwischen fünfzehntausend und zwanzigtausend Fische vorhanden seien und nicht, wie man ihm gesagt habe, vierzigtausend. Außerdem seien die Geschäftsbücher nicht in Ordnung und Aal hätte gestanden, daß er sie gefälscht hätte. Ich starrte Aal an. Er nickte. »Ich bin deshalb zu dem Ergebnis gekommen«, sagte Herr Lomar, »daß ich Ihnen nichts mehr bezahlen werde. Wenn Sie damit nicht einverstanden sind, können Sie ja vor Gericht gehen. Der Fall wird sich über Jahre hinziehen, aber ich kann warten«, fügte er hinzu.

Ich habe nie herausgefunden, ob Lomar die Wahrheit gesagt hatte oder ob er und Aal gemeinsame Sache gemacht hatten; aber es kann durchaus sein, daß ein Körnchen Wahrheit in seinen Anschuldigungen war. Einige Zeit später sagte mir jemand, der Aal gut kannte, daß er, der immer so müde schien, oft zusammen mit Prostituierten gesehen würde. Wie dem auch sei, wenn er tatsächlich die Bücher frisiert hat, kann ich meine Hände nicht ganz in Unschuld waschen. Ich habe ihm nie auf die Finger geschaut und bin, wann immer es möglich war, zum Malen heimgeeilt. Vielleicht, wenn ich es ihm nicht so einfach gemacht hätte, mich zu betrügen, wenn ich ihn nicht fast dazu verführt hätte, wenn ich ein größeres Interesse am Geschäft gehabt hätte, kurz, wenn ich mich nicht so fürchterlich idiotisch verhalten hätte, hätte »Aquatropica« eine Überlebenschance gehabt und einen regelmäßigen, wenn auch kleinen Gewinn abgeworfen. Aber tief in meinem Unterbewußtsein war immer der Wunsch vorhanden gewesen, mich aus dem Netz zu befreien, bevor es mich einschnürte, sogar wenn das bedeutete, »Aquatropica« mit allem Drum und Dran aufzugeben.

Ich weiß nicht genau, was mit Aal und seiner Frau geschah, aber man erzählte mir, daß ihn Lomar nach wenigen Monaten aus dem Geschäft warf, in dem fälschlichen Glauben, daß er das Geschäft alleine würde leiten können. Aal und seine Frau sollen nach Paraguay ausgewandert sein, wo sie eine Pension aufmachten. Lomar dagegen mußte das Geschäft verkaufen und soll nach Brasilien ausgewandert sein. Der neue Käufer soll alle Aquarien verkauft haben, und die Räume wurden anscheinend kurz danach neu vermietet.

Das Ende von »Aquatropica« bedeutete auch das Ende meiner kaufmännischen Unternehmungen. Ich hatte nicht mehr viel Geld übrig, und ich konnte auch keine Überweisungen mehr aus Deutschland erwarten. Ich sah keinen Hoffnungsschimmer mehr; meine Zukunft war genauso düster wie der Zustand in Europa. In Paris zu bleiben und auf ein mögliches Wunder zu warten, erschien mir wie der langsame Tod an Krebs. Vor meinen Augen standen täglich die Gäste der Cafés, Versager, Menschen, die weder den Willen noch das Geld hatten, ein neues Leben anzufangen. Dort fanden sie sich ein: grau und gespenstisch, mit ausgefransten Hemden und Kragen. Sie warteten auf den Sturz Hitlers und Mussolinis, auf die Wiedereinsetzung des Zaren, die Napoleons, oder auf das Kommen des Messias. Ich beschloß, allem den Rücken zu kehren, bevor es zu spät war. Ich wollte nur noch malen und die Zukunft dem Schicksal überlassen. Ich hatte keine klare Vorstellung, wohin ich gehen sollte. Ich beantragte ein Visum für die Philippinen, wo ich einen Freund hatte, und erhielt es auch. Aber plötzlich erinnerte ich mich daran, daß der Maler Zügel[113] aus Stuttgart ein Haus in Spanien, in Tossa de Mar, an der Costa Brava, hatte. Ich schrieb ihm einen Brief und er lud mich ein. Er sagte, daß das Leben dort billig sei. (Wie billig, merkte ich erst viel später.)

Bevor ich nach Spanien aufbrach, wurde mir eine Einzelausstellung in einer kleinen Galerie, »Le Niveau«, am Boulevard Montparnasse, angeboten. Sie wurde von Monsieur und Madame Némont geleitet. Sie hatten es nicht leicht, die Galerie am Leben zu halten.[114*] Aber da sie sehr wenig Gebühren für die Galerie verlangten, nur ein paar hundert Francs, nahm ich das Angebot an. Ich muß erklären, daß die Maler in Paris in der Regel für die Galerie bezahlen mußten und noch immer bezahlen müssen. Oft mußten sie auch die Kosten für die Plakate, für den Katalog und für die Einführung ins Werk übernehmen. Der Preis der Galerie variierte entsprechend ihrer Lage und ebenso das Honorar, das der Kunstkritiker erhielt, der die Einführung schrieb.[115*] Eine Ausstellung dauerte nie mehr als zwei Wochen. Es gab so viele Ausstellungen gleichzeitig, daß sogar der gewissenhafteste Kritiker nicht alle sehen konnte. Die Kritiker, von ein paar Ausnahmen abgesehen, wurden von den Zeitungen schlecht bezahlt, aber es war üblich, daß sie mit den Katalogeinführungen und mit den

Bildern, die sie von den Künstlern bekamen und später auf Auktionen verkauften, ein anständiges Einkommen verdienen konnten. Ich erinnere mich noch an meine Verwunderung, als mich Némont bei meiner ersten Ausstellung fragte, wie viele Bilder ich für die Kritiker mitgebracht hätte, und als er mir erzählte, daß es Usus sei, einem Kritiker, der über einen Künstler etwas schrieb, ein Bild als »Zeichen der Dankbarkeit des Künstlers« zu schicken.[116]*

Meine Ausstellung dauerte vom 5. bis 16. Februar. Ich zeigte ungefähr zwanzig kleine Bilder, verkaufte aber kein einziges. Dennoch war es sehr ermutigend für mich – Westheim schrieb einen enthusiastischen Bericht über mich und André Lhôte erwähnte mich in der »Nouvelle Revue Française« und lud mich ein, an seiner Kunstschule ohne Gebühr zu malen. Nach der Ausstellung blieb ich noch einige Wochen in Paris, vielleicht in Erwartung des möglichen Wunders – ich weiß es nicht. Dann ging ich eines Tages auf den Bahnhof – niemand winkte zum Abschied.[117]*

Spanien

Am 1. April 1936 kam ich in Tossa de Mar an, das damals
ein unberührtes kleines Fischerdorf an der Costa Brava
war. Zügel, ein abstrakter Maler, und seine Freunde nahmen mich mit offenen Armen auf, vor allem die Johnsons:
Archie, der nach dem Spanischen Bürgerkrieg nach Rußland ging und sowjetischer Staatsbürger geworden war und
Nancy, seine Frau, die Autorin zweier Bücher war, »Hotel
in Spain« und »Hotel in Flight«. Jedoch gab es auch andere,
die, bevor ich überhaupt ankam, schon etwas gegen mich
hatten, da sie Zügels »Feinde« waren. Situationen dieser
Art entstehen oft unter Außenseitern, die in kleinen Orten
wie Tossa leben. Während der Saison behandelten die beiden Cliquen einander wie Luft, aber wenn der letzte Som-
mergast abgereist war und der lange Winter hereinbrach,
blieb den Zügelianern und Steyerianern gar nichts anderes
übrig, als dieselbe Feuerstelle zu teilen, und ihre Fehde kam
erst wieder mit dem Auftauchen der ersten Frühlingsgäste
auf. Die meisten der Außenseiter waren deutsche Flüchtlinge, die in Tossa eine neue Existenz aufgebaut hatten.
Steyer führte ein Hotel, Marcus eine Bar, Frau von Bukovic eine Leihbibliothek, ein anderer ein Café; Zügel und
sein Schwager waren nicht gerade arm und nicht aufs Geld-
verdienen angewiesen. (Regelmäßige Tossabesucher waren

André Masson, der ein Haus dort hatte, und sein Schwager, Georges Bataille.[118])

Wir alle waren Außenseiter; wir waren nicht richtig ins Dorfleben integriert und ich fragte mich oft, was die Einheimischen über unsere fremden Gewohnheiten, unsere Streitereien und unsere sonderbaren Vorstellung über Sex dachten.

Ich sage »unsere«, weil ich bereits nach ein paar Tagen das Gefühl hatte, daß ich schon seit Jahren dort wohnte. Ich wußte »alles« – wer mit wem verheiratet war und wer nicht, wem gegenüber man vorsichtig sein mußte oder freundlich oder herablassend, wer den Zügelianern und den Steyerianern neutral gegenüberstand.

Es wäre mir leichter gefallen zu wissen, was im Dorf vor sich ging, wenn ich Katalanisch verstanden hätte. Und doch konnte man es erahnen. Zum Beispiel hatte ich eines Tages zwei englischen jungen Damen erlaubt, ihre Drinks selbst zu bezahlen, weil sie darauf bestanden. Emilio, unser Kellner, war durch mein Verhalten so schockiert, daß er mich zwei Tage mied. Bei einer anderen Gelegenheit ging Steyers etwa siebzehnjährige Tochter mit dem Sohn des Schmieds spazieren, ein gutaussehender junger Mann von ungefähr Zwanzig, der sich ungeheuer viel auf seine zwei goldenen Schneidezähne einbildete. Die *Guardia Civil* wurde ihnen hinterhergeschickt, sie wurden verhaftet und zurückgebracht, und Steyer, der befürchtete, sein Hotel schließen zu müssen, ohrfeigte den Jungen in aller Öffentlichkeit. Dem Mädchen wurde von der Polizei verboten, ohne eine Begleitperson auszugehen. Es gab Regeln für Einwohner und Regeln für Gäste. Die Polizei kümmerte sich weit weniger darum, wie die Gäste sich benahmen, als wie die Einheimischen sich benahmen.

Andererseits schienen die althergebrachten Strukturen dieser Gesellschaft Risse zu bekommen. Die dunklen spanischen Jungen fanden heraus, daß die blonden englischen Mädchen, sobald sie ihrem kalten Klima den Rücken gekehrt hatten, bereit und willig waren, die Olivenhaine und die engen Höhlen an den sonnigen Stränden zu erkunden. Natürlich gab es keine Gefahr von Blutrache oder Furcht vor Stammeskriegen; die Mädchen kamen und gingen. Aber ich befürchtete, daß die Jungen eines Tages sich in kleine Gigolos und Betrüger, wie ihre »Kollegen« an der Côte d'Azur verwandeln würden.

Doch viel interessanter waren gewissen Vorfälle, die angeblich ein paar Jahre früher nie hätten passieren können: eine alte Frau weigerte sich, an ihrem Totenbett einen Priester zu sehen, eine Frau ging zu ihren Eltern zurück, weil ihr Mann sie geschlagen hatte. Und noch etwas anderes sah ich mit meinen eigenen Augen, kurz vor Ausbruch des Spanischen Bürgerkriegs.[119]

Am Tag der Fronleichnamsfeierlichkeiten stand ich am Eingang der Kirche und sah die Prozession herannahen: die Frauen in Weiß, die *Guardia Civil* in Schwarz und Rot und die Würdenträger der alten Stadt mit gold-weißen Fahnen. Die Prozession war viel kleiner als gewöhnlich. Es nahmen vor allem die wohlhabendere Schicht und die Beamtenschaft daran teil sowie viele Frauen und Kinder. Große Gruppen von älteren Männern hielten sich auf Distanz und eine Gruppe junger Männer stand, die Hände in den Taschen, in meiner Nähe.

Die Spitze der Prozession war bereits in der Kirche, als man den Priester in all seiner Pracht kommen sah. Als er die Jungen und jungen Männer (die wahrscheinlich seine Schüler gewesen waren) sah, hielt er an, verließ den Baldachin, ging auf sie zu und versuchte, sie zum Kniefall zu zwingen, indem er ihnen die Monstranz fast ins Gesicht hielt. Niemals in meinem Leben habe ich ein so totenfahles Gesicht gesehen, mit einem wütenderen Ausdruck von machtlosem Haß, als das des alten Priesters, wie er ihnen die Monstranz entgegenhielt und mit seiner magischen Waffe versuchte, den Widerstand der jungen Leute von Tossa zu brechen. Wie sehr wünschte ich mir damals, daß ich nicht in der ersten Reihe gestanden hätte, sondern weiter weg, unter den Touristen, die fleißig photographierten. Keiner der Jungen bewegte sich. Sie schauten alle direkt in das bleiche und müde Gesicht des Priesters. Er mußte sich langsam zurückziehen, Stufe um Stufe, zurück unter seinen Baldachin, mit Händen, die die Monstranz umkrampften, als ob sie die Macht hätte, ihn gegen die Revolte, die ihn aus den Augen der Fischerjungen anstarrte, zu schützen. Sie hatten Mut gebraucht, ihn so herauszufordern. Sie blieben ruhig stehen, bis das letzte Kind in der Kirche war. Danach verließen sie lächelnd den ruhigen, heißen Platz.

Aber insgesamt war des Leben angenehm. Morgens malte ich, den Nachmittag verbrachte ich am Strand und die Abende bei Marcus.

Ich hatte aufgehört, mir um die Zukunft Sorgen zu machen; das erste Mal in meinem Leben spannte ich aus, und ich lebte in der Gegenwart, als ob sie für immer dauern würde. Alles war egal, solange ich weitermalen konnte, und wenn das Selbstmord war, war es wenigstens ein – nach Fromentin – sogenannter »genußvoller Selbstmord«. Ich traf André Masson, Georges Bataille, Professor Landsberg und den Maler Kars.[120] Eines Tages sah ich eine alte Frau in Schwarz, die, geschützt von einem schwarzen Schirm, ein blaues Boot in der brennendheißen Sonne malte. Sie kam jeden Tag und malte stundenlang, trotz der schrecklichen Mittagshitze. Jemand sagte, daß sie eine gewisse Frau Carline sei. Ich wußte damals noch nicht, daß ich sie in London wieder treffen würde und daß die Carlines und deren Verwandten, die Spencers, meine Freunde werden würden.

Am 27. April ging ich wie gewöhnlich zu meinem Freund Marcus, der wie der Kaiser Trajan aussah und dessen kleine Bar gleichermaßen ein Treffpunkt für ausländische Besucher und spanische Fischer war, als zwei junge Mädchen, offensichtlich Engländerinnen, eintraten. Beide waren schön, sahen vornehm aus, und ich zögerte eine Weile, bevor ich eine von ihnen zum Tanz aufforderte. Sie war einverstanden und ich stellte mich vor und fragte sie nach ihrem Namen. »Betty Sackville-West«,[121] sagte sie. Ob sie Französin sei? fragte ich und sie sagte, daß ihre Familie normannischen Ursprungs sei.

Ermutigt durch meinen Erfolg, bat ich auch Fräulein Sackvilles Begleiterin um einen Tanz, und auch sie war einverstanden. Wir tanzten wenig, aber sprachen viel, in Deutsch und Französisch, über Tossa und über die politische Lage in Deutschland. Ihr Name, sagte sie, sei Diana Croft.[122] Sie war auf dem Weg nach Barcelona. Aber da sie nach der langen Reise müde war, hatte sie beschlossen, einen oder zwei Tage in Tossa zu bleiben.

Ich traf Fräulein Croft und Fräulein Sackville-West am nächsten und übernächsten Tag wieder. Dann reisten sie ab.

Ich wage es kaum niederzuschreiben: ich wollte Diana Croft wiedersehen. Ich hatte keine Ahnung, wo sie und ihre Freundin hingegangen waren, ich wußte nicht einmal sicher, ob ich ihren Nachnamen richtig behalten hatte. Ich hatte schon immer ein schlechtes Namensgedächtnis und ich erinnerte mich nur an »Sackville-West«, weil es mir ein so seltsamer Name für ein englisches Mädchen schien. Ich ging in die Leihbibliothek von Frau von Bukovic, um nachzuschauen, ob Diana, die ein Buch ausgeliehen hatte, ihren Namen angegeben hatte. Ja, da stand er: Croft. Ich schickte eine Postkarte an alle Cook-Reisebüros, die mir einfielen: in Sevilla, Granada, Burgos, Toledo, Aquila, jede Stadt, die die zwei englischen Mädchen besuchen konnten.

Alle hatten dieselbe Nachricht: »Kann ich Sie wiedersehen?« Eine meiner Postkarten wurde von Diana in Toledo vorgefunden und sie schrieb zurück.

Einige Monate später brach der Bürgerkrieg aus. Ich hörte im Radio über Kämpfe in Barcelona, aber Zügel sagte, daß alles in ein paar Tagen vorüber sein würde. Nur ein kleiner Putsch, nichts, weswegen man sich Sorgen machen müßte. Steyer sprach von einem Ärgernis, gerade jetzt, mitten in der Saison; einige ängstliche Leute könnten sogar ihre Buchungen rückgängig machen, es war einfach zu dumm. Nach einer Woche sah alles viel ernster aus. Sogar Zügel machte ein langes Gesicht, und der britische Konsul forderte die Briten auf, sofort nach Hause zu gehen. Viele von ihnen folgten seinem Rat.

Eines Morgens sagte meine Vermieterin zu mir: »Sehr schlecht, sehr schlecht.« Anarchisten aus Barcelona seien hier und wollten die Kirche niederbrennen. Ich fragte sie, wann dies wohl passieren würde und sie sagte, nach der *siesta*, das heißt, wenn die Männer ihren Mittagsschlaf beendet hätten.

Ich ging gegen vier Uhr zur Kirche. Es war niemand dort. Der Platz vor der Kirche war verlassen und das hohe Gebäude mit seinen Zwillingstürmen leuchtete golden gegen den unerträglich blauen Himmel in der flimmernden Julihitze. Aber dann begann sich etwas zu regen. Eine Gruppe von Männern, die wie *sans-culottes* aus einem Bilderbuch aussahen, tauchte auf. Gewehre hingen über ihren Schultern, und sie begannen, die Gegenstände, die sich in der Kirche befanden, herauszuwerfen, die sie dann später am Strand verbrannten. Wegen der Gefahr für das Dorf wurde die Kirche selbst nicht niedergebrannt.

Die *sans-culottes* arbeiteten fleißig und hart. Bald türmte sich ein Berg von religiösen Kunstgegenständen auf den Treppen, die zur Kirche führten: Kandelaber, Hunderte von Wachskerzen, mit Silberquasten versehene Bilderrahmen, Chorgestühl, Banner, Fahnen, Heiligenreliquien, Bibeln, purpur- und malvenfarbene Gewänder, blaue Vorhänge…

Plötzlich flog eine Heiligenfigur aus Gips mit weitem Gewand und Spitzenunterrock, der sich wie ein Fallschirm öffnete, von einem Turm und landete in fast obszöner, segnender Haltung auf dem Gipfel des aufgetürmten Haufens.

Es folgte eine weibliche Heiligenfigur, auch sie in Seide und Spitze gekleidet. Sie fiel auf die andere Figur; mit ihren in Unordnung geratenen Perücken, Seidengewändern und Unterröcken und ihren offenen Beinen und Rücken sahen sie aus, als ob sie sich umarmten. Einige weitere Heiligenfiguren folgten und dann noch zwei oder drei Pakete in Packpapier, die aufbrachen, als sie auf dem Boden aufschlugen. Sie gaben noch mehr Heilige frei, die aufgrund ihrer frisch vergoldeten Erscheinung aussahen, als ob sie für Notfälle weggepackt worden wären.

Die *sans-culottes* erledigten ihre Arbeit mit einem solch antiklerikalen Eifer, daß die Kirche bald leer war.

Vor der Kirche sah eine große, düster und schweigsam dreinblickende Menge zu. Vor der Menge standen ein paar kleine Kinder, dann kamen hauptsächlich die Jungen und dahinter die Alten, die aus Furcht zitterten, daß der himmlische Zorn mit Blitz und Erdbeben Tossa zerstören könnte. Aber nichts passierte. Gott mußte es übersehen haben. Der Himmel blieb so heiter blau wie immer und nicht ein Lufthauch kräuselte die zerzausten Gewänder der Heiligen.

Ein kleines Kind wollte einige der silbernen Gegenstände, die herumlagen, aufheben, aber seine Mutter stürzte sich wie ein Adler auf das Kind. Sie fürchtete, seine Finger könnten abfallen und seine Seele könnte für immer befleckt werden, durch den Frevel der Berührung.

Bevor die Dämmerung hereinbrach, ging ich zu dem jämmerlichen Trümmerhaufen zurück. Ein Anarchist hielt Wache, damit nichts vor dem bevorstehenden *auto-da-fé* gerettet werden konnte. Langsam ging ich auf den Berg zu und stieß, ohne mich zu bücken, mit dem Fuß leicht gegen den Kopf einer Madonna aus dem fünfzehnten Jahrhundert, dann noch einmal, bis ich ihn in eine dunkle Ecke gestoßen hatte, wo ich ihn, von der Wache unbeobachtet, aufhob und in meine Tasche steckte.

Später wurde der ganze Haufen an den Strand gebracht, und bald zerstörten die Flammen alles und ließen nur ein stinkendes Etwas zurück. Alles – mit Ausnahme des kleinen Madonnenkopfes, der jetzt in meinem Atelier in London steht.

Ein paar Tage später kam ein britisches Torpedoboot an, und der letzte Engländer in Tossa verschwand auf fast glorreiche Art und Weise. Die Saison war vorüber.

Wir waren nun vom Rest der Welt vollkommen abgeschnitten. Mir wurde erzählt, daß neunzig Barrikaden zwischen Tossa und Barcelona errichtet worden seien.

Gegen Ende Juli kam der erste Besucher aus Barcelona in einem kleinen Auto an. Es war der deutsche Journalist und Schriftsteller A., der von einem republikanischen Soldaten eskortiert wurde. (Ich habe nie herausgefunden, was er eigentlich wollte.)

Er berichtete uns Neues über die Kämpfe in Barcelona und die Gründung einer internationalen Brigade. Ich fragte ihn, ob er mich nach Barcelona mitnehmen könne, ich wolle in die Brigade eintreten. Er sah mich mit einem seltsamen Blick an – »Sind Sie sicher?« fragte er. »Sicher«, antwortete ich. Er wiederholte, mit dem gleichen seltsamen Tonfall in der Stimme: »Sind Sie absolut sicher?« Ich versicherte ihm: »Hundertprozentig sicher«, und er machte sich auf die Suche nach dem Bürgermeister, ohne dessen Erlaubnis ich Tossa nicht verlassen konnte. Er war nicht zu Hause. Wir warteten eine halbe Stunde und A., der nicht mehr länger warten konnte, verließ uns. Ich war knapp davongekommen. Der Bürgermeister kam fünf Minuten später.

Ich blieb noch vier weitere Tage. Die Hotels waren leer, die Strände verlassen, die Olivenhaine und Höhlen ruhig; die deutschen Flüchtlinge drängten sich zusammen und fragten sich, wie sie den aufziehenden Sturm überstehen sollten.

Jemand sagte mir, daß in Gerona ein Zug zur französischen Grenze abfahren würde und irgendwie kam ich hin. Am 1. August 1936 erreichte ich Marseille.

Ich rief von einem Café aus in London an. Diana antwortete. Wir vereinbarten, uns in Paris zu treffen. Als ich vom Telephon zurück an meinen Tisch kam, war meine Brieftasche weg. In meiner ungeheuren Aufregung hatte ich sie auf dem Tisch liegenlassen. Sie enthielt Geld und meinen unbezahlbarsten Besitz: meinen Pass.

Es ist heute, da man, wenn man seinen Paß verliert, auf dem nächsten Konsulat einen neuen bekommen kann, wahrscheinlich unvorstellbar, wie ich mich fühlte. Ab sofort sollte ich staatenlos sein, der Gnade eines Beamten ausgeliefert, der mich aus dem einen oder anderen Grund ausweisen wollte und, was am schlimmsten war: ich konnte nicht mehr reisen. Es war ausgeschlossen, mich an die Nazis zu wenden, da sie mir in der Zwischenzeit meine deutsche Staatsbürgerschaft entzogen hatten. Wenn ich das Glück hätte, einen Nansen-Paß zu bekommen, wäre das besser als gar nichts – in dieser verrückten Welt. Ich verließ Marseille in tiefster Verzweiflung. Ich hatte dem Cafébesitzer meine Pariser Telephonnummer gegeben – aber ich hatte keine Hoffnung, da der Ruf Marseilles in dieser Hinsicht nicht viel besser als der Chicagos war.

Als ich am nächsten Tag in meinem Hotel in Paris ankam, erhielt ich einen Telephonanruf aus Marseille. Eine Stimme sagte: »Man hat Ihren Paß gefunden.« Der Anrufer sagte, daß er ihn mit der Post schicken würde. Er sei mein »Glaubensgenosse« und habe zehn Prozent des Geldes aus meiner Brieftasche für den Kellner entnommen, der sie »gefunden« hätte.

Mein Paß und meine Brieftasche kamen am nächsten Morgen an.

Eine Stunde später traf ich Diana an der Gare St. Lazare.

England

»Es stimmt nicht, daß die Engländer keine
Gefühle haben – sie fürchten sich nur davor, sie zu zeigen. Ihnen wurde auf der
Privatschule beigebracht, daß es unschick-
lich ist, Gefühle zu zeigen… Die Schwie-
rigkeit besteht darin, daß die englische
Wesensart schwer zu verstehen ist. Sie be-
sitzt eine große Einfachheit, sie zeigt sich
selbst als einfach. Aber je öfter wir sie betrachten, desto größer sind die Probleme.
Man spricht immer vom geheimnisvollen
Osten, der Westen ist aber auch geheimnisvoll.«

E. M. Forster: Notes on the English
Character. 1920

Ich kam am 3. September 1936 in England an. Aber wenn
es China gewesen wäre, hätte ich nicht weniger über das
Land wissen können, das jetzt meine zweite Heimat ist.
Von England hatte ich die verschwommene Vorstellung
einer endlosen, flachen, parkähnlichen Landschaft, hauptsächlich grün und lieblich, aber ziemlich langweilig, überall mit Pferden und Kühen – außer dort, wo die trostlosen
Industriestädte unter einer Dunstglocke schwarzen Rau-
ches liegen.

Ich hatte noch nie etwas von Stonehenge gehört, Ely,

Bath oder Winchester, nichts von Boswell und Dr. Johnson, Jane Austen, Trollope oder den vier Georges.[123]

Ich hatte niemals wirklich einen Gainsborough, einen
Turner oder einen Reynolds betrachtet[124], und in Paris war
man sich einig, daß man, wenn man sich amüsieren wollte,
die Bilder der Präraffaeliten anschauen sollte. Als ich kurz
nach meiner Ankunft in die Tate Gallery ging, sah ich, daß
meine französischen Freunde nicht übertrieben hatten: die
Bilder der Präraffaeliten waren wirklich schockierend, aber
noch außergewöhnlicher war meiner Ansicht nach ein Bild
mit dem Titel »The Resurrection« von Stanley Spencer.[125]
Genauso wenig, wenn nicht noch weniger mochte ich
Blake, über dessen Werk ein französischer Kritiker mir
sagte: »Das ist Literatur«, und ich stimmte mit fast allen
Leuten in Paris darin überein, daß England nicht einen einzigen großen Künstler seit Constable und *Turnère* hervor-
gebracht hätte. Irgend jemand hatte mir von einem Maler
namens *Sickère* erzählt, aber hinzugefügt, daß er nur ein
schwacher Vuillard sei und ich ihn nicht kennen müsse.[126]

Bald nach meiner Ankunft stellte mich Diana Naomi
Mitchison vor, einer bedeutenden Schriftstellerin, wie sie
sagte, von der ich noch nie gehört hatte.[127] Einige Tage später luden uns die Mitchisons zu einer Party in ihrem schönen Haus in Chiswick ein. Dort traf ich jede Menge Leute,
von denen viele, wie Diana sagte, berühmt waren, darunter Jack Haldane und eine außergewöhnlich aussehende
Person in Cordhosen und einer roten Jacke: Julian Treve-
lyan; diese Namen sagten mir gar nichts.[128]

Einem Engländer mag es unverständlich sein – so wie es
auch mir heute geht –, daß man so unwissend über das eng-

lische Kulturleben sein konnte, aber ich habe nicht den geringsten Zweifel, daß mein Fall nichts Ungewöhnliches war. Es ist erstaunlich, wie wenig man außerhalb Englands über England weiß und vor allem in Deutschland. Gerade vor ein paar Wochen besuchte mich einer der berühmtesten deutschen Architekten, Professor D., und er wußte sicherlich nicht mehr als ich vor zwanzig Jahren. Natürlich hatte er von Oxford, Cambridge, dem Tower in London, Liverpool, Glasgow, Manchester und Birmingham gehört – genau wie ich.

Aber ich kannte Shakespeare. Ich hatte fast alle Stücke in Stuttgart gesehen, sogar »Timon von Athen«. Wie viele Deutsche hatte ich den Eindruck gehabt, daß er »tatsächlich zu uns gehörte« und daß wir ihn viel mehr verdienten als die Engländer. Das hört sich für einen Engländer unglaublich an, aber so war es. Dank einer wunderbaren Übersetzung war Shakespeare zusammen mit Goethe und Schiller Teil des deutschen Erbes, einer der Felsen, auf denen unsere Erziehung aufbaute. Was auch immer die Engländer darüber sagen mögen, jeder Deutsche fühlt tief in seinem Herzen, daß Shakespeare ein Deutscher war oder zumindest hätte sein sollen, und niemand in Deutschland wäre erstaunt, wenn jemand plötzlich entdeckte, daß er tatsächlich aus Weimar und nicht aus Stratford-on-Avon stammte. Wenige Menschen in England machen sich klar, wieviel von seinem Werk in die deutsche Sprache eingegangen ist. Zahllose Zitate von ihm sind in Deutschland gebräuchlich: »Ein Pferd, ein Pferd, ein Königreich für ein Pferd«, »es ist etwas faul im Staate Dänemark«, »die Zeit ist aus den Fugen« und so weiter.

Welche englischen Schriftsteller außer Shakespeare kannte ich noch? Oscar Wildes »Picture of Dorian Gray«, das ein außerordentlich beliebtes Buch in Deutschland war und »The Importance of Being Earnest«. Die Stücke von Bernard Shaw, die zum Repertoire eines jeden deutschen Theaters von Stuttgart bis Breslau gehörten. Ich hatte auch die »Forsyte Saga« gelesen, die in Deutschland einen großen Erfolg gehabt hatte und von vielen als vergleichbar mit Thomas Manns »Buddenbrooks« und als zuverlässiges Bild von England angesehen wurde.

Ich hatte von Heinrich VIII. und seinen Frauen gehört, von Maria Stuart durch die Tragödie von Schiller und – wie mein Freund, der Professor – von Oxford und Cambridge, sogar von Eton, aber alles darüber hinaus war mir so fremd wie Omsk oder Irkutsk oder das Kaspische Meer.

Was für Gründe gab es für eine solche Unwissenheit? Lag es daran, daß ich eine außergewöhnlich schlechte Bildung hatte? Ich glaube nicht. Ich war recht gut belesen, ich hatte viele russische und französische sowie deutsche Bücher in meiner Bibliothek in Stuttgart gehabt und ich war viel gereist. Ich glaube, ein Grund liegt in Englands kultureller Isolation vom Festland. England war als Wirtschaftsmacht sehr wichtig, deshalb kannten wir auch alle Birmingham, Sheffield und Liverpool. Aber es war eine Insel und das machte die nachbarschaftlichen Beziehungen schwierig.

Ein anderer Grund liegt darin, daß England während meiner Schulzeit kaum jemals erwähnt wurde, und ich bin sicher, daß das keine Ausnahme war. Für England blieb einfach nicht genügend Zeit übrig. Da waren die Römer und die Griechen, da gab es die deutsche Geschichte, die bis zu den Hohenstaufen relativ einfach war, aber im Mittelalter, als die Macht der Kaiser zu schwinden begann, äußerst kompliziert. Von da an war es mit all den politischen Veränderungen für jeden Schüler ein Alptraum, der nicht nur über die Grundzüge der deutschen Geschichte Bescheid wissen mußte, sondern auch über die Geschichte seines eigenen Staates, in meinem Fall Württemberg, und außerdem über die Geschichte Preußens. Auch die französische Geschichte war wichtig, sowohl wegen der ständigen französischen Einmischung in deutsche Belange, um dadurch das Reich so uneins und schwach wie möglich zu halten, als auch wegen des kulturellen Einflusses von Frankreich im siebzehnten und achtzehnten Jahrhundert, als an jedem deutschen Hof französisch gesprochen wurde.

Wenn unsere Lehrer England gelegentlich erwähnten, geschah dies mit einer Mischung aus Gehässigkeit und Neid.

Herr Ströhle übertraf sich selbst darin: »Ihr müßt so sein wie die Engländer«, sagte er: »Völlig rücksichtslos. Wie sie dürft ihr nur einen Grundsatz haben: ›Mein Vaterland, Recht oder Unrecht.‹ Wie sonst hätten sie die Weltmacht erlangen können? Wie sonst Indien und die halbe Welt erobern? Aber wer kämpfte ihre Schlachten? *Deutsche* Soldaten! Wer zum Beispiel bekämpfte die Amerikaner? Deutsche Soldaten, die für dreißig Taler pro Kopf gekauft und von englischen Offizieren befehligt wurden. Wer gewann die Schlacht von Waterloo? Siebenundzwanzigtausend Hannoveraner und Hessen. Und wer bewahrte dort Wellington vor einem Desaster? Blücher.« Und so ging es weiter.

Das ist meines Erachtens die beste Erklärung, die ich anbieten kann, aber es gibt auch einen mehr persönlichen Grund: es hat mich nie in die nördlichen Länder gezogen. Ich wollte nie nach Norwegen oder Dänemark gehen. Es waren nur ein paar Eisenbahnstunden von Stuttgart nach Frankreich oder Italien. Wenn ich mich zwischen Venedig oder Uppsala, Paris oder London, Taormina oder Trondheim entscheiden mußte, fiel mir das nie schwer. Ich hatte immer die Mittelmeerländer als meine eigentliche Heimat angesehen und war gegenüber den nördlichen Ländern gleichgültig gewesen. Famagusta, Palmyra, Shiraz, Samarkand und Balbek klangen geheimnisvoll und verführerisch, nicht aber Oxford oder Brighton.

Und ich wußte nicht nur wenig über englische Malerei, Geschichte und Literatur, ich konnte auch kein Wort Englisch – außer »My country, right or wrong«. Noch schlimmer war, daß ich keine Ahnung von den seltsamen Sitten und Gebräuchen hatte, die die Engländer zu einem Volk machen, das man nicht versteht und das einen oft zur Verzweiflung bringt. Es wäre mir nie in den Sinn gekommen, daß es in Europa immer noch solch tiefe Kluften, solch eiserne Vorhänge zwischen den sozialen Schichten gab. Ich habe zuvor nie von »Understatement« gehört und konnte um alles in der Welt nicht verstehen, warum es falsch war, auf die Frage »Wie lief ihre Ausstellung?« zu antworten: »Hervorragend, ich verkaufte alle Bilder«, sondern statt dessen nur zu sagen: »Nicht schlecht« – was mir als schiere Heuchelei erschien. Ich konnte nicht verstehen, warum ich niemanden nach seinem Beruf oder seinem Einkommen fragen sollte, oder wieviel er für seinen Anzug bezahlte und ob er die Tories oder Labour wählte, Fragen, die in den Augen eines normalen Menschen völlig gerechtfertigt schienen. Es war mir ein Rätsel, warum es nicht schicklich war, wenn man über etwas begeistert oder aus dem Häuschen war und warum es falsch sein sollte, in einer Unterhaltung zu glänzen. Ich konnte nicht verstehen, warum es den Leuten peinlich war, wenn ich bemerkte, daß es für mich wichtiger sei, ein gutes Buch zu lesen, als hinter einem Lederball herzujagen. Oder wenn ich sagte, daß es gemein und ungeheuerlich sei, ein sieben- oder achtjähriges Kind von zu Hause wegzuschicken und daß die Privatschulen – die für England typisch sind – eine Klasse von Snobs erzeugen würden und gegen das Prinzip, daß jedes Kind die gleichen Startbedingungen fürs Leben haben sollte, verstießen.

Alles war mir fremd. Ich kam aus Ländern, die vom Bürgerkrieg zerrissen, durch die Inflation ruiniert waren, wo die Freiheit und sogar das Leben oft in Gefahr waren, wo man ohne Gerichtsverfahren verhaftet und ins Gefängnis oder Konzentrationslager geschickt werden konnte und wo die Rasse, der Glaube und die politische Meinung nicht nur einen selbst, sondern die ganze Familie in Gefahr bringen konnten.

England, schien mir, war ein Paradies, ein Land ohne Leiden, beständig, ausgenommen vom allgemeinen Schicksal der Menschheit, eine glückliche Insel von Tagträumern.

Hier gab es seltsame himmlische Kreaturen, genannt *débutantes*, deren Aktivitäten für die Öffentlichkeit viel interessanter waren als das, was die Nazis vorhatten, und die ihr Leben damit zubrachten, von einer herrlichen Party zur anderen zu gehen. Es gab Butler, Lakaien und Kindermädchen, die sich um die Reichen und ihren verwöhnten Nachwuchs kümmerten. Es gab – was am erstaunlichsten war – Polizisten ohne Waffen, die einen mit »Sir« anredeten und einen baten, sich zu setzen, wenn man einen Wohnungswechsel meldete.

Sicherlich war meine Sichtweise voreingenommen und meine ersten Eindrücke oberflächlich, aber ich könnte sie mir kaum anders vorstellen. Es schien mir ein fremderes Land als jedes andere, das ich zuvor kannte, so weit weg von Europa wie Peking, mit einer Bevölkerung, die immer noch im Zeitalter von Edward VII. zu leben schien.[129] Es war ein surrealistisches Land, in dem ein Verteidigungsminister stolz verkünden konnte, daß es vierhundertsechsunddreißigeinhalb Freiwillige für die Armee gab, während Hitler bereits Millionen unter Waffen hatte; ein Land, wo die Leute, die in jeder anderen Hinsicht normal schienen, bereit waren, dem Wort eines Verrückten zu glauben, aber sich weigerten, die Nachrichten über die Konzentrationslager für wahr zu halten und argwöhnten, daß mein einziges Motiv, meine Freunde zu bitten, sich zu bewaffnen, die Wehrpflicht einzuführen und dem republikanischen Spanien zu helfen darauf zurückzuführen war, daß ich als Flüchtling nach Rache sann!

Zunächst war ich von London wenig beeindruckt, das ich – zu seinem Nachteil – mit Paris verglich. Trafalgar

Square war nichts, verglichen mit der Place de la Concorde, Whitehall ein schwacher Ersatz für die Champs-Elysées und die Themse keine Konkurrenz für die Seine. Dies war eine falsche Einschätzung, obwohl ich sicher bin, daß jeder Franzose genau dasselbe gefühlt hätte.

Aber ich verliebte mich sofort in das ländliche England. Alles war neu, alles unerwartet. Ich entdeckte die Cotswolds: Burford, Chipping Camden, Winchcombe, die Slaughters; ich entdeckte Cambridge und Bath. Ich war nicht darauf vorbereitet, solche Kontraste zu finden, oder darauf, daß die Grafschaften weit davon entfernt waren, nur grün und flach zu sein, sondern daß sie hügelig, teilweise sogar bergig und farbenfroh waren: Rot und Ocker herrschten vor. Zum ersten Mal sah ich Englands Kathedralen, von deren Existenz ich bisher nichts gewußt hatte. Ich sah Stonehenge, Maiden Castle, Avebury und die seltsame Pyramide, die als Silbury Hill bekannt ist. Ich hatte niemals zuvor so wundervolle Bäume gesehen, nie zuvor solche Landsitze. Ich bewunderte ihre Ausmaße, und was mir als großes Herrenhaus oder sogar Schloß erschien, mochte nur ein kleines Häuschen oder ein Pfarrhaus gewesen sein!

Aber ich verliebte mich auch in die Leute. Was für ein Unterschied zu der direkten Grobheit der Deutschen und der oberflächlichen Höflichkeit der Franzosen. Diese Leute waren tolerant, nett, hilfsbereit, gut erzogen, diszipliniert, freundlich und weniger selbstsüchtig als sonst irgendwo. Grobheit war eine Ausnahme, Gewalt selten.

Kürzlich hörte ich einen Vortrag von Lili Komalska im Radio. Ich kenne sie nicht, aber wie sehr konnte ich ihr zu-

stimmen! »England«, sagte sie, »übt einen starken Einfluß
aus. Das scheint ungewöhnlich, weil ich mir kein anderes
Land vorstellen kann, wo man mit so wenig Einmischung
leben kann. Und dennoch ist der Einfluß die ganze Zeit
vorhanden. Es ist die ruhige Stimme der Leute in den Bus-
sen und den U-Bahnen, die den aufgeregt sprechenden
Ausländer seine Stimme senken lassen und ihn unbewußt
dazu bringen, sein Verhalten seiner Umgebung anzupassen. Er ist in der höflichen Art, mit der man behandelt wird,
wenn man mit der Polizei oder der Lebensmittelbehörde
zu tun hat. Im Ausland lassen einen die Beamten fühlen,
daß man lästig ist, ein notwendiges Übel. Zuerst war ich
über die englischen Beamten verblüfft. Ich bin sicher, daß
sie selbst nicht merken, wie sehr jeder neu angekommene
Ausländer von ihrer Ruhe und Höflichkeit beeindruckt
ist.«

Als ich zum ersten Mal in London in ein Kino ging, war
der Saal voll und ich mußte zusammen mit anderen stehen.
Jemand stand auf; ich setzte mich auf seinen Platz. Zu meiner Überraschung wurde ich gebeten, den Platz für jemand
anderen freizumachen, da ich noch nicht »an der Reihe«
sei. Im Ausland hätte ich den Sitz behalten können, da ich
der schnellste war.

Ich sah einen Autounfall. Die beiden Fahrer blieben
ruhig, anstatt sich gegenseitig Beleidigungen an den Kopf
zu werfen, wie zum Beispiel in Frankreich oder Deutschland. Sie tauschten die Namen ihrer Versicherungsgesell-
schaften aus und verhielten sich wie vernünftige, zivilisierte Menschen und nicht wie rasende Verrückte.

In Deutschland und Frankreich kann man jeden verleumden, ohne groß Gefahr zu laufen, angeklagt zu werden oder zumindest ohne mit einer großen Geldstrafe rechnen zu müssen. Ein französischer oder deutscher Richter schreit den Angeklagten an und versucht, ihn einzuschüchtern. Hier in England ist die Ehre durch strenge Gesetze geschützt, die niemand verletzen würde, nicht einmal die Polizei, und die Richter sind in der Regel höflich und unparteiisch.

Ja, es ist ein erstaunliches Land. Für jeden, der vom Kontinent kommt, ist es ein Zufluchtsort und der Himmel zugleich.

Wie ich schon sagte, sprach ich kein Englisch. Alle meine Unterhaltungen in den ersten zwei Jahren führte ich vor allem in französisch oder deutsch. (Im Gegensatz zu mir ist meine Frau sehr sprachbegabt. Sie gewann den Maréchal-Foch-Preis in der Schule und spricht Deutsch so fließend, daß Professor Deutsch ihr einmal sagte, daß sie die erste deutsche Frau sei, die er getroffen hätte, die ein »fast« fehlerloses Englisch sprach!)

So wie ich zu sprechen anfangen mußte, mußte ich zu lesen anfangen. Eines der ersten Bücher, die ich las, war »Pride and Prejudice« von Jane Austen, was mir nicht gefiel. Mir ging all ihr Gerede über Geld, soziale Stellung und Liebe auf die Nerven, und ich fand den ganzen Roman viel zu klassenbewußt! Jahre später las ich das Buch wieder und dieses Mal mit dem größten Vergnügen. Ich merkte, daß ich niemals mit Jane hätte anfangen sollen.

Ich las – zum ersten Mal – E. M. Forsters »Abinger Harvest«, Virginia Woolfs »Common Reader«, Aldous Huxley, Trollope, die Memoiren von Greville, Conrad und vieles andere mehr. Kurzum, ich entdeckte eine neue Welt, was vielleicht niemals geschehen wäre, wenn es dieses von der Vorsehung bestimmte Treffen in Tossa nicht gegeben hätte…

Einige Wochen nach meiner Ankunft in England verlobte ich mich mit Diana. Das Problem war nun, es ihrer Familie beizubringen. Wir konnten es nicht zu lange verschieben, weil eine Kusine ersten Grades bereits die Tante meiner Frau informiert hatte, daß sie Diana »mit einem kleinen Juden in Kew Gardens« gesehen hätte. Dies veranlaßte die Tante zu der Bemerkung, daß sie einen Juden immer als einen »falschen Freund« betrachte.

Eines Tages lud Diana also ihre Mutter zum Tee ein und erzählte ihr, daß sie mich heiraten wolle. Zu der Zeit war mir nicht bewußt, wieviel Mut sie dafür gebraucht hatte. Die arme Frau war sprachlos; das einzige, was für mich sprach war, daß ich noch nie geschieden war; alles andere, was mich betraf, war »einfach zu fürchterlich«. Sie verließ uns todunglücklich, vor allem, weil sie diese Nachricht nun ihrem Mann überbringen mußte.

Kurz danach bat mich Sir Henry Page Croft zu sich.[130]

Ich kaufte ein Paar neue Schuhe und einen Hut in der schwachen Hoffnung, daß sie mir ein respektableres Aussehen verschaffen würden. So ging ich zu meiner Verabredung in das Büro der Empire Industries Association in der Victoria Street.

Ich war nicht nervös. Warum sollte ich auch? Es gab, so schien es mir damals, nichts in mir, das falsch war. Es ist wahr, daß ich kein Geld hatte, aber ich war Dr. jur. Ich hatte zwar einen kleinen, aber ehrenhaften Anteil im Kampf gegen Hitler, was die wenigsten damals von sich behaupten konnten. Das Wichtigste von allem aber war, daß ich Künstler war und nicht ohne Hoffnung auf Erfolg. Und irgendwie waren Künstler damals wie auch heute für mich das Salz der Erde und – *mindestens!* – genausoviel wert wie jeder Politiker, Fabrikdirektor oder Börsenmakler auf der ganzen Welt.

Zu jener Zeit wußte ich so wenig über England und die englische Gesellschaft, daß ich noch hoffte, zwar nicht gerade mit offenen Armen, das wäre zuviel verlangt gewesen, aber doch vorurteilslos empfangen zu werden…

Die Büroräume der Empire Industries Association waren in der zweiten oder dritten Etage eines langweiligen, im viktorianischen Stil erbauten Backsteingebäudes. Ich klopfte und wurde sofort in Sir Henrys Büro geführt. Er war groß und breitschultrig und sah gut aus. Er überragte mich um mindestens einen Kopf und einige Zentimeter, wodurch ich mir lächerlich klein vorkam.

Er trug einen wunderschönen blauen englischen Anzug. Was mir am meisten auffiel, war seine frische, rosige Gesichtsfarbe wie bei einem Baby, was von guter Ernährung und frischer Luft zeugte. Niemand, der ihn zum ersten Mal sah, konnte daran zweifeln, daß er sich in der Gegenwart eines Mannes befand, der ein gesundes, erfolgreiches Leben geführt hatte und gewöhnt war, Befehle auszuteilen und respektiert und angehört zu werden. Er war eindrucksvoll, einschüchternd und von großer Selbstbeherrschung.

Er bat mich, Platz zu nehmen und bot mir eine Zigarette

an. Wir waren nicht allein, da Sir Henry, im Gegensatz zu seiner talentierten Tochter, nur Englisch konnte und ich nur Deutsch und Französisch. Deshalb brauchten wir einen Dolmetscher. (Ich kann mich nicht mehr an seinen Namen erinnern, aber er war ein politischer Freund von Sir Henry und ein Parlamentsabgeordneter.)

Nach ein paar Sekunden begann der Dolmetscher das Gespräch. Er erklärte mir in ausgezeichnetem Deutsch, daß es seine – er hüstelte – ziemlich – ein weiteres Hüsteln – peinliche Aufgabe sei, mir Fragen zu meinem Privatleben zu stellen, aber da ich Sir Henrys zweite Tochter heiraten wolle, hätte Sir Henry ein Recht darauf, etwas über den Mann zu wissen, der sein Schwiegersohn werden wollte.

An dieser Stelle unterbrach der Dolmetscher und ich sagte ihm, daß ich völlig seiner Meinung sei. Es sei nicht nur Sir Henrys Recht, sondern sogar seine Pflicht, jede nur denkbare Frage zu stellen und ich würde sie gerne beantworten.

Der Dolmetscher war sichtlich erleichtert. Nachdem er meine Worte übersetzt hatte, sagte er mir, daß Sir Henry einen Fragenkatalog vorbereitet hatte und einen Bericht über die Geschichte seiner adligen Familie. Es sei Sir Henrys Wunsch, daß mir ein Abriß ihres Stammbaumes gegeben würde, bevor ich die Fragen beantworten sollte.

Dann las er Teil eins der Croftschen Familiengeschichte vor:

»Die Familie Croft ist eine der ältesten Familien in England. Sie ist wahrscheinlich angelsächsischen Ursprungs und wird bereits im Domesday Book erwähnt.« (*Was* für ein Buch, fragte ich mich?) »Aus der Familie Croft gingen viele Bischöfe, Staatsmänner und Soldaten hervor. Einer von ihnen, Sir James, war Rechnungsprüfer am Hof von Königin Elizabeth I., ein anderer…«[131]

Und so ging es weiter, aber leider habe ich den Rest des historischen Teils meines Gesprächs vergessen.

Dann kam eine Reihe von Fragen, von denen ich mich an ein paar erinnere, wie zum Beispiel:

»Warum haben Sie Deutschland verlassen?«

»Aus politischen Gründen«, antwortete ich.

»Nur aus politischen Gründen?«

»Ja.« Sir Henry unterbrach an dieser Stelle; er sagte, daß er solche Fälle kenne. Zum Beispiel habe sein Freund Brüning[132] aus politischen Gründen Deutschland verlassen.

»Waren Sie schon einmal verheiratet?«

»Wieviel können Sie als Künstler verdienen?«

»Haben Sie Vermögen?«

»Was hat Ihr Vater für einen Beruf und wieviel wird er Ihnen vermachen?« (Ich mußte den Dolmetscher fragen, was er mit »vermachen« meine.) Als ich es verstand, erklärte ich ihm, daß ich keine großen Möglichkeiten sehe, daß Hitler im Jahre 1936 die Ausfuhr von Geld bewilligen würde.

An die anderen Fragen erinnere ich mich nicht mehr. Am Ende des Gesprächs sagte mir Sir Henry, daß er seine Zustimmung zur Heirat nur geben würde, wenn ich sechs Monate lang warten und seine Tochter meine Eltern in Stuttgart besuchen würde, weil »alles andere unhöflich wäre«.

Wir standen beide auf. Ich verbeugte mich vor Sir Henry und er verbeugte sich vor mir. Dann verbeugte ich mich vor dem Dolmetscher und er verbeugte sich vor mir. Wir waren alle ausgesucht höflich zueinander. Als ich ging, hoffte ich, daß ich einen nicht zu ungünstigen Eindruck hinterlassen hatte, aber, wie schon oft davor und danach, hatte ich mich auf traurige Weise geirrt.

So endete mein erstes Treffen mit Sir Henry. Diana ging wirklich nach Deutschland – aber erst nach unserer Heirat – und traf meine Eltern. (Meine liebe alte Großmutter war kurz davor gestorben; wie glücklich wäre sie gewesen, wenn sie Diana gesehen hätte!) Am 4. November – lange bevor die sechs Monate vorüber waren – heirateten wir auf einem Standesamt. Nur wenige Freunde waren anwesend. Wir veröffentlichten keine Heiratsanzeige in den englischen Zeitungen. Das hätte schöne Artikel gegeben! – »Romanze in Spanien. Sozialistischer Flüchtling heiratet die Tochter eines Parlamentsabgeordneten der Tories« und so weiter. Irgendwie kam darüber ein Bericht in der führenden Stuttgarter Zeitung unter der Schlagzeile: »Lady Uhlman, geborene Croft«. In dem Artikel stand, daß sie schon immer einen Juden hinter jeder Entscheidung der englischen Regierung vermuteten. Warum, so hatten sie sich schon immer gefragt, weigerte sich die englische Regierung, die deutschen Kolonien zurückzugeben? Und warum weigerte sich Sir Henry? Alles war nun sonnenklar. »Unser wohlbekannter Marxist und Jude, der frühere Rechtsanwalt Uhlman«, steckte dahinter.[133]

Das war alles sehr schmeichelhaft für mich (wer will

nicht über Macht verfügen?), aber sehr schlimm für meine
Eltern, die kaum irgendwohin gehen konnten, ohne öffentlich beleidigt zu werden.

Einige Tage nach meiner Heirat ging ich aufs deutsche
Konsulat und unterzeichnete eine Erklärung auf Güter-
trennung. Nach deutschem Eherecht hätte ich nämlich
ohne eine solche Erklärung das Recht gehabt, das Eigentum meiner Frau zu verwalten. Um Sir Henry zu beruhigen, sandte ich ihm die Erklärung, und er bestätigte den
Erhalt in einem höflichen Brief.

Sir Henry vergab mir nie. Aber so, wie er geprägt war, hätte
er auch gar nicht anders fühlen oder handeln können. In
gewisser Hinsicht war seine Reaktion mir gegenüber normaler als meine eigene »Mann im Mond«-Haltung. Für ihn
war ich ein Ausländer, der seinen Stolz verletzt und seine
Hoffnungen auf eine Heirat seiner Tochter mit einem vornehmen Engländer zerstört hatte. Ich war *déclassé*, ein
Entwurzelter und in fast jeder Hinsicht die letzte Person,
deren Bekanntschaft ihm etwas bedeutete. Seine Familie
wurzelte tief im englischen Boden; er gehörte einer Gesellschaft und einer Klasse an, die jeden Nicht-Engländer mit
Mißtrauen betrachtete. (Ich bezweifle, daß eine andere
Sprache so viele Schimpfwörter für Ausländer hat wie die
englische: *dagos, wogs, frogs, Huns, wops, Eyeties*...[134] Im
Deutschen gibt es so etwas nicht. Ein Franzose ist ein Franzose und ein Engländer ein Engländer.)

Sogar unter seinesgleichen galt Sir Henry als »ziemlich
extrem«, und in linken Kreisen wurde er als ein interes-
santes Relikt aus der Vergangenheit betrachtet, eine Art

seltenes Fossil. In der Beziehung zu seinen Kindern war er immer korrekt, kühl und zurückhaltend. Er war ein vielbeschäftigter Mann, und er und seine Frau führten ein aktives Gesellschaftsleben, das nicht viel Zeit für unwichtige Dinge übrigließ. Diana war *mit sieben Jahren* auf ein Internat geschickt worden! Ich will absolut ehrlich sein: Ich glaube, ich verkörperte alles für ihn, was er am meisten verachtete: er haßte Deutsche und Sozialisten und Juden und wahrscheinlich waren ihm auch Künstler zuwider. Für mich war es möglich zu erraten, was in ihm vorging, aber er würde nie im Leben den Wunsch oder die Fähigkeit gehabt haben, mich zu verstehen. Bei den wenigen Gelegenheiten, bei denen ich ihn später traf, war er äußerst höflich und korrekt. Mein Vater wütete und tobte, als meine Schwester einen Mann heiratete, den er mißbilligte. Sir Henry vergaß niemals, daß er ein englischer Gentleman war; er bedauerte die Entscheidung seiner Tochter, die nach seinen Worten auf »sozialen Selbstmord« hinauslief; aber er vergaß niemals seine »natürlichen Pflichten als Vater«. Ich bin sicher, daß er voll und ganz aufrichtig war und nie einen Grund sah, warum er seine Meinung hinsichtlich Dianas Mesalliance ändern sollte. Einmal im Jahr, an Weihnachten, kam er, um seine Enkel zu sehen, die sich ein wenig vor dem großen Fremden fürchteten. Er war dann immer auf dem Weg nach Fanhams Hall in der Nähe von Ware, wo er mit dem Rest seiner angelsächsischen Familie Weihnachten verbrachte.

Nach unserer Heirat lebten Diana und ich im Justice Walk Nr. 3, einem der kleinsten Häuschen in Chelseas kleinster Durchgangsstraße, nur wenige Schritte von Chelsea Old Church entfernt, in der Nähe vom Embankment und dort, wo Carlyle und Whistler gewohnt hatten. Chelsea war nicht so herausgeputzt wie heute und Lawrence Street, in die der Justice Walk führte, war fast noch wie ein »Elendsviertel«. Unser Vermieter war Sir Alexander Lawrence, ein Nachkomme von Lawrence of India. Die Lawrences, die unsere Freunde waren (trotz des »sozialen Selbstmordes« meiner Frau), hatten zwei schöne Häuser in St. Leonard's Terrace, ein paar Schritte von einer anderen Freundin entfernt, nämlich Alys Russell, Lord Russells erster Frau und Schwester von Logan Pearsall Smith.[135]

Ohne den Schatten, den Spanien warf, hätte das Leben angenehm sein können. Niemals zuvor in meinem Leben war ich so betroffen und so tief unglücklich. Spanien war die Probe für den drohenden Weltkrieg. Wenn Spanien verlorenging, würde unsere Kraft, einer weiteren Aggression zu widerstehen, gefährlich geschwächt. Seit Hitler an die Macht gekommen war, wußte ich, daß ein Krieg unvermeidbar war, wenn er an der Macht blieb. Ich wunderte mich über die Blindheit der Politiker, die entweder nichts sahen oder ihre Augen vor dem verschlossen, was mir und jedem Deutschen, der etwas über die Nazis wußte und nicht schwachsinnig war, sonnenklar war: nämlich, daß Hitler Krieg *wollte*. Meine Frau und ich arbeiteten wie alle unsere Freunde für das republikanische Spanien, während ihr Vater sein Bestes tat, um »dem galanten, kleinen, christlichen Gentleman Franco« zu helfen.

Auf Spanien folgten die Zerschlagung der Tschechoslowakei und die Katastrophe von München.[136] Sogar heute noch kann ich nichts über diese Zeit mit Ruhe und ohne

Betroffenheit lesen; ich kann die Namen von Baldwin, Chamberlain, Henderson und Wilson niemals hören, ohne daß mich ein starkes Gefühl von Zorn überkommt.[137] Ich bin heute – wie auch damals – überzeugt, daß sie hätten sehen sollen, daß Hitler Krieg bedeutete, und daß sie alle Anstrengungen hätten unternehmen sollen, um für den drohenden Krieg bereit zu sein, der unausweichlich kommen würde.

Es war um diese Zeit, daß ich mit dem schlimmsten Problem meines Lebens konfrontiert wurde. Meine Eltern hatten immer jeden Vorschlag abgelehnt, Deutschland zu verlassen. Verschiedene Ideen, die ich vorgebracht hatte, wurden zurückgewiesen, aber mit der Verschlechterung der politischen Situation tauchte die Frage wieder auf. Ich muß meine Situation erklären: Ich hatte eine Erklärung unterschreiben müssen, keine bezahlte Arbeit in England anzunehmen. Ich hing völlig von Diana ab, mit Ausnahme der Bilder, die ich nur sehr selten verkaufte. Diana hatte ein kleines Einkommen aus einem Treuhandvermögen, das ihr Großvater eingerichtet hatte. Da wir gegen die Wünsche ihrer Eltern geheiratet hatten, konnte Diana keine Hilfe von ihnen erwarten – und sie konnte nicht über ihren Anteil aus dem Treuhandvermögen verfügen. Es stellte sich die Frage, wie man ein kleines Einkommen so weit strecken konnte, um meine Eltern, meine Schwester und meine Großmutter mütterlicherseits, die damals noch lebte, durchzubringen.

Da das Leben in Frankreich sehr viel billiger war, ging ich nach Paris, um die Möglichkeiten auszukundschaften. Ich hatte ein Gespräch mit einem Polizeiinspektor, der mir erklärte, daß es recht einfach wäre, alles zu arrangieren. Aber wieder lehnten meine Eltern dies ab. Mein Vater bat mich, mich darauf zu konzentrieren, meine Schwester nach England zu bringen. Ich habe bereits erwähnt, wie alle diese Anstrengungen vergebens waren, da sie sich weigerte, sich von ihren Möbeln und den anderen Dingen zu trennen. Sie hatte die Hoffnung, sie nach Amerika schicken zu können. Das ist das Schrecklichste, was mir in meinem Leben widerfahren ist – und das Gefühl von Schuld wird von vielen anderen Flüchtlingen geteilt, die sich selber retten konnten, aber es nicht schafften, weitere Familienmitglieder zu retten.

Wir erfuhren, daß eine Gruppe deutscher Künstler, die in Prag Zuflucht gefunden hatten, sich in unmittelbarer Gefahr befanden, nach Deutschland zurückgeschickt zu werden. Dort hätte man sie in ein Konzentrationslager gesteckt. Ein Appell mit den Unterschriften von Epstein, Henry Moore, Wilson Steer, Muirhead Bone, Paul Nash und vielen anderen wurde losgeschickt und das Künstler-Flüchtlings-Komitee ins Leben gerufen.[138] Die Sekretäre waren Stephen Bone und meine Frau. Von Hunderten von Künstlern und anderen Leuten aus ganz England gingen Geld und Hilfsangebote ein. Ein rührender Brief kam von einem Oberst, Mitglied der von Armeeoffizieren getragenen Gesellschaft für Kunst. Er bot uns ein Zimmer von etwa vier auf viereinhalb Metern an und schrieb: »Ich kann keine fremde Sprache sprechen oder verstehen und wenn Sie Juden wären, könnte ich sie nicht mit koscherem Fleisch versorgen; ich erwarte von ihnen, daß Sie eine gesellschaftliche Stellung innehaben, die es mir ermöglicht, sie als Freunde zu empfangen. Wer würde für Ihre Anständigkeit und ihre Ehrenhaftigkeit die Verantwortung übernehmen und, im Fall Ihres Todes, für Ihre Beerdigung?«

Ich weiß nicht mehr, was ich ihm daraufhin antwortete, aber wir fanden den richtigen Flüchtling für ihn: einen ehemaligen Offizier. Zwei Jahre lang lebten sie glücklich zusammen wie Vater und Sohn. Ein anderer Brief kam aus der Schweiz, in dem Herr Roehmann, ein Variétékünstler, bekannt unter dem Namen »Waldow, das medizinische Wunder«, um Hilfe bat. Er bot uns seine »Sensationsnummer« an, in der er »kleine Tiere und Gegenstände wie Glaskugeln, Zitronen, Rasierklingen, Billardkugeln, Damen- und Herrenuhren und fünfzig Wassergläser verschluckte… Medizinisch beglaubigte Röntgenbilder stehen Ihnen zur Verfügung«, fügte er hinzu.

Leider mußten wir das »Medizinische Wunder oder Rätsel« (wie er sich selbst nannte) enttäuschen. Darüber waren alle sehr traurig.

Einer der ersten Flüchtlinge, die ankamen, war Oskar Kokoschka aus Prag.[139] Er war sicherlich Deutschlands bedeutendster Maler, in ganz Mitteleuropa berühmt, aber in England zu dieser Zeit völlig unbekannt, außer bei ein paar Kennern und Kunsthändlern. Er kam fast ohne Geld hier an. Ich rief meinen jungen Schwager an, versicherte ihm, daß Kokoschka ein großer Künstler sei und arrangierte, daß Kokoschka sein Porträt malen sollte. Das war Kokoschkas erster Auftrag in England; dann bat ihn meine Schwägerin, ihn zu malen und mein Schwager kaufte einige seiner Bilder in den folgenden Jahren.[140]

Ich bewundere den Maler Kokoschka. Es war faszinierend, sich mit ihm zu unterhalten. Er war ein wundervoller Schauspieler und charmant, wie es nur ein Wiener sein kann. Er brauchte immer eine Zuhörerschaft, Bewunderung und völlige Unterwerfung. Er haßte Picasso. Eines Tages zeigte er mir eines seiner frühen Bilder und fragte: »Sehen Sie es nicht?« Ich konnte nichts sehen. »Sehen Sie es nicht?« wiederholte Kokoschka. »Er hat alles von mir, alles.«

Ein anderer der ersten Flüchtlinge war Johnny Heartfield.[141] Er gehörte zum ursprünglichen Kreis der Dadaisten und war Erfinder der Photomontage, die er auf brillante Weise für Anti-Nazi-Plakate eingesetzt hatte. Diana und ich boten ihm unsere Gastfreundschaft für ein paar Nächte an, aber er blieb fast vier Jahre bei uns. Ich hatte ihn niemals zuvor gesehen, und da ich nur seine wilden Photomontagen kannte, hatte ich erwartet, einen aggressiven Menschen zu treffen. Statt dessen war er ein charmanter, bescheidener und sanftmütiger, kleiner Mann, der sich nur erregte und fanatisch wurde, wenn das Gespräch auf Politik kam.

Als er schließlich bei uns auszog, um in Highgate zu leben, schenkte ich ihm ein Kaninchenpärchen. Da Johnny sie aber weder töten noch loswerden konnte, vermehrten sie sich sehr schnell, und er mußte jeden Tag Stunden damit zubringen, im Park von Hampstead Heath Futter für sie zu sammeln. Nach dem Krieg ging er zurück nach Ostdeutschland, wo er an der Universität Leipzig zum Professor für Typographie ernannt wurde. Er hat uns nie eine Zeile geschrieben.

Nach dem Einmarsch der Deutschen in Prag waren die deutschen antinazistischen Künstler, die noch dort waren, in großer Gefahr. Wir beschlossen deshalb, einen amerikanischen Rhodes-Stipendiaten, der sich freiwillig gemeldet hatte, hinzuschicken, um ihnen etwas Geld zu bringen. Er kam dort an, konnte aber mit den Künstlern keinen Kontakt aufnehmen: die meisten von ihnen waren im Untergrund oder bereits auf dem Weg nach England.

Einige Wochen lang kamen die ganze Zeit Künstler aus der Tschechoslowakei in unser Haus, einzeln oder in Gruppen. Fast jeden Tag fanden wir einen Neuankömmling in unserer Küche unweit des Kühlschranks. Alle waren unter großen Schwierigkeiten geflüchtet: die meisten hatten zu Fuß die schneebedeckten Berge, die die Tschechoslowakei von Polen trennen, überquert. Schließlich waren sie alle in London in Sicherheit, mit Ausnahme eines Mannes: Kirste.

Eines Tages kamen meine Frau und ich nach einem Wochenende auf dem Land zurück und fanden Kirste in unserem Eßzimmer. Es gab seltsame Geschichten über ihn, wie die, daß er gezwungen worden sei, für die Gestapo zu arbeiten. Er hatte seine Freunde davor gewarnt, ihn auf der Straße anzusprechen, da er als Köder benutzt wurde. Was immer auch wahr war, er war nun hier in Hampstead.

Eines war sofort klar, der Mann war ein nervöses Wrack. Es war offensichtlich, daß etwas Schreckliches mit diesem ruhigen und anständigen Mann aus der Arbeiterklasse geschehen war. Ich habe nie herausbekommen, wie und ob die Gestapo ihn zum Reden gebracht hatte.

John Heartfield, der da war, starrte ihn mit vor Schrekken weit geöffneten Augen an. Er verschwand mit Kirste, aber später hörte ich Gerüchte, daß die Kommunisten ihn beschatteten und vor ein Gericht stellten. Als der Krieg begann, wurde er sofort verhaftet. Unglücklicherweise ertrank er mit vielen anderen Internierten, als das Schiff Arandora Star von einem deutschen U-Boot torpediert wurde.[142] Ich bin fast sicher, daß meine kommunistischen »Freunde« ihn bei der Polizei als Spion denunziert hatten.

Einige Monate bevor der Krieg ausbrach, gründete ich die »Free German League of Culture«.[143] Meine Idee war, die Tausende von deutschen Flüchtlingen in England in einer schlagkräftigen Anti-Nazi-Organisation zu vereinen.

Ich habe »die« Deutschen nie gehaßt und ich kann nicht verstehen, warum so viele deutsche Flüchtlinge sich über die Katastrophe, die über Deutschland hereinbrach, freuten. Ich erinnere mich an einen deutschen Rechtsanwalt, der, als ich über mein Mitleid für die sehr Alten und sehr Jungen sprach, schrie: »Verrecken sollen sie alle! Alle!«

Ich verachtete und verabscheute bestimmte Einzelpersonen: Hitler, Mussolini, Goebbels, Himmler; und ich fühlte nichts als Erleichterung, als ich von ihrem schmählichen Tod erfuhr. Aber wie konnte ich ein ganzes Volk »hassen«: nicht nur die Schuldigen, sondern Millionen unschuldiger Menschen? Mein Empfinden war, daß die ganze Welt ärmer war, als später Dresden und Würzburg und Nürnberg und meine halbe Geburtsstadt in Flammen aufgingen. Eines wußte ich: im Interesse Deutschlands und der ganzen Welt mußte Hitler zerstört werden, und da es unmöglich war, dies innerhalb Deutschlands zu bewerkstelligen, mußte der entscheidende Schlag von außerhalb kommen, durch den Krieg, den Hitler selbst vorbereitete. In diesem Krieg konnte die Free German League of Culture vielleicht eine Rolle spielen, und mit ihrer Gründung hoffte ich, eine Waffe zu schmieden, die für die Alliierten eine gewisse Hilfe sein könnte.

Am Anfang schien sich alles gut zu entwickeln. Viele hervorragende deutsche Emigranten traten bei. Nicht so Albert Einstein. Er schrieb: »Mit dem größten Bedauern muß ich Ihre Aufforderung ablehnen und zwar deswegen, weil es unter politischen Gesichtspunkten zum gegenwärtigen Zeitpunkt ein Fehler ist, auch nur irgendetwas zu tun, was Deutschlands Ruf verbessern könnte. Mir ist natürlich bewußt, daß Ihre Organisation aus einem ganz anderen Grund gegründet wurde, aber die unpolitische Öffentlichkeit kann es in einem ganz anderen Licht sehen. Ich glaube, daß wir es vermeiden sollten, irgendeine Organisation ins Leben zu rufen, die den Eindruck erweckt, daß wir zu einer deutschen Gemeinschaft gehören. Angesichts der schmählichen Haltung, die eine überwältigende Mehrheit der Deutschen gegen uns einnimmt, scheint mir unsere Würde zu erfordern, daß wir uns allem Deutschen fernhalten.«

Kokoschka, Stefan Zweig, Berthold Viertel, Max Herrmann-Neisse, Franz Reitzenstein, Walter Goehr, Franz Osborn und viele andere traten bei, aber bald entdeckte ich, daß wir dem Trojanischen Pferd die Tore geöffnet hatten.[144] Die Kommunisten und ihre Sympathisanten hatten sie – wie gewöhnlich – unterwandert und einige der wichtigsten Positionen besetzt; bald geriet die League in den Ruf, eine krypto-kommunistische Organisation zu sein, mit Kokoschka und mir als Strohmännern. Anstatt Tausender traten nur ein paar hundert Emigranten bei. Ein hoher Prozentsatz davon waren Kommunisten.

Als der Krieg ausbrach begann die League sofort mit der Arbeit. Ein Brief, der von den Mitgliedern des Exekutivausschusses unterzeichnet worden war, wurde ans englische Innenministerium geschickt:

»Wir, die Unterzeichner, nehmen die Gelegenheit wahr, in dieser schweren Stunde an das englische Volk unseren Dank abzustatten für ihre Gastfreundschaft und Hilfe, die sie uns und unseren kulturellen Aktivitäten in ihrem Land entgegengebracht haben. Die deutschen Künstler, Wissenschaftler und all diejenigen, die für die kulturelle Freiheit eintraten, waren unter den ersten Opfern des Barbarentums der Nazis. Sie sind überzeugt, daß der beste Dienst, den sie dem deutschen Volk und der ganzen Welt erweisen können, der ist, ihre Loyaliät zu zeigen und ihren Teil zur Verteidigung der Freiheit, Kultur und Demokratie beizutragen.«

Gleichzeitig entwarfen alle Abteilungen der League, Schriftsteller, Künstler, Musiker und alle anderen ein Memorandum darüber, wie sie glaubten, die Kriegsanstrengungen unterstützen zu können. Das Memorandum mit den einzelnen Vorschlägen wurde dem Heeresministerium zugesandt, aber soweit ich weiß, ergab sich nie etwas Konkretes daraus.

Dann kam die Teilung Polens, die von unseren Kommunisten begrüßt und entschuldigt wurde und Stalins Erklärung, daß der Krieg in der Tat eine rein imperialistische Angelegenheit sei. Sofort verloren alle Kommunisten und Sympathisanten in der League ihr Interesse und entschlossen sich zur »Abwartehaltung« in den Bereichen, in denen sie tätig waren. »Der große weise Mann im Kreml«, wie John Heartfield Stalin immer mit halbgeschlossenen Augen und zitternder Stimme, als ob der Himmel sich geöffnet hätte und der Messias gekommen wäre, nannte, »weiß es am besten«; und wenn ER sagte, daß es ein imperialistischer Krieg war, wie käme er, John Heartfield, dazu, an seinen Worten zu zweifeln?

Aber plötzlich änderte sich alles. Die Deutschen überfielen »den großen weisen Mann im Kreml«, und von einem Augenblick zum anderen entwickelten sich fieberhafte Aktivitäten.

Kein passiver Widerstand mehr, keine Gleichgültigkeit, kein Zweifel: Mutter Rußland war in Gefahr – alle arbeiteten, schufteten, sammelten Geld – es war wieder »ihr Krieg«.

Nach dem Krieg kehrten viele kommunistische Mitglieder der League nach Ostdeutschland zurück. Viele von ihnen erhielten wichtige Stellungen. Meusel, der gefährlichste und intelligenteste unter ihnen, wurde zum Rektor der Humboldt-Universität in Berlin ernannt.[145] Klein Johnny erhielt, wie ich bereits erwähnte, eine Professur in Leipzig, sein Bruder, Wieland Herzfelde, ehemaliger Herausgeber der Publikationen im Malik Verlag – der Verlag, der die meisten Arbeiten von George Grosz veröffentlicht hatte –, wurde zum Professor der Literatur ernannt; und Kamnitzer, der nie an einer Universität immatrikuliert war, wurde Dozent. Schmidt wurde zum Intendanten des Ostdeutschen Rundfunks ernannt, Kahle wurde Polizeipräsident in Schwerin in Mecklenburg und so weiter.[146]

Die meisten von ihnen – von ein paar Ausnahmen abgesehen – waren nur kleine Lichter, kleine Fanatiker, die ihre Karriere ausschließlich der Tatsache verdankten, daß sie Parteimitglieder waren, und bereit waren, alles zu tun, was die Partei von ihnen verlangte. Ich habe oft darüber nachgedacht, welche Ironie es war, daß wir Männer vor dem Tod retteten, die, wenn sie an die Macht gekommen wären, mich und alle anderen ohne mit der Wimper zu zucken dem Galgen ausgeliefert hätten, wenn die Partei es gewollt hätte.

Sogar der nette Klein Johnny, der fast vier Jahre in meinem Haus gewohnt hatte und kein Kaninchen töten konnte, wäre überzeugt gewesen, »daß es die Partei am besten wußte«. Es hätte ihm zwar ziemlich leid getan für mich – aber er hätte keinen Finger für mich gerührt, um mich vor dem Tod zu retten.

Für mich schien der Krieg wie eine Erlösung aus einem schrecklichen Alptraum. Es gibt das Sprichwort: lieber ein Ende mit Schrecken als ein Schrecken ohne Ende. Dieses Gefühl, daß das Schlimmste vorüber war, daß das Leben von nun an nur noch besser werden konnte, wurde sofort in meiner Malerei sichtbar. Vor dem Krieg waren meine bevorzugten Themen Friedhöfe unter einem grauen, schweren Himmel, Ruinen und Gebäude, die dem Zerfall anheimgegeben waren; die Schlüsselfarbe war immer Grau. Nun wurde meine Farbpalette plötzlich viel heller, als ob eine unerträgliche Last von mir genommen worden wäre.

Der Himmel war oft blau, und zum ersten Mal nach vielen Jahren schien die Sonne auf meiner Leinwand.

Sobald der Krieg ausbrach, meldete ich mich zum Luftschutz.[147]* Trotzdem hielt ich meine Malstunden bei: jeden Tag von neun Uhr morgens bis vier Uhr nachmittags, mit einer kurzen Unterbrechung fürs Mittagessen. Ich habe diese Stunden soweit wie möglich immer eingehalten. Ich mißtraue Leuten, die mir sagen, daß sie auf die Stunde der Inspiration warten; warten ist zwecklos, man muß dafür bereit sein. Alle die bisher erwähnten Tätigkeiten fanden statt, *nachdem* ich meine tägliche Malerei beendet hatte.

Bald nachdem der Krieg begonnen hatte, erhielt ich eine dringende Mitteilung von einem Studenten aus Cambridge, der mich bat, ihn sofort in einer Angelegenheit von höchster politischer Bedeutung zu besuchen. Er fügte hinzu, daß es ratsam sei, einen vertrauenswürdigen Freund mitzubringen.

Daraufhin bestiegen mein Freund Paul Hamann[148] und ich den nächsten Zug nach Cambridge und trafen W. »Ich habe Sie eingeladen«, sagte er, »weil mir erzählt wurde, daß Sie gegen die Nazis gekämpft haben und daß Sie ein Kenner der Mentalität des deutschen Volkes sind.«

Ich schaute bescheiden auf den Boden und er fuhr fort: »Ich gehöre einer großen Organisation an, die überall in Deutschland ihre Agenten hat. Unsere Informanten halten uns darüber auf dem laufenden, was passiert. Das Problem, dem wir uns nun gegenübersehen, ist von großer Bedeutung und kann nur durch einen Experten wie Sie entschieden werden.«

Er machte eine Pause und wartete.

»Das Problem ist: *Sollen wir Hitler jetzt töten oder sollen wir noch warten?*«

Es wäre eine Untertreibung zu sagen, daß ich sprachlos war. (Immerhin sollte ich derjenige sein, der den Lauf der Geschichte beeinflußte?) Paul Hamann und ich schauten uns an. Dann richteten sich unsere Blicke auf W. Es gab keinen Zweifel: er meinte es todernst.

Nach einer Weile merkte ich, daß ich meine Sprache wiedergefunden hatte. Nachdem ich mir des Problems bewußt wurde, das nicht bedeutender hätte sein können, und nachdem mir ebenso die ungeheure Verantwortung bewußt wurde, die in meiner Antwort lag, sagte ich mit stockender Stimme: Ich würde es als schweren, schrecklichen Fehler ansehen, ihn *jetzt* zu töten. Wenn er jetzt auf der Höhe seines Ruhms und seines noch intakten Ansehens sterben würde, anstatt in den Augen des deutschen Volkes bereits in Ungnade gefallen und als das entlarvt zu sein, was er wirklich war – nämlich der gefährlichste Scharlatan in der deutschen Geschichte, dann würde er für immer als Held und Märtyrer gelten, dessen verfrühter Tod Deutschland des sicheren Sieges beraubt hätte. Es sei traurig, daß der Krieg fortgesetzt werden müsse, aber Deutschland würde nie wieder genesen, wenn es nicht zuerst voll und ganz besiegt worden wäre.

W. bedankte sich bei mir und sagte, daß er bedauere, daß seine Männer ihn nicht *jetzt* töten könnten, was sehr einfach gewesen wäre, aber er respektiere mein Urteil. Er würde seinen Vorgesetzten berichten und hätte keinen Zweifel, daß Hitler zunächst noch verschont würde.

Wir wechselten noch ein paar höfliche Worte. W. brachte uns zum Bahnhof und wir fuhren zurück nach London. Ein paar Tage später teilte er mir mit, daß Lady M. mit mir sprechen wolle. Ich ging mit W., der mir erzählte, daß er ein enger Freund ihres Sohnes sei, zu ihr. Sie war nicht zu Hause. Wir warteten eine Stunde umsonst und gingen.

Ich weiß immer noch nicht, ob W. total verrückt war oder in einer Phantasiewelt lebte und Traum nicht mehr von Wirklichkeit unterscheiden konnte. Ich habe nie wieder von ihm gehört. Aber ich weiß aus anderen Quellen, daß es vor dem Krieg eine geheimnisvolle Organisation in Oxford gab, deren Kopf unter dem Namen »Uncle« bekannt war. Er soll ein großes Untergrundnetz mit Spionen und Agenten in ganz Europa geleitet haben.

(Ich glaube, ich weiß, wer »Uncle« war, sehe aber keine Veranlassung, seinen Namen preiszugeben. Der Mann starb vor einigen Jahren.)

Ein paar Monate nach Kriegsausbruch beschloß ich, ein kleines Häuschen für meine Frau, die ein Kind erwartete, zu kaufen. Es sollte nicht zu weit von London weg sein und Mutter und Kind möglichst große Sicherheit bieten. Ich studierte die Landkarte: Essex, rund um Dunmow, schien ziemlich weit abgelegen zu sein. Keine Fabriken, Eisenbahnen, große Städte oder Flugplätze, die die Deutschen in ihr Bombardement mit einbeziehen und dadurch den Schlaf meines zukünftigen Kindes stören könnten.

Ich fand genau das, was ich suchte: ein Häuschen aus dem sechzehnten Jahrhundert, schwarz und weiß, das wie Noahs Arche aussah und alles hatte, was man brauchte, »Küche, Bad, wc., fl.k.u.w.Wasser«. Es lag in einem Dorf namens Bambers oder Bambrose Green bei Takeley. Das Land war topfeben, so flach, daß ich ein Jahr später vom Ende meines Gartens aus das Feuer in London und die explodierenden Granaten der Luftabwehrgeschütze sehen konnte.

Unser Häuschen lag gegenüber dem grünen und großen Dorfpark. In seiner Mitte stand Easton Lodge, ein Anwesen, das Lady Warwick gehörte und das von den wunderbarsten alten Eichen, die ich je gesehen habe, umgeben war. Dort grasten einige wilde Ziegen. Sie waren aber bereits tot, als der Park 1944 vermint wurde. 1943 tauchten eines Tages einige hundert amerikanische Soldaten auf und jagten neun Monate lang die Bäume in die Luft und bauten eine Landebahn aus Beton. Nach dem Krieg ging Michael Rothenstein in dem alten, einsamen und vereisten Park spazieren und traf einen Wildhüter. Der Mann begann von der guten alten Zeit zu erzählen, als König Edward VII. – für den extra der Bahnhof in Easton Lodge gebaut wurde – Lady Warwick zu besuchen pflegte.

»Ja«, sagte er, »das waren wunderbare Tage! Dies« – er deutete auf ein kleines Gebäude – »war ihr Liebesnest. Und ich erinnere mich an eine Statue von Peter Pan, dem Liebesgott, die davor stand, aber sie steht jetzt nicht mehr auf dem Sockel.«

Vor ihrer Heirat war Lady Warwick die reichste Frau in England gewesen. […] Eines Tages – so schreibt sie in ihren Erinnerungen – gab sie einen Wohltätigkeitsball. Aber sie wurde in der Zeitung »The Clarion«, deren Herausgeber Robert Blatchford war, heftig deswegen angegriffen, anstatt dafür Anerkennung zu ernten. Sie war so wütend, daß sie sich mit einer Hundepeitsche bewaffnete und den nächsten Zug nach London nahm. Sie suchte Robert Blatchford auf, aber anstatt ihn auszupeitschen, verließ sie ihn ein paar Stunden später als überzeugte Sozialistin. Sie war, glaube ich, eine der ersten Adligen in England, die sich zum Sozialismus bekannte, und man hatte den Eindruck, daß sie es wirklich ernst damit meinte. Sie versuchte sogar König Edward VII. zum Sozialismus zu bekehren! »Er lächelte nur«, schrieb die arme Lady Warwick.

Krieg und Internierungslager

Aber ich greife vor. Wegen unvorhergesehener Schwierigkeiten bin ich erst am 1. Januar 1941 in unser Häuschen gezogen.

Während des Sitzkrieges wurden in ganz England Tribunale abgehalten, um die Zuverlässigkeit und Loyalität von Tausenden von Deutschen und Österreichern zu überprüfen, die den Nazis entkommen waren. Meine Frau, die ihre englische Staatsangehörigkeit verloren hatte und nun als feindliche Ausländerin (!) galt, mußte zusammen mit mir und vielen meiner Freunde vor einem dieser Tribunale erscheinen. Wir wurden als ungefährlich eingestuft und mußten nicht in ein Internierungslager.

Kurz nach dem Einmarsch in Holland rief mich eine alte Dame, eine enge Freundin von uns, an.

»Lieber Freddy, hast Du heute die Rede unseres Botschafters in Den Haag gehört? Er sagte, ›Traue keinem Deutschen, auch wenn er Dein bester Freund ist!‹«

Ich sagte höflich, daß ich die Rede gehört *hätte* und nur vermuten könne, daß er seinen Kopf verloren habe und daß er wie Henderson mit einer »feinen« Gruppe Deutscher zusammengewesen sein müsse! Ich sagte, daß ich darauf wetten würde, daß er keinen einzigen deutschen Anti-Nazi kenne oder einen Juden und daß natürlich seine sogenannten »Freunde« alle verdammte Nazis seien, mit Namen wie Herr von und zu Donnerblitz oder Prinz Rupertus Schleim-Gleim-Gugelhupf-Gotha. Das Problem sei immer schon gewesen, daß so viele englische Diplomaten Schwachsinnige und Snobs seien, die sich leicht durch Schmeicheleien und Titel täuschen ließen, und daß ich besser über die Nazis Bescheid wüßte als die ganzen verdammten Profis und zehnmal mehr als der größte aller Narren, Chamberlain, mit seinem »Friede in unserer Zeit«. Niemand hätte *mich* hereinlegen können, weil ich die Nazis aus eigener Erfahrung kannte. Es wäre kein großer Verstand nötig gewesen, um zu erkennen, daß ihre Ziele nicht ohne Krieg zu erreichen waren. Die einfachen Leute in Paris, die »Hitler, das bedeutet Krieg« gerufen hätten, als Hitler an die Macht kam, wüßten besser Bescheid als die Regierungen. Aber natürlich hätte *ich* keine Nazi-Freunde, keine Putzi Hanfstaengls[149], *ich* ginge nicht mit Goering auf die Jagd! Oder nach Berchtesgaden, wie so viele Engländer! Warum steckte man nicht zuerst *sie* in ein Internierungslager?

»Freddy, mein Lieber«, sagte die alte Dame, »reg' Dich nicht auf. Ich weiß genau, was Du fühlst; wahrscheinlich hast Du recht, wenn Du sie verfluchst, mit der einen Ausnahme des lieben Herrn Chamberlain, der nur das Beste wollte. Aber ich muß Dir sagen, daß wir uns alle vor den Deutschen hier in England fürchten. Ihr alle müßt ins Internierungslager. Ich sage nicht, daß Du ein Spion bist. Aber stell' Dir vor, was für einen Schaden ein Spion unter zwanzigtausend anrichten könnte! Nein. Ich glaube nicht, daß ich wieder ruhig schlafen kann, bevor ihr nicht alle interniert seid. Du brauchst keine Angst zu haben. Mein Schwager, General Archibald, sagt, daß alles ganz lustig ist. Man kann den ganzen Tag Tennis spielen und braucht sich nicht über den Krieg Sorgen zu machen.«

Ich beruhigte die alte Dame so gut ich konnte. Warum zum Teufel sollte irgend jemand *mich* internieren? War nicht alles in meinem Leben klar und unverdächtig? Hatte ich nicht die Hilfsangebote der Free German League mit-initiiert?

Es erschien mir so lächerlich, daß ich die Unterhaltung sofort vergaß.

Meine Frau erwartete ihr Baby Anfang Juli und ich beschloß, bis zur Geburt bei ihr zu bleiben. Sie war damals auf Besuch bei einer Tante in der Nähe von Ware; ich kam am 24. Juni aus London an, zehn Tage vor der Geburt des Kindes. Am nächsten Morgen in der Frühe kamen zwei Polizisten vorbei. Einer wartete draußen; der andere kam zu mir und legte die Handschuhe ab. Er setzte sich. Dann erzählte er mir, daß er gekommen sei, um mich ins Internierungslager zu bringen.[150]

»Wissen Sie, daß meine Frau in ein paar Tagen ein Kind erwartet?« fragte ich.

»Ja«, sagte er.

Er war sehr höflich. Er ließ mir Zeit, meinen kleinen Koffer zu packen und von meiner Frau auf englische Art Abschied zu nehmen, das heißt, ohne irgendwelche Gefühle zu zeigen.

»Auf Wiedersehen, Liebling«, sagte meine Frau.

»Auf Wiedersehen, Liebling«, sagte ich. (Wieviel hatte ich in den wenigen Jahren gelernt!)

Als mich der Wagen wegbrachte, winkte Dianas Tante mir zum Abschied aus dem Fenster zu. Ich bin sicher, sie hatte keine Ahnung, was vor sich ging. Sie dachte wohl, daß meine frühe Abreise in einer Limousine in spezieller Begleitung etwas Wichtiges zu bedeuten hätte. Vielleicht brauchte mich der Premierminister!

Auf dem Weg zur Polizeiwache holten wir einen alten, achtundsechzigjährigen Mann ab, Professor Pollack aus Manchester, mit dem ich den Einfluß von Béranger auf die deutsche politische Lyrik diskutierte.

Auf der Wache warteten wir stundenlang, bis sie ein paar deutsche Jesuiten zusammengetrieben hatten. Irgendwie hatte meine Frau gehört, daß ich noch auf der Wache war. Sie brachte mir Tinte, einen Federhalter und etwas Papier. Es war das wunderbarste Geschenk, ihr hätte nichts Nützlicheres einfallen können, um meine Moral aufrechtzuerhalten.

Von Ware brachten sie uns nach Watford. Dort wurden wir zuerst nach Taschenmessern, Rasierklingen, Nagelscheren und Streichhölzern abgesucht, die wir abgeben mußten. Dann steckten sie uns in eine Schule, wo bereits ein paar hundert andere im Alter zwischen sechzehn und siebzig Jahren waren.

Dort verbrachten wir wieder Stunden, bis sie uns schließlich in Lastwagen verluden, in denen wir uns auf den Boden legten. Der ganze Konvoi fuhr mit unbekanntem Ziel, und von Bewachern auf Motorrädern eskortiert, fort. Ein- oder zweimal mußte mein Lastwagen anhalten, weil es ein paar der älteren Männer durch die Benzindämpfe schlecht geworden war. Schließlich kamen wir an

einem kleinen Waldstück an. Ich konnte Hütten, Stachel-
drähte, Wachtürme, aber keine Tennisplätze erkennen. Es
war das Winterquartier des Zirkus Bertram Mills in Ascot,
das in ein Gefangenenlager verwandelt worden war. Wir
schliefen in den Elefanten- und Löwenkäfigen auf Stroh-
matratzen. Das Essen bestand tagelang aus verbranntem
Haferbrei und Räucherheringen; am ersten Tag hatte es nur
Brot und Tee gegeben. Es gab kein Salz. Alles war dreckig.
Nachrichten hören und Zeitungen lesen war verboten,
aber jeder Gefangene erhielt täglich fünf Blatt Toiletten-
papier. Es war ein herrliches Durcheinander und ich
wünschte, die alte Dame, die so dringend meine Internierung gefordert hatte, hätte mich sehen können.

In der ersten Nacht konnte ich kaum schlafen, obwohl
ich meine Ohren mit Kerzenwachs verstopft hatte. Die
alten Männer zwischen sechzig und siebzig konnten auf
den harten Pritschen nicht schlafen und gingen im Dun-
keln herum, um die Toilette zu suchen, die zum Schlafraum
hin teilweise offen war. Die ganze Nacht hörte ich die
Wachen: »Wieviel Uhr ist es jetzt?« »Verfluchte fünf Minuten vor vier Uhr.«

Die englischen Lageroffiziere hatten offensichtlich zuerst keine Ahnung, daß wir Nazi-Gegner waren. Aber als
wir ein Konzert gaben und es mit »God save the King« begannen und beendeten, muß es ihnen gedämmert haben,
daß wir uns von den deutschen Seeleuten unterschieden,
die kurz vor unserer Ankunft dort gefangengehalten wurden.

Ein oder zwei Jahre später schrieb einer meiner Freunde, Dr. Walter Zander, einen Artikel, dessen Anfang ich zitiere: »Das Interessanteste im Hinblick auf das Problem der Internierung ist nicht, wieviel die Internierten zu erleiden hatten – denn Leiden ist zur Zeit auf der ganzen Welt gegenwärtig –, sondern wieweit sie in der Lage waren, dieser Prüfung geistig standzuhalten und ihre Not in eine produktive Erfahrung verwandeln konnten. Um diese Anstrengungen fair beurteilen zu können, muß man die besonderen Umstände in Betracht ziehen. Die Unannehmlichkeiten und Entbehrungen, die ihr Los waren, trafen nicht Bürger, die darauf hoffen konnten, eines Tages nach Hause zurückzukehren, sondern Menschen ohne Land und ohne Schutz, Menschen, die sich zwischen zwei kämpfenden Welten fanden und die sich sogar mit denen, die ihre Zerstörung gewollt hatten, identifiziert sahen. Vor diesem dunklen Hintergrund mußte der geistige Kampf gekämpft werden.«

Wie Zander will ich nicht beim Leiden verweilen. Ich habe kein Recht dazu. Meine Eltern und meine Schwester litten sehr viel mehr, wie Millionen von Nazi-Opfern in Belsen und Auschwitz (*und Sibirien*, was gewöhnlich vergessen wird).

Aber es gab zwei Punkte, die die Internierung besonders unerträglich machten. Der eine war das Gefühl der Ungerechtigkeit und der totalen Verschwendung von Energie, die so viel besser hätte eingesetzt werden können. (Mit welchem Erfolg hätte sich Hitler Tausender von englischen Flüchtlingen in Deutschland bedient!) Der andere war eine besondere Folter, bekannt als »Entlassung«.

Jeder erfahrene Richter weiß, daß die Angeklagten oft in einem Zustand größter Unruhe sind, bevor ihr Strafmaß verkündet wird, sich dann aber auf wundersame Weise beruhigen, sobald sie über ihr Schicksal Bescheid wissen. In unserem Fall konnte man heute, morgen, in einer Woche freikommen, oder aber jahrelang nicht. Das hing von einer einzigen Frage ab: War man oder war man nicht »wichtig für die Kriegsanstrengungen«? Irgendein Beamter aus der Regierung mußte das entscheiden. Er hielt natürlich, wie man das von einem Engländer erwarten kann, Geschäftsleute, Techniker usw. für wichtig, nicht aber Künstler, Musiker, Universitätsprofessoren, führende Anti-Nazis und so weiter.

Der erste, der aus dem Lager entlassen wurde, war ein Elefantendompteur. Seine Elefanten waren so klug, die Nahrungsaufnahme zu verweigern, wenn sie von jemand anderem gefüttert wurden.

Die nächsten, die entlassen wurden, waren einige dicke Industriemagnaten, die mit ihrem Kapital geflüchtet waren, aber nie einen Finger gegen Hitler gerührt hatten und seine Schuhe geküßt hätten, wenn er es ihnen erlaubt hätte. Nach ihnen kamen die Techniker und weitere solche nützlichen Männer.

Es brauchte Monate und einen starken Druck der Presse und des Parlaments, um die Regierung zu veranlassen, neue Kriterien zu schaffen, unter welchen »nutzlose« Leute entlassen werden konnten. Diese ganze, schrecklich langwierige Prozedur löste eine endlose Spannung und Unruhe aus, die es uns nicht erlaubte, uns in unser Schicksal dreinzufinden und zu versuchen, »das Beste daraus zu machen«, wie zum Beispiel ein Kriegsgefangener, der wußte, daß er einfach wie alle seine Mitinsassen das Kriegsende abwarten mußte. Mit uns war es anders: jeden Tag gingen ein paar, beneidet von den anderen; jeden Tag um fünf Uhr nachmittags wurden die Namen der Freigelassenen verkündet, und jeden Tag kroch ich wieder an meinen Lagerplatz zurück und fühlte mich krank und elend. Zu Anfang gab es einen anderen Grund für die Bitterkeit, der leicht zu vermeiden gewesen wäre. Während dieser Wochen in Ascot, das schließlich nicht sehr weit von London entfernt ist, erhielten wir nicht einen einzigen Brief, noch wurden, soweit ich weiß, meine Briefe befördert. Dennoch war das nichts im Vergleich zum Leiden der Internierten in anderen Ländern, vor allem in Frankreich, das berüchtigt war für seine gefühllose Behandlung der spanischen Republikaner und seine Gleichgültigkeit gegenüber Gefangenen im allgemeinen. 1941 erhielt ich einen Brief von meinem alten Freund Paul Westheim, der mit 4.1.41 datiert war: »Meine Kameraden und ich waren von Deiner Beschreibung des Weihnachtsfestes in Deinem Lager sehr beeindruckt. Mein Weihnachten war mehr biblischer Art. Es wurde in einem Kuhstall verbracht, wo ich seit drei Monaten lebe. Leider sind die Umstände weniger biblisch; ich leide seit Monaten an schwerem Ischias, Rheumatismus und Ruhr und ich schlafe auf Stroh. Die Temperatur ist zehn Grad unter Null, und da wir keine Heizung haben und die Fenster zerbrochen sind, bin ich sozusagen im Freien. Das ist ziemlich hart, vor allem wenn mir mein Vermieter die Heizungsrechnung schickt, die bezahlt werden muß. Aber ich will mich nicht beklagen. Ich habe gelernt, ohne Heizung zu leben…«

Die »geistige Verteidigung« begann in dem Moment, als wir das stacheldrahtumzäunte Lager betraten. Wohin man auch schaute, hörten kleine Gruppen von Männern verschiedenen Vorträgen zu. Heinz Beran sprach über englische Literatur. Unter einem Baum diskutierte ein Rabbi mit einem Jesuitenpater über Religion. Heinz Fraenkel – der »Assiac« aus dem »New Statesman« – erklärte Schachpartien. Das war nur der Anfang; unser späteres Lager auf der Isle of Man muß eine von Europas besten Universitäten gewesen sein. Am 12. Juli wurden wir auf die Isle of Man gebracht. Wir wußten nicht, was für ein Glück wir gehabt hatten. Hunderte von Flüchtlingen waren noch in dem berüchtigten Lager Wharf Mills, einer nicht mehr benutzten Baumwollspinnerei in der Nähe von Manchester. Das Gebäude wurde mir schlimmer als jedes Konzentrationslager beschrieben, verfallen, schmutzig, fast alle Fenster waren zerbrochen und die Fußböden mit Abfall bedeckt. Der Kommandant klaute wie eine Elster: Geld, Schreibmaschinen, alles, was ihm in die Finger fiel (später wurde er überführt und ins Gefängnis gesteckt). Freunde erzählten, und ich habe keinen Grund es anzuzweifeln, daß fünfzig oder sechzig schwerkranke Männer im Lager waren, die an Tuberkulose, Diabetes und Krebs litten; es gab einige, die nur einen Fuß oder ein Auge hatten. Die deutschen Ärzte hatten keine Injektionsnadeln und keine Medizin. Dreihunderteinundachtzig Männer schliefen in einem Raum und die Exkremente flossen über den Boden. Kochtöpfe, Thermosflaschen und Hüte mußten zum Urinieren benutzt werden. Nervenzusammenbrüche, gefolgt von Gewalttätigkeiten, waren an der Tagesordnung.

Als wir in Douglas auf der Isle of Man ankamen, umgeben von Soldaten, die ihre Bajonette auf uns richteten, kamen viele Leute, um die Gefangenen der siegreichen Schlachten von Hampstead und Golders Green zu sehen. Wir gingen am Kriegerdenkmal vorbei und jeder von uns nahm seinen Hut ab. Einer der Soldaten rief »Schneller, schneller.« Als ich ihm sagte, daß der Mann vor mir siebzig Jahre alt sei, hörte er sofort auf.

Das Lager bestand aus einem Block schmaler Unterkünfte und war von Stacheldraht umgeben. Um Verdunklungsmaterial zu sparen, hatte jemand die »brillante« Idee gehabt, die Fenster blau und die Glühbirnen rot anzustreichen, mit dem Ergebnis, daß es tagsüber so dunkel wie in einem Aquarium war und man sich nachts wie in einem Bordell vorkam. Sobald wir eingezogen waren, begannen wir Figuren und Blumen und Bäume mit Rasierklingen in die blaue Farbe zu ritzen, um etwas Tageslicht hereinzulassen. Das schönste Fenster wurde von einem Großwildjäger gestaltet, der jahrelang das Wild mit den Augen eines Höhlenmenschen oder Buschmannes beobachtet hatte. Obwohl er keine künstlerische Ausbildung hatte, war sein Fenster mit den Zebras, Giraffen, Affen, die auf Bäume klettern, viel schöner als die Fenster von all den professionellen Künstlern.

Es gab fast sechzig Häuser. In jedem Haus wohnten etwa dreißig bis vierzig, die meist zu fünft in einem Raum schlafen mußten. Ich glaube, die Gesamtzahl der Gefangenen muß etwa zweitausend betragen haben.[151]

Glück und Schnelligkeit verschafften mir ein kleines Zimmer mit nur zwei Betten. Mein Freund Frank[152] bekam das andere Bett. Er war Architekt und arbeitete für Tecton, das Büro, das High Point in Highgate und das Pinguinbassin im Zoo gebaut hatte und später den Finsburyentwurf und vieles andere mehr ausführte.

Außer den Betten hatte das Zimmer zwei Stühle, die uns als Tische dienten, indem wir den Koffer darüberlegten. Auf meinem Tisch fertigte ich ein paar hundert Zeichnungen an. Viele davon wurden 1944 unter dem Titel »Captivity« im Verlag Jonathan Cape veröffentlicht. Dieses Zimmer, in dem ich allein und ungestört sein konnte, wann immer ich wollte, schien mir viel schöner als Blenheim Palace.

Das Interessanteste von allem war vielleicht, die Reaktionen der Internierten auf die deprimierende Wirkung des Stacheldrahtes, die Langeweile, die fehlende Privatsphäre und die bereits erwähnte tägliche Folter der »Entlassung« zu beobachten. Es waren nicht die Männer mit dem größten Intelligenzgrad, die sich tapfer damit abfanden. Am besten hielten es die mit dem niedrigsten IQ aus. Für manche von ihnen war es eine herrliche Zeit, in der sie mit allem versorgt wurden: Unterkunft, Nahrung, Gesellschaft, Schutz vor Luftangriffen. Man sah sie auf dem Rasen in der Mitte unseres Lagerplatzes sitzen und von morgens bis nachts Karten spielen. Solange sie Briefe und Päckchen von zu Hause bekamen, waren sie rundum zufrieden und machten sich um nichts Sorgen, außer um den Tag, an dem sie wieder mit dem Leben außerhalb des schützenden Käfigs konfrontiert würden. Sie fühlten sich nicht gedemütigt, wenn sie von den Vorübergehenden und Kindern angestarrt wurden. Sie fühlten sich frei; die Leute draußen waren die Gefangenen.

Obwohl die Intellektuellen soviel härter getroffen wurden, zeigten einige von ihnen große Gelassenheit und stoische Würde. Andere dagegen waren sichtbar tief deprimiert und litten Qualen.

Einer von ihnen, ein Musiker, drehte ständig Runden wie ein Tiger im Käfig und führte dabei Selbstgespräche. Ein anderer Gefangener wurde verrückt und mußte in eine Irrenanstalt eingeliefert werden. Rawicz litt an Depressionen, aber munterte *uns* oft durch sein Klavierspiel auf. Alle mit Ausnahme der Niedrig-IQ'ler waren sich einig, daß es besser wäre, in London bombardiert zu werden, als in Douglas in Sicherheit zu leben.

Was mich betrifft, litt ich an Magenkrämpfen und Schwindelanfällen, die ganz auf die nervöse Spannung, den Haß auf meine Umgebung und die Furcht, daß »etwas« in meiner Akte beim Innenministerium meine Entlassung verhindern würde und ich jahrelang hierbleiben müßte, zurückzuführen waren. Ich bin mir absolut sicher, daß ich das Beste aus allem hätte machen können, wenn ich »das Datum« meiner Entlassung gewußt hätte.

Niemals zuvor oder seither habe ich solch eine außergewöhnliche Ansammlung von Menschen auf so engem Raum getroffen. Es gab Leute, die nur Jiddisch sprachen; sie müssen sechzig oder siebzig Jahre alt gewesen sein und wurden wahrscheinlich zu Zeiten in Galizien geboren, als Franz Joseph Kaiser von Österreich war. Es gab einige alte Schiffskapitäne der englischen Handelsmarine mit zahlreichen Orden, die vergessen hatten, englische Einbürgerungspapiere zu erwerben und die kaum ein Wort Deutsch sprachen. Es gab einige, die weder lesen noch schreiben konnten, die Dokumente mit einem Kreuz unterzeichneten und wahrscheinlich noch nie in ihrem Leben ein Bad genommen hatten. Es gab einen jungen, etwa fünfundzwanzigjährigen Mann, der einen weißen Pullover trug, auf dem in großen Buchstaben »BRITAIN« stand. Auf die Frage, woher er ihn bekommen habe, antwortete er, daß er bei den Olympischen Spielen in Berlin für England an den Start gegangen sei. Aber unser ganzer Stolz war unsere wunderbare Ansammlung von mehr als dreißig Universitätsprofessoren und Dozenten, vor allem von Oxford und Cambridge. Einige von ihnen genossen einen internationalen Ruf. Ich bezweifle, daß man irgendwo sonst eine größere Vielfalt von Dozenten hätte antreffen können – wir waren fast beängstigend reich. Was sollte man tun, wenn sich der Vortrag von Professor William Cohn über das Chinesische Theater mit Egon Welleszens Einführung in die Byzantinische Musik überschnitt? Oder Professor Jacobsthals Vortrag über Griechische Literatur mit Professor Goldmanns Vortrag über die Etruskische Sprache? Vielleicht wollte man lieber Zunz über die Odyssee sprechen hören oder Friedenthal[153] über das Theater Shakespeares.

Jeden Abend konnte man denselben Zug von Hunderten von Internierten sehen, die jeder einen Stuhl zu einem der Vorträge trugen. Die Erinnerung an all diese Männer, die nach Wissen strebten, ist eine der bewegendsten und ermutigendsten, die ich aus dem seltsamen Mikrokosmos, in dem ich so viele Monate lebte, mitbrachte.

Wir waren reich an Professoren und Malern, aber arm an Musikern. Nur Glass und Rawicz, beide hervorragende Pianisten, konnten uns mit klassischer Musik versorgen. Das zentrale Lager in Douglas war in dieser Hinsicht besser dran. Sie hatten ein ganzes Orchester unter Franz Reitzenstein, aber dafür weniger Professoren. Ihre große »Berühmtheit« war Jack Bilbo[154], der folgenden Vortrag hielt: »Warum ich so lange schwieg, von Jack Bilbo alias Ben Traven.« Am nächsten Tag kündigte jemand anderes einen Vortrag an – »Warum ich so lange schwieg, von Moise Rosenblatt, *alias* Goethe«.

Die sagenhafteste Figur in dieser phantastischen Welt war Kurt Schwitters, Maler, Dadaist und Gründer der Merz-Bewegung.[155]

Was war Dadaismus? Die Antwort, die die Mitglieder der Bewegung oft gaben, war, daß die Frage undadaistisch und kindisch sei. Wenn man nachhakte, pflegten sie zu sagen »Dada ist eine jungfräuliche Mikrobe«, »ein Hund oder ein Kompaß«, »affirmativ«, »negativ«, »idiotisch«, »tot«, kurz, alles, was die verhaßte Bourgeoisie schockieren konnte.

Sogar der Ursprung des Wortes Dada ist unbekannt. »Nur Schwachsinnige und spanische Professoren interessieren sich dafür«, schrieb Hans Arp, der später behauptete, daß »Tristan Tzara das Wort Dada am 8. Februar 1916 um sechs Uhr abends fand: Ich war mit meinen zwölf Kindern dabei, als Tzara zum ersten Mal dieses Wort aussprach... Dies passierte im ›Café de la Terrasse‹ in Zürich und ich trug eine Brioche in meinem linken Nasenloch...«

Die Begründer der Bewegung nannten sich selbst

Pazifisten, aber ihr wirkliches Vergnügen war Zerstörung. Der Erste Weltkrieg war ein Triumph des Chaos über Gesetz und Ordnung; warum sollte man nicht dazu beitragen, indem man alles, was an Kunst, Religion und Literatur geblieben war, zerstörte und statt dessen Dada, den Kult der Anarchie und Negation, errichtete?

Sie organisierten Vorträge, Manifeste, Lesungen, Dada-Soireen, auf denen Dadaisten, die als Zuckerhüte verkleidet waren oder auf ihre Köpfe Ofenrohre stülpten, die Schweizer Bourgeoisie mit »Krach«-Musik und rüden Tänzen schockierten. Es folgten anarchistische Proklamationen und »Gedichte«, die von Fahrradglocken und Trommelwirbeln auf Kisten »musikalisch« begleitet wurden.

Tzara gab folgendes Rezept aus, wie man Gedichte schreiben sollte: Man nehme eine Zeitung und eine Schere. Man wähle einen Artikel und schneide ihn aus. Dann schneide man jedes einzelne Wort aus, werfe alle in einen Beutel und schüttle kräftig.

Ihre Gags kamen an: die Kirche, die Presse, die Öffentlichkeit, alle waren wütend – und Ende 1918 wuchs die Bewegung über Zürich hinaus bis nach Frankreich und Deutschland hinein. Dort gab es mehrere Zentren, einschließlich Hannover, wo Schwitters, wie ich gesagt habe, einen speziellen Zweig namens Merz begründet hatte, genannt nach einer Collage, die zufälligerweise den Mittelteil des Wortes »Kom-MERZ-iell« zum Gegenstand hatte.

Schwitters war groß und breit gebaut, mit herabfallenden Schultern. Ein schwerer Mann mit einem schönen Kopf, der an den deutschen Dichter Gerhart Hauptmann erinnerte. Seine Socken hatten so viele Löcher, daß es manchmal nicht einfach war zu sagen, ob er überhaupt welche trug. Er trug feste Stiefel, die sogar ihm zu groß zu sein schienen, und sein Gang erinnerte mich an einen Bauern, der einen schweren Korb trägt. Nach seinen eigenen Erzählungen war er aus Norwegen geflüchtet. Er trug auf seiner Flucht ein paar weißer Mäuse mit sich, die ihm zu wertvoll waren, um sie in deutsche Hände fallen zu lassen. An irgendeinem Ort hatte er haltgemacht und war in eine Scheune gegangen, um einige Getreidekörner für seine Gefährten aufzulesen; plötzlich richteten sich die Gewehre einer Gruppe von Norwegern auf ihn, die ein elektrisches Kabel, das durch die Scheune lief, bewachten. Nur die weißen Mäuse retteten ihn vor dem sofortigen Tod. Die Norweger hielten es für unwahrscheinlich, daß ein deutscher Spion mit weißen Mäusen in der Tasche reisen würde. So ermöglichten sie ihm, nach England zu entkommen, wo er und seine Mäuse in Quarantäne gesteckt wurden.

Als ich ihn zum ersten Mal traf, lebte er in einer Dachkammer in unserem Lager. An den Wänden hingen seine Collagen aus Zigarettenpackungen, Tang, Muscheln, Korkstücken, Schnur, Draht, Glas und Nägeln. Ein paar Plastiken aus Haferbrei standen herum, eines der unbeständigsten Materialien, das einen schwachen, aber ekelhaften Geruch verströmte und die Farbe von Käse hatte: wie ein überreifer dänischer Blauschimmelkäse oder ein Roquefort. Auf dem Boden lagen Teller, trockene Brotscheiben, Käse und andere Essensreste und dazwischen große Holzstücke, hauptsächlich Tisch- und Stuhlbeine, die er aus unseren Unterkünften gestohlen hatte. Er verwendete sie für den Bau einer Grotte um das Fenster herum. In dem Raum, der ungefähr dreieinhalb auf zwei-einhalb Meter groß war, standen ein Bett, ein Tisch und möglicherweise auch ein Stuhl. Der Rest des Raumes war angefüllt mit Bildern aller Art, die auf Linoleum, das aus den Fußböden unserer Unterkünfte stammte, ausgeführt waren, da kein anderes Material erhältlich war. Zu diesem Zweck trug er immer ein scharfes Messer bei sich und ich sah ihn oft, wie er sich verstohlen aus dem Haus irgendei-ner bedauernswerten Bewohnerin der Isle of Man ein Stück Linoleum beschaffte.

Eines Abends besuchte ich ihn – was ich öfters tat, da er mich gerade porträtierte –, als ich das wilde Bellen von Hunden aus seinem Quartier hörte. Das überraschte mich, da Hunde und Frauen in unserem Lager nicht erlaubt waren. Als ich hineinging, spielte sich vor meinen Augen eine außergewöhnliche Szene ab. Im Erdgeschoß stand ein älterer Wiener Geschäftsmann, der über die Treppe hinauf Schwitters anbellte. Der stand auf dem obersten Treppen-absatz und bellte mit aller Macht zurück.

Der ältere Geschäftsmann hatte ein tiefes Bellen wie eine Dogge, Schwitters bevorzugte das Bellen eines Dachshun-des.

Wuff-wuff – bellte die Dogge.

Wuff-wuff-wuff, antwortete der Dachshund.

Wuff-wuff-wuff-wuff, der Geschäftsmann.

Wuff-wuff-wuff-wuff-wuff, kam die wütende Antwort.

Dies ging einige Zeit in einem beängstigenden Cre-szendo so weiter, bis beide Herren müde wurden. Der Ge-schäftsmann ging, wie es für Geschäftsleute üblich ist, zu Bett, aber Schwitters, der – wie ich zu vermuten wage –

nicht genau wußte, wo das menschliche Königreich endete und die Tierwelt begann, zog sich in eine Hundehütte zurück, die er für sich und den Dachshund in ihm erbaut hatte. Er hatte seinen Tisch mit ein paar Decken abgedeckt, seine Matratze daruntergeschoben. Er kroch auf allen vieren zum Schlafen hinein, was eine beträchtliche Anstrengung für ihn bedeutete, da er fett und schwer war. Ich sah ihn oft in seiner Hundehütte und er schlief niemals ein ohne ein letztes leises: Wuff-wuff-wuff.

Er war der vollkommenste Erzähler, den ich je getroffen habe. Er liebte es, seine Geschichten mit der größten Sorgfalt auszuschmücken. Seine Stimme war weich, und aus seinem Mund klang die deutsche Sprache, die so hart und kehlig klingen kann, melodiös und reich. Als er seinen ersten Dada-Abend gab, war er ziemlich besorgt, wie er wohl aufgenommen werden würde; er fürchtete sich vor einer Wiederholung der Krach-Szenen aus den frühen Zwanzigern, aber zu seiner Überraschung wurde jede Nummer mit donnerndem Applaus begrüßt. Der arme Schwitters hatte vergessen, wie sehr sich die Welt seit 1917 verändert hatte und daß *alle* heute ein surrealistisches Leben führten. Was konnte schließlich mehr Dada entsprechen als zweitausend »feindliche Ausländer«, die für den Sieg »unseres gnädigen Königs George VI. und unserer gnädigen Königin Elizabeth« beteten? Ich kann mich nur an wenige seiner Geschichten und Gedichte erinnern. Es gab eine über einen riesigen schwarzen Stein, den er eines Tages nach einem starken Regen in Hannover fand. Als die Sonne darauffiel, glitzerte und glänzte der Stein wie ein wunderschöner schwarzer Diamant. Er nahm ihn mit in die Kunstakademie und legte ihn auf den Ofen. Als er nach Hause ging, vergaß er ihn völlig. Als er zurückkam, wurde er von der Feuerwehr überholt. Schwarzer Rauch quoll aus den Fenstern der Akademie, und der Direktor rannte auf und ab und schüttelte seine Fäuste, während er schrie: »Das Schwein! Das Schwein! Wenn ich das Schwein erwische, das den Asphaltklumpen auf den Ofen gelegt hat!«

Dann gab es die Geschichte, wie er seine Familie mit Pilzen vergiftete (sie waren im Pilzbuch als giftig angeführt, »aber ich versuchte, die Natur zu besiegen«); die Geschichte, wie Wanzen in die Akademie kamen; die Geschichte von der amerikanischen Frau und dem Kaiser und, vor allem, die Geschichte vom Kupfernagel.

»Eines Tages«, sagte Schwitters, »hielt mich ein Mann in den Straßen Hannovers an.

›Könnten Sie mir b-b-bitte sagen, wo ich einen Ku-Ku-Ku-Kupfernagel kaufen kann?‹

Ich zeigte ihm den Weg zur Eisenwarenhandlung und er ging weg. Aber ich wußte eine Abkürzung und war lange vor ihm in der Eisenwarenhandlung.

›Ich möchte einen Ku-Ku-Ku-Kupfernagel k-k-k-kaufen‹, sagte ich zum Ladeninhaber. Er zeigte mir einige Kupfernägel.

›Sind sie lang genug?‹ fragte er. ›N-N-N-Nein‹, sagte ich, ›ich will l-längere.‹

Der Mann brachte immer mehr Kupfernägel, aber keiner von ihnen war lang genug. Schließlich fand er einen riesigen Nagel, der fünfundzwanzig Zentimeter lang war.

›Ja‹, sagte ich, ›der ist f-f-f-fein. Bitte, s-s-s-stecken Sie ihn sich in den Hintern.‹

Und dann ging ich. Eine Minute später kam der echte Stotterer in den Laden – und verließ ihn wieder blitzartig.«

Von seinen Gedichten erinnere ich mich an eines, das er »Ein Tongedicht« nannte. Es klang schön, wenn er es vortrug, aber ich fürchte, es verliert in gedruckter Form etwas von seinem Reiz. Es fing folgendermaßen an:

Langetúrgl – Oká, Oká,
Tsiuriuliutree – Tsíuka, Tsíuka,
Langetúrgle – Okaká – ká
Tríuka – Tsíuka
Langetúrgl…

Und so weiter. Ein anderes Gedicht begann mit:

Anna Blume
Du bist von vorne und von hinten
A-n-n-a
A-n-n-a
Ich liebe Dich

Es gab noch ein Gedicht, das er immer wieder vortrug. Es hieß »Leise«. Er begann zu flüstern »leise«, »leise«. Langsam wurde er lauter, »leise« wurde lauter und lauter und schließlich erreichte er eine beängstigende Lautstärke und brach in einen wilden Schrei aus. Genau in diesem Moment nahm er eine Tasse oder eine Untertasse und zerschmiß sie auf dem Boden in tausend Stücke. Dieses »Gedicht« war immer ein großer Erfolg. Viele Jahre zuvor hatte er es regelmäßig auf der Terrasse des »Café aux Deux Magots« in

Paris in der Anwesenheit von Tzara und Breton vorgetragen – so lange, bis der Inhaber einschritt.

Während seiner Internierung machte Schwitters weiterhin Collagen, wie schon zwanzig Jahre zuvor. Vielleicht lebte er in der Vergangenheit, vielleicht fand er es schwierig, etwas anderes zu machen. Ich habe Gründe für diese Vermutung. Wie dem auch sei, wenn er sie zu Geld machen wollte, konnte er keinen einzigen Käufer finden – die Leute hielten sie entweder für einen Witz oder für überholt. So mußte er wieder zu der Arbeit zurückkehren, die er früher an der Kunstakademie in Hannover gemacht hatte, nämlich Porträts und norwegische Landschaftsbilder zu malen. Die Porträts waren gut, die Landschaften dagegen schlecht gemalt. Sie erinnerten mich an verlorene Eier auf Spinat. Ich bin überzeugt, daß er trotz seines verrückten Auftretens weit entfernt davon war, verrückt zu sein. Er war sogar eine sehr kluge Person, und ich hatte immer den Eindruck, daß er eine Rolle spielte, daß er sorgfältig seine Dada-Persönlichkeit kultivierte, die ihm am passendsten für den Charakter schien, den er schon so lange angenommen hatte und den er sich nicht leisten konnte zu verlieren: er war der *Till Eulenspiegel* der Maler.

Er starb 1947 in Armut. Er versuchte noch, seine Collagen für ein Pfund pro Stück zu verkaufen. Sobald sein Tod feststand, begannen die Kunsthändler, jeden Fitzel seines Werkes, den sie bekommen konnten, aufzukaufen. Von Zeit zu Zeit fragte mich eine Stimme am Telephon: »Irgendwelche Schwitters zu verkaufen?« Die Collagen, wurde mir gesagt, sind nun zwischen dreihundert und vierhundert Pfund pro Stück wert und die Preise steigen noch:

Sie werden mit jedem Tag mehr Dada. Ich frage mich, was
der arme alte Schwitters dazu gesagt hätte?

»Wuff-wuff-wuff«, nehme ich an.

Im Gegensatz zum Lager in Ascot kamen auf der Isle of
Man Briefe und Päckchen regelmäßig an. Aber es waren
schlechte Nachrichten, und die Bombenangriffe auf London verstärkten die Angst von vielen Flüchtlingen, die
Frauen und Kinder dort hatten. Wenigstens von dieser
Sorge war ich befreit. Diana und unsere Tochter – Caroline
wurde am 3. Juli 1940 geboren – waren in unserem Häuschen in Essex, während John Heartfield und Francis Klingender[156] unser Haus in Hampstead bewohnten. Ich erhielt
regelmäßig Briefe über die Vorgänge in London von ihnen,
konnte mir aber keine richtige Vorstellung über das Leben
dort machen. Fuhren noch Taxis? Funktionierte das Telephon noch? Wie sah London aus? Wie sehr hatte sich die
Stadt verändert, seit ich sie verlassen hatte?

Ein- oder zweimal hatten wir Luftalarm, als die Deutschen auf ihrem Rückweg von Liverpool über die Isle of
Man flogen. Einmal gingen die Sirenen an einem Sabbat-
abend los. Sofort wurde das ganze Lager in Dunkelheit getaucht, mit Ausnahme des einen Hauses, in dem die ortho-
doxen Juden lebten. Der Kommandant, erzählte man,
versuchte anzurufen, aber erfolglos, da ein orthodoxer Jude
am Sabbat nie ans Telephon geht. Der Kommandant
schickte dann einen Boten mit dem Befehl dorthin, das verdammte Licht auszumachen. Der Bote kam zurück: er
hatte versucht, das Licht auszumachen, aber wurde daran
gehindert. Da er selbst ein Jude war, hatten die anderen ihn

davon abgehalten, solch eine Sünde zu begehen. Der Kommandant versuchte rasend vor Zorn, einen Nicht-Juden im Lager, das zu neunzig Prozent aus jüdischen Internierten bestand, zu finden. Aber der Alarm war vorbei, bevor er einen finden konnte.

Ich habe mich oft gefragt, ob es irgendwelche Nazis in meinem Lager gab. Ich kannte nur einen (vielleicht gab es mehr): unseren Koch. Er hatte die richtige Nazi-Mentalität: er war herrisch, intolerant, engstirnig und hatte keinen Sinn für Humor.

Eines Abends, Anfang September, war er noch unruhiger als gewöhnlich. Er stand am Fenster und schaute aufs Meer hinaus. Ich stand direkt hinter ihm und hörte, wie er leise, aber deutlich »Heut' fahren wir gegen Engelland« sang. Dann drehte er sich um, schaute mich an, lächelte und ging in sein Zimmer zurück. In der Nacht vom 10. oder 11. September sah ich ihn stundenlang am Fenster stehen. Es war die Nacht der Invasion, so glaubte er, das Herannahen der glücklichen Tage, wenn *er* dem befehlshabenden Nazioffizier der Invasionstruppen zeigen könnte, wer beseitigt werden sollte.

Ich weiß nicht, was aus ihm wurde. Ich glaube nicht, daß er ein Spion war. Er war wohl nur ein gewöhnlicher, gemeiner Nazi.

Ich glaube, außer ihm gab es nicht viele. Es gab ein Haus, dessen Bewohner sich von uns absonderten. Sie waren als »die Nazis« bekannt. Aber möglicherweise waren es nur Antisemiten und keine richtigen Nazis. Jahre später wurde ich in Wales einem gutaussehenden, jugendlichen Mann, einem Maler, vorgestellt. »Ich kenne Sie«, flüsterte er. Ich sagte, daß er sich sicher täuschen müsse. »Oh nein«, sagte er. »Ich habe sie schon einmal getroffen«, und fügte leise hinzu: »Hutchinson Camp.«

Als ich ihn fragte, warum er sich als Maler von allen anderen Künstlern entfernt gehalten und nie an unseren Ausstellungen teilgenommen hätte, sagte er vage, daß es dafür keine besonderen Gründe gegeben hätte. Ich bin sicher, er war kein Nazi, aber ich vermute, er haßte Menschenmengen und vor allem, wenn sie von Juden gebildet wurden.

Auf jeden Fall bin ich sicher, daß unsere Geheimdienst-Offiziere über alles Bescheid wußten, was im Lager vor sich ging. Es gab Informanten und Lagerspione, die sie auf dem laufenden hielten. Ein kleiner Spion suchte mich auf; aufgrund seiner Fragen war es offensichtlich für mich, daß er die Aufgabe hatte, herauszufinden, welche Beziehung ich zu meinem Schwiegervater hatte. Ich konnte die Gründe für die Neugier unseres Kommandanten nur zu gut verstehen.

Eine andere Frage, die mir oft gestellt wird, ist, wie wir behandelt wurden. Anfangs gleichgültig und oft gefühllos, später relativ gut. (Ich habe dankbare Erinnerungen an unseren Geheimdienst-Offizier, Hauptmann Jorgensen, und an unseren ungeheuer beliebten Quartiermeister Potterton.)

Gelegentlich wurden harte Strafen für kleine Fehler verhängt. War es notwendig, B. drei Tage einzusperren, weil er seiner wartenden Verlobten Blumen über den Stacheldraht geworfen hatte…? Aber für gewöhnlich taten die meisten unserer Offiziere ihr Bestes, uns das Leben unter diesen äußerst schwierigen Umständen so angenehm wie möglich zu machen.

Gegen Ende November waren alle Professoren und viele meiner Freunde entlassen worden, wie zum Beispiel Charoux, Ehrlich und Rawicz.[157] Auch Frank, der das Zimmer mit mir geteilt hatte und immer eine große Hilfe gewesen war, war weg. Mein neuer Mitbewohner ging mir auf die Nerven. Nicht daß er sich mit mir über Politik unterhalten hätte – obwohl er ein todernster Kommunist war –, aber er hatte eine irritierende Art, wie er seine Zähne putzte. Es war eine militärische Operation, eine Art Zangenbewegung, um die Bazillen einzufangen: links – rechts, oben – unten, links – rechts, oben – unten. Wenn er dann schließlich dieses Vorspiel beendet hatte, saugte er riesige Wassermengen ein und wirbelte sie im Mund herum. Dann spuckte er das Wasser mit aller Kraft und einer Präzision aus, als wollte er einen Faschisten treffen.

Wir redeten nicht viel. Ich hatte schon vor längerer Zeit beschlossen, mit einem Kommunisten nicht über Politik zu reden – es war so sinnlos, als ob man mit einem fanatischen Araber über Allah diskutieren wollte. Er war immer höflich und sorgsam darauf bedacht, in unserem Zimmer, das er fast unnatürlich sauberhielt, keinen Lärm zu machen. »Wie die meisten geweihten Männer war er einfach und in seinen Gewohnheiten sehr diszipliniert.« Aber ich wußte, daß einige Wörter in seinem Wortschatz fehlten, wie zum Beispiel Mitleid, Toleranz und Freiheit. Der einzige Zweck seiner Existenz lag darin, die Welt für den Kommunismus reif zu machen, und wenn ein paar Millionen mehr oder weniger sterben mußten, um dieses Ziel zu erreichen, war es eben Pech für sie. Nach dem Krieg würde er nach Deutschland zurückkehren oder wohin man ihn auch schickte und Befehlen gehorchen.

Ich wußte, daß er zu Geheimtreffen der Partei ging, weil er mir eines Tages erzählte, daß sich über das ganze Lager verstreut kommunistische Zellen befänden und daß sie jeden Nazi kennen würden. Er erwähnte auch, daß er, bevor er in mein Zimmer zog, vorsichtige Erkundungen über mich eingezogen habe und daß ich in jeder Hinsicht *in Ordnung* sei.

Ich nahm dieses Kompliment mit großer Bescheidenheit entgegen.

Die Woche bis Weihnachten und die Zeit danach schien endlos düster und deprimierend zu sein. Jeden Tag wartete ich in Furcht und Hoffnung bis fünf Uhr nachmittags, wenn die Namen der Freigelassenen vorgelesen wurden, nur um mich dann wieder in mein Zimmer zurückzuziehen, zu elend, um etwas zu essen. Ich schlief sehr schlecht und sobald ich im Bett war, schien sich das ganze Zimmer zu drehen.

Weihnachten kam mit all seinen Schrecken; alle unternahmen verzweifelte Anstrengungen, um alles in einem möglichst frohen Licht erscheinen zu lassen und gaben vor, niemals in besserer Gesellschaft gewesen zu sein oder besseres Essen und besseren Wein genossen zu haben. Nach Weihnachten gab ich die Hoffnung auf. Mein Zellennachbar dagegen schien völlig gefaßt. Er strahlte Entschlossenheit aus. Er schrieb und las. Er machte sich für das Armageddon bereit. Warum sollte er sentimental werden

angesichts einer Menge religiösen Unsinns oder sich durch
eine bourgeoise Sorge um Frau und Kinder in seiner Pflicht
stören lassen?

Am 30. Dezember rief mich Hauptmann Jorgensen in
sein Büro und fragte mich, ob ich nach Hause gehen wolle.
Ich schaute ihn an, ich schaute ihn an und er – lächelte.

Am nächsten Morgen verließ ich das Lager. Im Zug hielt
ich mich von den anderen Reisenden fern, da ich fürchtete,
daß mich jeder als ehemaligen Gefangenen erkennen
könnte. Ich kam ein paar Minuten vor dem Neuen Jahr in
London an. Ich nahm ein Taxi und fuhr nach Hause. Wenn
ich hundert Jahre statt nur sechs Monate weggewesen wäre,
hätte London nicht seltsamer aussehen können.

Früh am nächsten Morgen rief ich meine Frau an, um ihr
zu sagen, daß ich frei war. Ich fragte sie, wo wir uns treffen
könnten.

»Komm' sofort hierher«, sagte sie.

»Aber ich kann nicht«, sagte ich, »Du weißt, es ist verbotenes Gebiet.«

»Nicht mehr«, sagte sie. »Seit heute, dem 1. Januar 1941
nicht mehr.«

Ich nahm den nächsten Zug nach Essex.

Essex

Die Ankunft eines bärtigen Deutschen, der kaum Englisch sprechen konnte, mußte in dem kleinen Dorf eine Sensation hervorgerufen haben. Jeder kannte meine Frau und meine Tochter, aber sie kannten mich nicht. Trotzdem begegnete man mir mit Freundlichkeit und Herzlichkeit, und ich hatte kein einziges Mal das Gefühl, daß ich mehr Außenseiter war als jeder andere Neuankömmling. Niemand hatte etwas dagegen, daß ich der kleinen Gruppe der Feuerwache beitrat. Ich wurde von der Sperrstunde ausgenommen – eigentlich hätten meine Frau und ich nach Sonnenuntergang im Haus bleiben müssen –, und bald trat die ziemlich lustige Situation ein, daß ich, der »feindliche« Ausländer, der kein Recht hatte, mehr als ein paar Kilometer zu reisen oder mit einem Auto oder einem Fahrrad zu fahren, außer um Ware auf den Markt zu bringen (und auch das nur mit einer besonderen Erlaubnis), der einzige war, der nach dem Ausscheiden der anderen übrigblieb, um sich um die Sicherheit des kleinen Dorfes zu kümmern.

Ich machte noch lange weiter, teilweise, weil es darüber hinaus kaum etwas gab, was ich für die Kriegsanstrengungen tun konnte, teilweise aber auch, weil tatsächlich oft Gefahr im Verzug war. Mein »sicheres« Häuschen war weit entfernt davon, sicher zu sein. Mir schien, daß die Deut-

schen einen besonderen Groll gegen mich und nur ein Ziel
in der Gegend hatten: mein Häuschen. Eines Tages ließ ein
Kampfflugzeug eine Bombenladung mit ungefähr elf Stück
nur ein paar hundert Meter entfernt fallen. An einem anderen Tag explodierte eine Tausend-Pfund-Bombe in einer
Entfernung von etwa dreihundert Metern und zwei oder
drei andere fielen noch näher am Haus. Glücklicherweise
besteht der Boden in Essex aus Lehm, und so bestand unser
einziger Schaden am Haus nur in ein paar Rissen im Verputz.

(Nach dem Krieg las ich, daß wir eine Möglichkeit entdeckt hatten, die Deutschen von ihrem Kurs abzulenken,
und daß sie glaubten, sie seien über Birmingham oder
Sheffield, wenn sie in Wirklichkeit über meinem Häuschen
waren. Ich wüßte keinen anderen Grund, warum wir sonst
so viele Bomben abbekommen hätten.)

Später, als die Deutschen Frankreich verlassen mußten
und sich nach Holland zurückzogen, müssen wir auf der
direkten Linie von ihren dortigen Stützpunkten nach London gelegen haben, weil immer kurz nach Mitternacht eine
V1-Rakete nach der anderen über unser Dorf flog. Da dieser Teil von Essex so flach war, konnten wir sie schon ki-
lometerweit kommen sehen. Sie flogen so tief, daß man
»den Schwefel riechen« und ihren Flugkurs bis zum Ende
verfolgen konnte, bis die Explosion den schwarzen Himmel erleuchtete.

Wir blieben bis 1944 in Bambers Green, umgeben
von Flugplätzen, Segelflugzeugen, Transportflugzeugen,
Kampfflugzeugen und allem, was sonst noch zum Krieg
gehört. Gelegentlich stürzte eines unserer Flugzeuge ab,

und eine schwarze Wolke verdunkelte den blauen Himmel.

Aber im großen und ganzen war das Leben ziemlich langweilig. Ich malte, baute Gemüse an, züchtete ein paar hundert Kaninchen – nach Meinung von Diana war die Produktion von Kaninchenfleisch mindestens so gut wie eine siegreiche Schlacht –, hielt ein Dutzend Hühner und ein paar Gänse. Jeden Abend, im Winter wie im Sommer, konnte man mich in der Gegend herumkriechen sehen, wie ich große Mengen von Wiesenbärenklau, Löwenzahn, Hirtentäschelkraut und anderen Gräsern für die Kaninchen sammelte. Bis heute kann ich keinen Spaziergang auf dem Lande machen, ohne automatisch nach Gräsern zu suchen.

Wegen der Reisebeschränkungen konnten wir nur ein paar Nachbarn besuchen. In Great Bardfield und Umgebung lebten Michael Rothenstein, Edward Bawden, Kenneth Rowntree und John Armstrong, aber es war verbotenes Gebiet und ich brauchte eine besondere Erlaubnis vom Polizeichef von Essex, um sie zu besuchen.[158] Meine näheren Nachbarn waren ziemlich seltsam. Einer von ihnen erzählte mir, daß er nicht so sehr daran interessiert sei, den Krieg zu gewinnen, als vielmehr sein Vermögen zu erhalten. Er hätte es vorgezogen, von Hitler regiert zu werden als von Attlee oder Bevin.[159] Als Rußland an unserer Seite in den Krieg eintrat, sagte er, daß er nicht mehr wisse, wo er stünde. Was für ein Krieg sei das, in dem englische Soldaten für die Bolschewiken kämpfen müßten? Ein anderer Nachbar, der einen schönen Bauernhof hatte und Hunde und Rennpferde hielt, überraschte mich noch mehr. Er war ziemlich klein, stämmig und ungeheuer stark. Eines Tages lud er uns zu einem ausgezeichneten Abendessen ein. Das Haus war voller schöner Möbel, silberner Kerzenhalter und reizendem Porzellan. Nach dem Abendessen bat mich unser Gastgeber, ihm nach oben zu folgen, um ein paar Bilder anzuschauen. Er zeigte mir ein paar ziemlich schwache Pastellzeichnungen von einem Ballettänzer und fragte mich, ob ich den Tänzer erkenne. Als ich verneinte, sagte er: »Aber sehen Sie nicht, daß ich der Tänzer bin! Ich war unter Diaghilew Tänzer in Monte Carlo.«

Diesen Sommer half ich ihm, sein Heu einzubringen. Als ich seine Kraft bewunderte, sagte er: »Kommen Sie schon, testen Sie meine Muskeln. Ich war nicht umsonst in der Fremdenlegion, oder in Indochina fünf Jahre lang in Ketten!«

Ein andermal beklagte er sich über seine Armut. »Vor dem Krieg«, sagte er, »war es anders. Ich hatte Varieté-Theater in Bukarest und Budapest und ich ging immer nach Harlem, um schwarze Sänger und Tänzer zu engagieren.«

Ich habe nie herausgefunden, wieviel davon wahr und wieviel erfunden war. Aber ich hätte niemals erwartet, daß ein Ballettänzer, der früher in der Fremdenlegion und Besitzer von Variété-Theatern in Budapest war, nun auf einem Bauernhof in Essex lebte. Eines Tages teilte er mir mit, daß er der Hilfspolizei angehöre und daß er sein Dossier in einer Polizeiwache in der Nähe gefunden und es verbrannt hätte.

Seine Frau war sehr »vornehm« und hielt einige reinrassige, blaue Perserkatzen; vor dem Krieg hatte sie sie für den Export gezüchtet. Die Katzen waren in einem eigenen Gebäude untergebracht und jede schlief in einem eigenen kleinen Bett.

Einige Kilometer entfernt lebte Percy Muir, der Buchhändler. Hinter seinem Häuschen waren große Hühnerställe, in denen er seine Bücher aufbewahrte, Erstausgaben und seltene Manuskripte. Eine Zeitlang hatte er das Originalmanuskript der Haffnersymphonie und Baron Corvos sonderbare Briefe aus Venedig. Nicht weit von den Muirs lebten die Royles und Simons, die Drucker waren, sowie eine Dame, deren Name ich vergessen habe. Sie war die Eigentümerin einer großen Hütte, an deren Wänden Bilder von H. G. Wells hingen, darunter »Gottvater«.[160]

Ab und zu hatten wir Besucher: Eric Newton und seine Frau, die Rowntrees, John Armstrong, den jungen Maurice Cranston und viele meiner Freunde aus dem Internierungslager. Ein anderer Gast war der sehr vornehm aussehende, alte Francesco Gali-Fabra, der Maler. Er war Direktor verschiedener Museen, darunter des Prado im Spanien vor dem Bürgerkrieg. Er war reizend, würdevoll und ein außergewöhnlich guter Zeichner, und er kannte Picasso und Miró. Ihm verdanke ich eine der seltsamsten Geschichten, die ich jemals gehört hatte, und da ich nie einen Grund gesehen hatte, seine Glaubwürdigkeit anzuzweifeln, wüßte ich nicht, warum ich den Wahrheitsgehalt dieser Geschichte anzweifeln sollte.

Eines Morgens vor dem Bürgerkrieg erhielt er einen Anruf von einem Freund in Barcelona. »Paß auf, Gali«, sagte sein Freund, »ich hatte einen schrecklichen Traum. Ich habe Dir doch gesagt, daß ich nach Paris fliegen wollte, aber ich träumte, daß mein Flugzeug abstürzte und in

Flammen aufging. Ich bin ein abergläubischer Mann – ich will nicht mehr nach Paris. Falls Du nicht abergläubisch bist, kannst Du mein Ticket haben und Dich in Paris vergnügen.«

Gali nahm das Ticket, flog nach Paris und verbrachte ein paar schöne Tage dort.

Sein Freund ging wie immer ins Büro. Eine Frau, die Selbstmord verüben wollte, sprang aus einem Fenster aus dem vierten Stock als er vorüberging. Sie fiel auf seinen Kopf. Er war tot, sie überlebte.

Aber insgesamt war das Leben auf dem Lande ziemlich langweilig. Mein Sohn wurde 1943 geboren, und aus meiner kleinen Tochter war eine ungewöhnlich hübsche, junge vierjährige Dame geworden. Eines Tages schlugen einige Zigeuner vor unserem Häuschen ein Lager auf. Zu meinem Erstaunen sah ich einige ihrer Kinder mit Büchern! Mein anthropologisches Interesse war erwacht. Ich hatte noch nie Zigeuner mit Büchern gesehen. Was lasen sie? Ich schaute auf die Bücher. Eines war »Pre-Roman Britain«, ein anderes »A History of London« und ein drittes »Totem and Taboo« von Freud. Meine Tochter hatte ihnen die Bücher aus meiner Bibliothek geschenkt…

1941 hatte ich zusammen mit Epstein eine Ausstellung in der Leicester-Galerie, 1943 eine Einzelausstellung in der Redfern-Galerie und 1944 zusammen mit Henry Moore und Matthew Smith[161] eine Ausstellung in der Berkeley-Galerie. Im Winter 1944/45 gingen wir nach London zurück, das sicherer schien als Essex. Dort erlebten wir das Kriegsende. Am Tag des Sieges entzündeten wir in der Nacht ein solches Freudenfeuer, daß der Gehweg beschädigt wurde. Alle meine Nachbarn machten mit, wir schoben unser Klavier mitten auf die Straße und boten allen Vorübergehenden Freibier an. Nachdem die Pubs geschlossen hatten, kamen noch mehr Leute, als sie herausfanden, daß dies keine »Privatparty« war. Ungefähr um Mitternacht eilten alle Mütter in ihre Häuser und kamen mit ihren Kindern zurück, die in ihren Schlafanzügen oder Nachthemden steckten. Es war eine wundervolle Nacht: alle Kinder tanzten um das Feuer herum, dessen Flammen einen Birnbaum, ein paar Sessel und ein Bildnis von Hitler verzehrten.

In den frühen Morgenstunden beschloß Stephen Murray, der Klavier gespielt hatte, das Fest mit »God Save the King« und der »Internationalen«. Es war eine denkwürdige Nacht, und ich erinnere mich jedesmal daran, wenn ich den verbrannten Gehweg vor meinem Haus sehe.

Schluß

Ich glaube, dies ist nun der richtige Augenblick, um meine Erinnerungen abzubrechen. Nicht daß die Jahre seit dem Krieg uninteressant gewesen wären – tatsächlich waren sie die Jahre, die ich am meisten genoß, da ich sorglos in den Tag hineinleben konnte –, aber sie scheinen, verglichen mit den früheren Jahren, etwas weniger intensiv gewesen zu sein. Wie ein Fluß, der nach Schluchten und steilen Wasserfällen ruhig, gemächlich und träge seinen Lauf durch das freundliche und glückliche Land zum Meer hin findet, in das alle Flüsse münden.

Ich habe mir ein paar meiner Jugendträume erfüllt; ich habe einige der Städte gesehen, die ich sehen wollte: Fez und Marrakesch, Knossos und Delphi und Heraklion, Famagusta und Kyrenia, Split und Ragusa, Venedig und Ravenna und New York.

Ich habe eine ganze Menge interessanter Leute getroffen, womit sich ein anderer meiner Jugendträume erfüllt hat.

Mein größter Traum jedoch, meine einzige Passion blieb unerfüllt: ein großer Künstler zu sein. Dieser Mißerfolg hat mir große Verzweiflung und Schmerz bereitet. Andererseits habe ich Grund, dankbar zu sein: ich glaube, daß ich mehr Freunde als Feinde habe. Ich habe mir immer die Liebe und das Vertrauen meiner Familie erhalten. Ich habe in England nicht nur eine Zuflucht, sondern ein wirkliches Zuhause gefunden, ein Land, das ich mehr als ein anderes auf der Welt liebe. Ich glaube, wenn Toleranz, Freundlichkeit, politische Reife und Fairneß die Prüfsteine der Zivilisation wären, dann wäre England die zivilisierteste Nation der Welt.

Nachdem ich jahrelang herumgestoßen wurde, habe ich den Wert von Sicherheit schätzen gelernt. Niemand, der nicht einen französischen oder deutschen Polizisten erlebt hat, kann die Anständigkeit und die Ehrlichkeit des durchschnittlichen englischen Polizisten richtig würdigen. Noch kann er dankbar genug sein für den Schutz, den die englischen Gesetze gegen Beleidigung und Verleumdung geben, wenn er nicht Zeitungen wie den »Stürmer«, den »Völkischen Beobachter« oder »Gringoire« oder »Candide« gelesen hat.

Es ist wahr, daß alles seinen Preis hat. Dem Leben in England, scheint mir, fehlt die Intensität. Die Leute amüsieren sich nicht und Langeweile ist weit verbreitet. Aber für mich ist der Preis nicht zu groß, da ich älter werde. Statt von der wilden, verzehrenden Flamme Frankreichs versengt zu werden, wärme ich meine Hände am beständigen, gleichmäßigen Feuer, von dem ich hoffe, daß es mich noch viele Winter wärmen wird. »Ein kleines Feuer, das wärmt, ist besser als ein großes Feuer, das verbrennt«, sagen auch die Franzosen.

Ich habe mit Absicht Ereignisse aus meinen Erinnerungen ausgeschlossen, die noch lebende Leute verletzen könnten. Wenn ich nichts über Sex geschrieben habe, dann nicht, weil ich prüde bin – im Gegenteil, ich glaube wie die Griechen, daß körperliche Liebe eine harmlose und angenehme Beschäftigung sein sollte. Das Fehlen solcher Stellen wird nur für solche Leser bedeutsam sein, die in jedem Buch eine Prise Erotik brauchen. (In einer ansonsten bedeutenden Biographie, die ich vor kurzem las, behandelte der Autor weitschweifig die gewichtige Frage, wann er zum ersten Mal masturbierte, wie lang diese Phase dauerte und anderes mehr. Das kommt mir wie eine übertriebene und dumme Selbstüberschätzung vor.)

Wenn ich meine Fehler nicht besonders betont habe, dann deshalb, weil sie nur zu offensichtlich sind: Mangel an Entscheidungskraft und Entschlossenheit, an klarem Kopf und oft an Mut; diese Fehler hätten vielleicht im Elternhaus korrigiert werden können, wenn ich ein Elternhaus gehabt hätte. Wenn ich mich selten wie ein Held benommen habe, dann, weil ich nicht dazu bestimmt war; andererseits, wenn es notwendig war, *handelte* ich trotz meiner Ängste wie ein Held. Mehr kann man von einem Mann nicht erwarten, der schnell verletzt und noch schneller deprimiert ist und der all seine Kraft braucht, um nach außen hin den Anschein von guter Laune und Leistungsfähigkeit aufrechtzuerhalten.

Am meisten bedrückt mich, wie wenig ich von der wenigen Weisheit, die ich in über fünfzig Jahren erlangt habe, auf mein eigenes Leben anwenden kann. Ich stimme mit Paracelsus überein:

Es fliessen ineinander Traum und Wachen
Wahrheit und Lüge. Sicherheit ist nirgends,
Wir wissen nichts von andern, nichts von uns
Wir spielen immer, wer es weiss ist klug.

Ich weiß, daß sogar der große Churchill zu Staub zerfallen
und eines Tages vergessen sein wird und daß man sich an
mich kaum länger als ein paar Wochen über meinen Tod
hinaus erinnern wird. Obwohl ich das weiß und glaube,
daß alles Leben *sub specie aeternitatis* absurd ist, bin ich
selbst immer noch so absurd wie eh und je – tagelang verletzt und unglücklich, wenn eines der hohen Tiere der
Kunststiftung nicht mit mir spricht oder wenn einer der
jungen Künstler unserer Zeit vorgibt, mich nicht zu kennen. Statt meinen Garten zu pflegen, sehne ich mich nach
Gesellschaft; statt die Eitelkeit meiner Ambitionen zu erkennen, sehne ich mich immer noch nach Ruhm; anstatt
mit meinen Besitztümern zufrieden zu sein, taumle ich wie
Faust »von Begierde zu Genuss und im Genuss ver-
schmacht' ich nach Begierde«.

Statt ruhig den Rest meines Lebens zu genießen und mit
George Moore zu sagen »Was nützt die Unsterblichkeit,
wenn ich tot bin?«, bin ich manchmal zu deprimiert, um
den blühenden Kirschbaum in meinem Garten zu sehen,
den Mond über der Heide und das Lächeln meiner Kinder.

Nicht, weil ich Großes in meinem Leben erreicht habe,
habe ich meine Memoiren geschrieben, sondern weil ich die
Geschichte eines durchschnittlichen Menschen *und* seiner
Zeit erzählen will, der in einen der wildesten Stürme der

Geschichte geriet und eine Katastrophe überlebte, die ganze Kontinente verschlang und Millionen mehr oder weniger vom Glück begünstigte Menschen. Es ist die Geschichte eines Mannes, der vielleicht egoistisch glaubte, daß es wichtiger sei, gute Bücher zu schreiben, als in achtzig Stunden um die Welt zu rasen, daß es wichtiger sei, gute Bilder zu malen, als ein großes Vermögen anzuhäufen, und dessen einziger – leider unerreichter – Ehrgeiz darin besteht, nicht mit Raketen, sondern mit seiner Kunst die Sterne zu erreichen.

Nachbemerkung des Autors

In meiner Kindheit gab es ungefähr zehntausend Juden in ganz Württemberg. Davon lebten etwa viertausendvierhundert in Stuttgart. Einige waren Handwerker, aber die meisten lebten vom Handel; eine verhältnismäßig große Zahl arbeitete als Rechtsanwälte und Ärzte, die beiden akademischen Berufe, die den Juden am ehesten offenstanden. Die Mehrheit gehörte dem Mittelstand an und ich habe den Eindruck, daß es ihnen im allgemeinen recht gut ging und nur wenige von ihnen wirklich arm waren. Einige waren außerordentlich reich, und das in einer Stadt, die zu den reichsten Städten in ganz Deutschland gehörte. Das Verhältnis zwischen Juden und Nichtjuden war im großen und ganzen freundlich, aber ihr sozialer Verkehr war eingeschränkt. Im allgemeinen blieben die Juden oft für sich und zogen es vor, sich untereinander zu treffen. Sie wollten nicht riskieren, geschnitten zu werden. (In allen Tennisvereinen waren die Juden, von Ausnahmen abgesehen, offiziell von der Mitgliedschaft ausgeschlossen.) Wenn ich sage, die Juden zogen es vor, sich untereinander zu treffen, so heißt das nicht, daß es keine sozialen Unterschiede zwischen Juden und Juden gab. Im Gegenteil, keine Gesellschaft hätte klassenbewußter und snobistischer sein können und keine Hierarchie strenger.

An der Spitze stand der »Adel«, eine kleine Gruppe von etwa einem Dutzend Familien, die ebenso exklusiv waren wie die gute Gesellschaft in Boston. Es waren die Alteingesessenen, Familien, die sich in Stuttgart am Anfang des neunzehnten Jahrhunderts niedergelassen hatten, in der Hauptsache Rechtsanwälte, Bankiers und ein oder zwei Richter, deren Väter schon ähnliche Stellungen innegehabt hatten. Sie hielten sich für etwas Besseres, nicht nur weil sie bereits länger in Stuttgart lebten, sondern wegen ihrer höheren kulturellen Bildung. Sie konnten es sich leisten, auf den Geschäftsmann hinunterzuschauen. Sie sammelten Bilder, schickten ihre Kinder auf Universitäten, hatten Geld und verachteten die Leute, die ganz von unten anfangen mußten, sich ihr Geld zu verdienen. Einige von ihnen vermieden soweit wie möglich jeden sozialen Umgang mit anderen Juden und sogar mit ihren eigenen Verwandten – der Neffe meiner Großmutter, Fritz Elsas, war ein treffendes Beispiel hierfür – und sie ließen ihre Kinder taufen. Sie bemühten sich unablässig, in die Gesellschaft der Nichtjuden aufgenommen zu werden, was in einigen Fällen auch gelang.

Etwas darunter in der Rangfolge kam die weitaus größte Gruppe: vor allem wohlhabende Geschäftsleute, Ärzte und Rechtsanwälte, deren Familien seit zwei oder drei Generationen in Stuttgart ansässig waren, die sich gegenseitig kannten, besuchten, untereinander heirateten, die vielleicht ein paar nichtjüdische Bekannte hatten, in der Regel aber ihren jüdischen Freunden und Bekannten den Vorzug gaben. Ihre Familien waren klein, mehr als ein oder zwei Kinder waren außergewöhnlich.

Noch tiefer angesiedelt waren die ärmeren Juden und die Neuankömmlinge, die Dorfjuden, die in der Hauptsache frühere Viehhändler und kleinere Kaufleute waren; ganz unten rangierten die Polacken, Juden aus Polen und Rußland. (Ich erinnere mich an eine Szene, die mein Vater machte, weil ich einen Polacken-Schulfreund nach Hause brachte. Übrigens, er lehrt jetzt an der Harvard Universität Jura.[162])

Zu den reichsten Familien gehörten die Wolfs, die Straussens und die Heilners.[163] Sie hatten weitverzweigte Unternehmen und Geschäftsbeziehungen in der ganzen Welt, gehörten aber trotz ihres Reichtums nicht zum jüdischen »Adel«, der sie immer noch unter die »Neureichen« zählte.

Die Wolfs, die als die Lumpen-Wolfs bekannt waren, waren mit Abstand die reichste jüdische Familie in Stuttgart, vielleicht sogar eine der reichsten in Deutschland. Ich erinnere mich, daß ein Gesprächsthema immer wieder auftauchte und mit brennendem Interesse behandelt wurde, nämlich, wieviel Geld die Wolfs hatten. Waren es zweihundert Millionen Mark oder vielleicht sogar dreihundert Millionen? Alles, was wir sicher wußten, war, daß die »Lumpen-Wölfe« überall Unternehmen hatten, in Indien, Skandinavien und China, und daß ihnen die meisten Webereien in der Schweiz gehörten. Trotz ihres Reichtums lebten die Wolfs wie die meisten Juden und Nichtjuden in Stuttgart bescheiden und ohne ihren Reichtum zur Schau zu stellen. Es genügte, daß man sich unter Reichen bewegte; Prahlerei wäre geschmacklos gewesen. Als einmal ein Sohn der Familie Wolf eine herrliche Villa über der

Stadt baute, dauerte es Jahre, bis der Vater einwilligte, ihn dort zu besuchen. Autos wurden als Luxus betrachtet und hauptsächlich für geschäftliche Zwecke benutzt; ich erinnere mich daran, wie verärgert die Brüder meines Vaters waren, weil er ein- oder zweimal den Firmenwagen benutzt hatte, um mit uns einen Ausflug in den Schwarzwald zu machen. Der *Firmen*wagen!! Zum *Vergnügen*!!! Geld war nicht zum Ausgeben, sondern zum Anhäufen da. Man brauchte Geld jetzt nicht mehr, um einen Schutzbrief vom Hof zu kaufen – jetzt bedeutete es Prestige und Macht, und wenn das alleine noch nicht genügte, konnte man sich einen Titel kaufen: Für zwanzig- oder dreißigtausend Mark, die man einem Krankenhaus oder einem Museum stiftete, konnte man den Titel *Königlicher Kommerzienrat* erhalten. Wenn das immer noch nicht ausreichte, konnte man etwas mehr ausgeben und *Wirklicher Königlicher Kommerzienrat* werden! Und für die geringe Summe von fünftausend Mark konnte man Konsul von Panama werden!

Die Religion spielte kaum eine Rolle im Leben der jüdischen Gemeinde und fast während des ganzen Jahres blieb die Synagoge so gut wie leer; nur zweimal, am Versöhnungsfest und am Neujahrstag war sie überfüllt. Die meisten Juden gehörten der liberalen Synagoge an, aber ein paar waren orthodox, aßen nur koschere Speisen, hielten den Sabbat ein und weigerten sich, an diesem Tag irgend etwas zu tun; sie reisten nicht, sie hoben den Telephonhörer nicht ab, sie trugen nichts, nicht einmal Hosenträger, um die Hosen zu »tragen« (statt dessen schnallten sie einen

Gürtel um). Und so weiter. Aber die Mehrheit hielt diese »Puristen« für verrückt, atavistische Überbleibsel oder Witzfiguren. (Einerlei, sie waren wahrscheinlich sowieso »nur Polacken«.)

In den späten Zwanzigern machten sich viele liberale Juden Sorgen wegen des offenkundigen moralischen Zerfalls ihrer Glaubensgenossen; sie hatten keinen Glauben mehr, oder er war nur noch oberflächlich vorhanden; wenn überhaupt, dann hatten sie nur wenige Kinder, die Zahl der Selbstmorde nahm zu und sie schlossen Mischehen. Deshalb versuchten sie den Untergang der deutschen Juden aufzuhalten, indem sie darauf bestanden, daß wenigstens *ihre* Kinder wissen sollten, *warum* sie Juden waren. Aber es war schon zu spät.

Wie fast überall, so waren auch die deutschen Juden große Patrioten. Es war fast lächerlich, wie stolz sie darauf waren, zuerst Deutsche und dann Juden zu sein. Deshalb gaben sie ihren Kindern germanisch klingende Namen. Das ging sogar soweit, daß die Namen Siegfried und Sigmund fast ausschließlich jüdische Namen wurden.

Dies alles ist nur von historischem Interesse, da Hitler das Problem »löste«. Nach dem Krieg gab es, soweit ich weiß, in ganz Stuttgart nur noch zehn oder zwölf Juden. Alle anderen, die den Gaskammern entkamen, emigrierten.

Nachwort

Als Fred Uhlman 1985 starb, hatte er sich in der englischen und vor allem in der Londoner Kulturszene, ja sogar in Frankreich einen Namen gemacht: als Künstler und als Schriftsteller. Die wichtigsten englischen Tageszeitungen sowie »Le Monde« in Paris brachten ehrenvolle Nachrufe, und der französische Kulturminister, Jack Lang, schickte der Witwe, Diana Uhlman, ein längeres Kondolenztelegramm.

Nichts hatte zunächst nach 1945 darauf hingedeutet, daß Uhlman eines Tages, zumindest zeitweise, in seinem neuen Vaterland England und in Frankreich zu einer Berühmtheit aufsteigen würde. Sicherlich hatte er bereits 1936 in Paris sensationellen Erfolg, als seine ersten Bilder ausgestellt worden waren. Auch seine weiteren Ausstellungen in der Galerie »Le Niveau« am Montparnasse wurden zum Gesprächsstoff in Pariser Künstlerkreisen. Man fing an, wie der Kunstkritiker Paul Westheim damals, 1938, in »Die neue Weltbühne« schrieb, »diesen Uhlman zu diskutieren«. Was Aufsehen erregte, war die Tatsache, daß ein Autodidakt, ein ehemaliger Rechtsanwalt, einen Pinsel in die Hand genommen hatte und Bilder malen konnte, Bilder, die über das Niveau der »Dimanche-Malerei«, der Sonntagsmalerei, hinausragten. Uhlman hatte, wie die Kritiker bemerkten, »einen sechsten Sinn für die Poesie oder die Musik, die in einem Fleck Farbe stecken kann«. Ihm war es gelungen, »wie Paul Klee mit Farben [zu] musizieren«.

Aber auch in England, einem neuen künstlerischen und kulturellen Klima, hatte Uhlman mit seinen Bildern Erfolg. Bereits vor dem Krieg, 1938, wurde ihm in London eine Einzelausstellung gewidmet. Nach 1945 waren seine Bilder sowohl in allen wichtigen Londoner Galerien als auch in ganz England zu sehen, bis er 1975 wegen eines Augenleidens die Malerei ganz aufgeben mußte. In Stuttgart, seiner Vaterstadt, konnte er 1954 im Kunsthaus Schaller seine Bilder ausstellen.

Einen noch größeren Erfolg hatte er jedoch als Schriftsteller. Bereits seine 1960 erschienene Autobiographie »The Making of an Englishman« war von der englischen Kritik positiv aufgenommen worden. Der eigentliche Durchbruch zur Berühmtheit, auch international, gelang ihm mit seiner Erzählung »Reunion«, die zunächst in England herauskam. Zwar wurde die erste Veröffentlichung 1971 kaum beachtet, dafür aber die Neuauflage 1977, die ein Vorwort des englischen Schriftstellers Arthur Koestler enthielt. Darin heißt es unter anderem: »Als ich vor einigen Jahren Fred Uhlmans Erzählung las, schrieb ich dem Autor (den ich nur durch seinen Ruf als Maler kannte), daß ich sie als ein kleines Meisterwerk betrachte. Das Adjektiv bedarf vielleicht einer Erklärung. Es bezog sich nur auf den geringen Umfang des Buches... Die Miniaturform gelingt Fred Uhlman bewundernswert... Hunderte dicke Bände sind über die Jahre geschrieben worden, in denen die Herrenrasse ihre Reinheit bewahren wollte, indem sie aus Lei-

chen Seifen machte. Ich bin jedoch überzeugt, daß gerade
dieses kleine Buch sich auf die Dauer behaupten wird.«

Seit der Wiederveröffentlichung im Jahre 1977 war der
Erzählung »Reunion« ein immenser literarischer Erfolg
beschieden. Bis heute ist sie in elf Sprachen übersetzt worden, in Frankreich gibt es sogar eine Bühnenversion. 1988
wurde »Reunion« unter dem gleichen Titel von dem amerikanischen Regisseur Jerry Schatzberg, nach einem Dreh-
buch des bekannten englischen Dramatikers Harold Pin-
ter, verfilmt. Bei den Filmfestspielen in Cannes wurde 1989
die Filmversion unter großem Beifall der französischen
und ausländischen Presse uraufgeführt. In Deutschland
kam der Film unter dem Titel »Der wiedergefundene
Freund« in die Kinos, allerdings nicht mit großem Erfolg.

Auf Deutsch erschien die Erzählung »Reunion« 1979
zunächst in einem kleinen Kölner Verlag unter dem Titel
»Versöhnung«, fand aber wenig Resonanz. Erst als ein
Stuttgarter Verlag die Erzählung 1985 in einer neuen Übersetzung und ergänzt durch einen Fortsetzungsteil unter
dem Titel »Mit neuem Namen« wieder auflegte, wurde sie
in der Öffentlichkeit beachtet. Zur Buchvorstellung im
März 1985 kam Uhlman, kurz vor seinem Tod, noch einmal nach Stuttgart. 1988 und 1997 wurde »Reunion« unter
dem Titel »Der wiedergefundene Freund« in Zürich pu-
bliziert. Uhlmans letzte Veröffentlichung in England erschien 1984, ein Roman mit dem Titel »Beneath the Light-
ning and the Moon«, der aber wenig Beachtung fand.

Trotzdem stand er damals auf der Höhe seines Ansehens. 1984 wurde an der Universität von Newcastle in der
neu erbauten Hatton Galerie die »Fred und Diana Uhlman

Sammlung Afrikanischer Skulpturen« der Öffentlichkeit vorgestellt. Diese Sammlung, deren Grundstock Uhlman bereits 1933 in Paris gelegt hatte, zählt zu den besten ihrer Art in England. Im März 1985 war er Gast in der berühmten französischen Literatursendung »Apostrophe« und Ehrengast bei einem großen Empfang in Paris. Seine Witwe, Diana Uhlman, erinnert sich daran, wie er damals in Paris in Cafés und auf der Straße von Leuten angesprochen worden war, die ihn im Fernsehen gesehen hatten. Es war, wie hinterher eine englische Zeitung schrieb, ein »triumphales Finale«. Am 11. April 1985 starb Fred Uhlman nach kurzer Krankheit in einem Londoner Krankenhaus. Seine letzte Ruhestätte fand er auf einem Friedhof in der Nähe des Familiensitzes seiner Frau, Croft Castle, an der walisischen Grenze.

Both he and Diana are buried in the "new" churchyard in Yarpole. (i.e. across the road from the chuch + belfry)

Anmerkungen

1   Zur Geschichte der Juden in Baden-Württemberg vgl. *Tänzer,* Aaron: Die Geschichte der Juden in Württemberg. Frankfurt 1937; *Sauer,* Paul: Die jüdischen Gemeinden in Württemberg und Hohenzollern. Denkmale, Geschichte, Schicksale. Stuttgart 1966 (Veröffentlichungen der staatlichen Archivverwaltung Baden-Württemberg, Band 18).

2   Oppenheimer, Joseph, genannt Jud Süß (1698–1738), 1733–1737 Finanzberater des Württembergischen Herzogs Karl Alexander. Nach dem Tod Karl Alexanders wurde Jud Süß verhaftet und in einem zweifelhaften Prozeß wegen Amtserschleichung, Betrug, Majestätsverbrechen und Hochverrat zum Tode verurteilt und in Stuttgart öffentlich gehängt.

3   Zur Geschichte der Familie Elsas vgl. *Theiner,* Eduard: Ein Weberlehrling macht Karriere. Benedikt Elsas aus Aldingen (1816–1876). In: Remsecker Lebensbilder, Heft 11. Remseck 1991, S. 6–15 (dort auch weitere Literaturangaben).

4   Vgl. *Toury,* Jacob: Jüdische Textilunternehmer in Baden-Württemberg 1683–1938. Tübingen 1984 (Schriftenreihe wissenschaftlicher Abhandlungen des Leo-Baeck-Instituts; 42).

5   Vgl. *Schmid,* Manfred (Hrsg.): Auf dem Stuttgarter Rathaus 1915–1922. Erinnerungen von Fritz Elsas (1890–1945). Stuttgart 1990 (Veröffentlichungen des Archivs der Stadt Stuttgart; Band 47).

6   Hans Elsas (geb. 1894), Rechtsanwalt und Schriftsteller, 1923 Zulassung als Rechtsanwalt in Stuttgart. 1936 Auswanderung nach Brasilien: Lehrer für Sprachen an einer Missionsschule. 1958 Professor für griechische Sprache/Literatur in São Paulo.
    1927 wurde am württembergischen Landestheater seine Tragödie »Das Klagelied« uraufgeführt; 1934 erschien unter dem Pseudonym Helmut Gaupp-Turgis ein Roman über Stuttgart unter dem Titel »Der Biedermann«. In Brasilien veröffentlichte er Romane unter dem Pseudonym José Antonio Benton.
    Paul Elsas (1896–1981), Maler. 1928 Übersiedlung nach Paris, 1940 kurzzeitige Internierung, anschließend tauchte er im noch unbe-

setzten Teil Frankreichs unter. 1944 Rückkehr nach Paris. 1961 Übersiedlung nach Vence an der Côte d'Azur.
Vgl. [Ausstellungskatalog] Paul Elsas 1896–1981. Gemälde. Collagen. Zeichnungen. Erwinographien. Galerie Schlichtenmaier. Grafenau 1990.

7   Vgl. *Toury,* Jacob (wie Anm. 4).

8   Ludwig Uhlman (1869–1943 Theresienstadt), Vater von Manfred Uhlman; Oscar Uhlman (1875–1943 Theresienstadt); Richard Uhlman (gest. 1947).
Vgl. *Zelzer,* Maria: Weg und Schicksal der Stuttgarter Juden. Ein Gedenkbuch, hrsg. von der Stadt Stuttgart. Stuttgart [1964].

9   Vgl. *Strauss,* Walter (Hrsg.): Lebenszeichen. Juden aus Württemberg nach 1933. Gerlingen 1982, S. 325.

10   Ebenda.

11   Vgl. *Toury,* Jacob (wie Anm. 4); *Strauss,* Walter (wie Anm. 9); *Zelzer,* Maria (wie Anm. 8).

12   Vgl. *Strauss,* Walter (wie Anm. 9), S. 325.

13   Die Mutter von Albert Einstein (1879–1955), Pauline Einstein, geb. Koch (1858–1920), stammte aus Bad Cannstatt (Haus Badstr. 20).

14   Thekla Kaufmann (1883–1980). Vgl. *Strauss,* Walter (wie Anm. 9), S. 144; *Hochreuther,* Ina: Frauen im Parlament. Südwestdeutsche Abgeordnete seit 1919. Stuttgart 1992, S. 79 f.

15   Violet Bonham-Carter (1887–1969), Mitglied der liberalen Partei, Tochter von Herbert Henry Asquith (1852–1928), der von 1908 bis 1916 englischer Premierminister war.

16   Reinhold Maier (1889–1971), 1952–1953 Ministerpräsident von Baden-Württemberg; Theodor Heuss (1884–1963), 1949–1959 Bundespräsident.

17   Johanna Uhlman, geb. Grombacher (1879–1943 Theresienstadt).

18*   Diese Beobachtung trifft auch auf nichtjüdische Heiraten zu. Jede deutsche Zeitung ist voller Heiratsanzeigen. Sie reichen von den sentimentalsten (»Frau sucht seelenverwandten Mann«) bis zu den unverblümtesten: »Einheirat in ein gutgehendes Geschäft gewünscht, Alter oder leichte Behinderung kein Hinderungsgrund.«

19*   Vor dem Ersten Weltkrieg wurden Hausangestellte schlecht bezahlt und oft unverschämt ausgenutzt. Die meisten waren einfache Bauernmädchen, die von frühmorgens bis spät in der Nacht arbeiten mußten. Wenn sie Glück hatten, bekamen sie jeden zweiten Sonntagnachmittag frei. Nichtjuden beklagten sich oft, daß Hausangestellte in jüdischen Häusern verdorben wurden, weil sie jeden Tag Fleisch bekamen. In vielen Häusern mußten die Hausangestellten in Dachkammern schlafen, oft ohne Heizung oder Ventilator und das in einem Land mit einer extremen Hitze im Sommer und fast sibirischen Wintern. Meistens hatten sie kein Bad. Dies traf auf unser Haus zu. Es hatte jeden Luxus, aber die Dienstbotenzimmer waren unter dem Dach. Oft fror das Wasser im Winter in ihren Krügen ein, und wie die Sommer mit nur einer kleinen Dachluke auszuhalten waren, ist kaum vorstellbar. Die Behandlung der Hausangestellten durch Juden und Nichtjuden der Mittelschicht war, wie ich mich erinnere, oft äußerst gefühllos.

20 Erna Dietz, geb. Uhlman (1904–1944).

21 Am 15.9.1935 wurden in Nürnberg das »Reichsbürgergesetz« und das »Gesetz zum Schutz des deutschen Blutes und der deutschen Ehre« verabschiedet. Das sogenannte »Blutschutzgesetz« verbot unter Androhung von Zuchthausstrafen Eheschließungen und außereheliche Beziehungen zwischen Ariern und Juden.

22 Der englische Ausdruck »phony war« wird im Deutschen mit Sitzkrieg übersetzt.
Vgl. *Gruchmann*, Lothar: Der Zweite Weltkrieg. München 1967 (dtv-Weltgeschichte des 20. Jahrhunderts, Band 10), S. 38: »Während in Polen die Entscheidung fiel, ging an der Westfront der ›Sitzkrieg‹ weiter. Beide Seiten verharrten in der Defensive. Die Luftstreitkräfte begnügten sich mit Aufklärungsflügen und mit dem Abwurf von Flugblättern, in denen sich die Parteien gegenseitig von der Sinn- und Aussichtslosigkeit einer weiteren Kriegsführung zu überzeugen suchten. Zusammen mit der militärischen Inaktivität bewirkte diese psychologische Beeinflussung, daß der Krieg vom einfachen Soldaten fast nicht mehr ernst genommen wurde: Landser und Poilu glaubten zunächst nicht daran, daß sie tatsächlich gegeneinander würden kämpfen müssen... Die Führung würde Frieden schließen, und der ›drôle de guerre‹, der ›phony war‹, der ›Sitzkrieg‹ würde beendet sein.«

23 Am 14.5.1940 wurde die Altstadt von Rotterdam durch einen deutschen Luftangriff fast vollständig zerstört.

24 Gottlieb Stäbler war der Leiter der privaten Hayerschen Elementarschule in der Rotebühlstr. 331/2.

25 Sein Vater, Konstantin von Neurath (1873–1956), war von 1932 bis 1938 Reichsaußenminister und von 1939 bis 1941 Reichsprotektor in Böhmen und Mähren.

26 Sein Bruder, Bruno Frank (1887–1945), war der Verfasser von historischen Romanen wie z. B. »Trenck«, »Cervantes« und Theaterstücken wie z. B. »Zwölftausend« oder »Sturm im Wasserglas«. Sein Geburtshaus stand in der Silberburgstr. 195.

27 Berthold Graf Schenk von Stauffenberg (1905–1944 hingerichtet); Alexander Graf Schenk von Stauffenberg (1905–1964). Die beiden Zwillingsbrüder legten 1923 ihr Abitur ab. Der jüngere Bruder und

Hitlerattentäter, Claus Graf Schenk von Stauffenberg (1907–1944 erschossen) legte 1926 sein Abitur ab.
Vgl. *Zeller,* Eberhard: Geist der Freiheit. Der Zwanzigste Juli. München 1956³; *Hoffmann,* Peter: Claus Schenk Graf von Stauffenberg und seine Brüder. Stuttgart 1992.

28 Der österreichisch-ungarische Thronfolger, Erzherzog Franz Ferdinand, war am 28.6.1914 in Sarajevo ermordet worden. Am 23.7.1914 hatte Österreich an Serbien ein Ultimatum, u. a. mit der Forderung nach Bestrafung aller am Attentat Beteiligten, gerichtet. Am 25.7.1914 machte Serbien in seiner Antwort Vorbehalte gegen das Ultimatum geltend und ordnete eine Teilmobilmachung an. Österreich lehnte die Antwort als unbefriedigend ab und ordnete seinerseits eine Teilmobilmachung an. Am 28.7.1914 erklärte Österreich Serbien den Krieg. Am 1.8.1914 erfolgte die deutsche Mobilmachung und die Kriegserklärung an Rußland, am 3.8.1914 an Frankreich. Gleichzeitig marschierten deutsche Truppen in Belgien ein.

29* Im Ersten Weltkrieg wurden hundertfünfzehn meiner Mitschüler getötet, im Zweiten Weltkrieg waren es fast vierhundert! Von ungefähr dreihundert Schülern, die die Abiturprüfung abgelegt hatten, verloren hundertneunundsiebzig ihr Leben.

30 »Süß und ehrenvoll ist es, fürs Vaterland zu sterben.« (Horaz, »Oden« III, 2, 13).

31 Reuter = englische Nachrichtenagentur, die 1849 von P. J. Reuter in Aachen gegründet und 1851 nach London verlegt wurde.

32 Die Familie von Manfred Uhlman wohnte zunächst in der Johannesstr. 26 und zog 1913 in die Hölderlinstr. 57.

33 Dr. Gustav Pazaurek (1901–1965), Journalist (zuletzt bei der »Stuttgarter Zeitung«). Dafür, daß Pazaurek ein »führender Nazi« gewesen sei, ließen sich keine Belege finden.

34 Prof. Dr. Gustav Pazaurek (1865–1935), 1906–1932 Direktor des Württembergischen Landesgewerbemuseums.
Vgl. den Nachruf im »Stuttgarter Neuen Tagblatt« vom 28.1.1935.

35 Vgl. »Stuttgarter Neues Tagblatt« vom 28.1.1935: »In breitester Öffentlichkeit kannte man ihn vor allem als leidenschaftlichen ›Sammler des Kitsches‹ für seine, leider immer noch nicht der Aktualität beraubte Abteilung der ›Geschmacksverirrungen‹ am hiesigen Landesgewerbemuseum, die auch unzählige Fremde anlockte.«
Vgl. auch *Missenharter,* Hermann: Herzöge, Bürger, Könige. Stuttgarter Geschichte wie sie nicht im Schulbuch steht. Stuttgart-Bad Cannstatt o. J., S. 317.

36 »Helmut Harringa« von Herman Poppert (1871–1932) erschien 1910 und gehörte zu den meistgelesenen Romanen seiner Zeit.

Vgl. *Mosse,* George L.: Ein Volk – Ein Reich – Ein Führer. Die völkischen Ursprünge des Nationalsozialismus. Königstein/Taunus 1979, S. 116–119.

37 Ernst Haeckel (1834–1919), Zoologe und Naturphilosoph. Sein erstmals 1899 erschienenes populärphilosophisches Buch »Die Welträtsel« fand zu seiner Zeit als Religionsersatz größten Anklang.

38 Das Gedicht von Heinrich Heine (1797–1856) steht in der Gedichtsammlung »Romanzero«, 2. Buch, Nr. xii, und trägt den Titel »Gedächtnisfeier«.

39 John Stuart Mill (1806–1873), englischer Philosoph. Die deutsche Übersetzung wurde zitiert nach: *Mill,* John Stuart: Drei Essays über Religion. Natur – Die Nützlichkeit der Religion – Theismus. Auf der Grundlage der Übersetzung von Emil Lehmann neu bearbeitet und mit Anmerkungen und einem Nachwort versehen von Dieter Birnbacher. Stuttgart 1984, S. 32, 39, 56.

40 Blaise Pascal (1632–1662), französischer Philosoph. Die deutsche Übersetzung wurde zitiert nach: *Pascal,* Blaise: Über die Religion und über einige andere Gegenstände (Pensées). Übertragen und herausgegeben von Ewald Wasmuth. Heidelberg 1972[7], S. 115.

41 Ernst Toller (1893–1939 Selbstmord). »Die Wandlung« wurde am 1.11.1919 in Berlin uraufgeführt.

42 Wilhelm Dittmann (1874–1954), seit 1894 Mitglied der spd, 1917 Mitglied des Zentralkomitees der Unabhängigen Sozialdemokratischen Partei (uspd). Gegner der deutschen Kriegszielpolitik. 1918 Mitglied des Rates der Volksbeauftragten. 1920–1933 Mitglied des Reichstages.

43 Zu den Ereignissen am 9.11.1918 in Stuttgart vgl. u. a. *Scheck,* Manfred: Zwischen Weltkrieg und Revolution. Zur Geschichte der Arbeiterbewegung in Württemberg 1914–1920. Köln/Wien 1981; *Schmid,* Manfred (wie Anm. 5).

44 Vgl. *Schmid,* Manfred: Die Tübinger Studentenschaft nach dem Ersten Weltkrieg 1918–1923. Werkschriften des Universitäts-Archivs Tübingen. Reihe 1: Quellen und Studien. Heft 13. Tübingen 1988, S. 90 ff.

45 Prof. Dr. Manfred Elben (1861–1924), Altphilologe und Historiker, seit 1898 am Eberhard-Ludwig-Gymnasium.

46 »Möge ein Rächer aus meinen Gebeinen erstehen.« (Vergil, »Aeneis«, 4, 625).

47 »Ob berstend auch einstürzt der Himmel, stirbt in den Trümmern der Held doch furchtlos.« (Horaz, »Oden«, iii, 3, 7).

48 Karl Elsas (1888–1918). Vgl. *Schmid,* Manfred (wie Anm. 5), S. 69.

49 Nach dem Scheitern des Kapp-Putsches im März 1920 war es u. a.

im Ruhrgebiet zu einem kommunistischen Aufstand gekommen, der von der Reichswehr blutig niedergeschlagen worden war. Vgl. u. a. *Erger,* Johannes: Der Kapp-Lüttwitz-Putsch. Düsseldorf 1967; *Schulze,* Hagen: Freikorps und Republik 1918–1920. Boppard am Rhein 1969; *Lucas,* Erhard: Märzrevolution 1920. 3 Bände. Frankfurt/Main 1970–1978.

50 Vgl. *Frevert,* Ute: Ehrenmänner. Das Duell in der bürgerlichen Gesellschaft. München 1991, S. 150: »Was Fechtmeistern als Verhöhnung ihrer Kunst und derber ›Naturalismus‹ erscheinen mußte, galt Studenten als Ausdruck höchster Forschheit und Schneidigkeit. Daß es deswegen zu schweren Verwundungen kam und Verbindungsstudenten manchen Zeitgenossen ›lebhaft an eine Platte mit gehackten Beefsteaks‹ erinnerten, störte sie nicht, im Gegenteil; zeugten doch Narben im Gesicht, sogenannte Schmisse, von besonderem Mut und Tapferkeit.«

51 »Drei Geschichten aus dem Leben Knulps« war 1915 erschienen, »Demian« 1919, zunächst unter dem Pseudonym »Emil Sinclair« (1.–16. Auflage). Thomas Mann schrieb 1948 im Vorwort zur amerikanischen Ausgabe des »Demian«: »Unvergeßlich ist die elektrisierende Wirkung, welche gleich nach dem Ersten Weltkrieg der *Demian* jenes mysteriösen Sinclair hervorrief, eine Dichtung, die mit unheimlicher Genauigkeit den Nerv der Zeit traf und eine ganze Jugend, die wähnte, aus ihrer Mitte sei ihr ein Künder ihres tiefsten Lebens entstanden (während es schon ein Zweiundvierziger war, der ihr gab, was sie brauchte), zu dankbarem Entzücken hinriß.« Vgl. *Unseld,* Siegfried: Hermann Hesse. Werk und Wirkungsgeschichte. Frankfurt/Main 1986, S. 63.

52 Samuel Palmer (1805–1881), englischer Landschaftsmaler.

53 Erste Strophe des Gedichts »Manche Nacht« von Richard Dehmel (1863–1920).

54 Kurt Eisner (1867–1919), 1918/19 bayrischer Ministerpräsident. Nach seiner Ermordung durch den Offiziersstudenten Graf Anton von Arco-Valley wurde in München die Räterepublik ausgerufen.

55 Über Hitlers Tätigkeit als Propaganda- und Parteiredner unmittelbar nach dem Ersten Weltkrieg vgl. u. a. *Deuerlein,* Ernst: Hitler. Eine politische Biographie. München 1969, S. 43–56.

56 Matthias Erzberger (1875–1921). Als Staatssekretär unterzeichnete er auf Wunsch Hindenburgs am 11.11.1918 für das Deutsche Reich in Compiègne den Waffenstillstand. Erzberger wurde bei Bad Griesbach von Mitgliedern der rechtsradikalen »Organisation Consul« erschossen. Vgl. u.a. *Epstein,* Klaus: Matthias Erzberger und das Dilemma der deutschen Demokratie. Frankfurt/Berlin/Wien 1976.

57 Heinrich Wölfflin (1864–1945), Kunsthistoriker, 1912–1924 Professor in München. Sein 1915 erstmals erschienenes Buch »Kunstgeschichtliche Grundbegriffe« wirkte weit über sein fachwissenschaftliches Gebiet hinaus.
Vgl. *Warnke*, Martin: Sehgeschichte als Zeitgeschichte. Heinrich Wölfflins »Kunstgeschichtliche Grundbegriffe«. In: Merkur. Heft 5, Mai 1992, S. 442–449.
Artur Kutscher (1878–1960), Theaterwissenschaftler. Seit 1915 Professor in München.
Vgl. *Kutscher*, Artur: Der Theaterprofessor. Ein Leben für die Wissenschaft vom Theater. München 1960.

58 Im Verlag der Gebrüder Ullstein erschienen mehrere Tageszeitungen, Wochenblätter und Zeitschriften, u. a. die »Berliner Illustrierte Zeitung«.

59 Der Gogenwitz wurde zitiert nach: *Schramm*, Heinz-Eugen: Tübinger Gogen-Witze. Gerlingen 1968, S. 14.

60 Hermann Hesse (1877–1962) war von 1895–1899 Lehrling in der Buchhandlung Heckenhauer in Tübingen und nicht im Stift.
Vgl. *Michels*, Volker (Hrsg.): Hermann Hesse. Sein Leben in Bildern und Texten. Frankfurt/Main 1979.

61 Hellingrath, Norbert von (1888–1916), Literaturwissenschaftler. Er gab zwischen 1912 und 1914 die ersten zwei Bände der ersten historisch-kritischen Ausgabe von Hölderlins sämtlichen Werken heraus. Seine Edition bewirkte einen Durchbruch zu einem erneuerten Hölderlin-Bild.

62 Die englische Vorlage von Uhlman wird im Deutschen nach dem Original zitiert, abgedruckt in: Hölderlin in Tübingen. Bearbeitet von Werner Volke. Marbacher Magazin. Sonderheft 11/1978, S. 71.

63 Hugo Stinnes (1870–1924), Großindustrieller. Er war 1923 einer der größten Inflationsgewinnler in Deutschland und an über viertausend Betrieben beteiligt.

64 Prof. Dr. Robert Gaupp (1870–1953), 1906–1936 Professor für Psychiatrie und Neurologie in Tübingen.
Vgl. auch *Gaupp*, Robert: Zur Psychologie des Massenmordes. Hauptlehrer Wagner von Degerloch. Eine kriminalpsychologische und psychiatrische Studie. Berlin 1914 (Verbrechertypen Band 1, Heft 3).

65 Zu Ernst Wagner (1874–1938) vgl. die interessante Studie von *Brandstätter*, Horst/*Neuzner*, Bernd: Wagner – Lehrer, Dichter, Massenmörder. Frankfurt am Main 1996.
Vgl. auch »Stuttgarter Zeitung« vom 3.9.1963 und 3.9.1988.

66 Uhlman bestand das Doktorkolloquium am 11.3.1925, das Doktordiplom wurde unter dem 13.7.1925 ausgestellt. Je ein Exemplar der

Doktorarbeit befindet sich in der Universitätsbibliothek Tübingen und in der Landesbibliothek Stuttgart.

»In welcher Form der juristische Doktorgrad zu führen sei, geht aus der seinerzeit geltenden Promotionsordnung von 1905 nicht hervor. In den lateinischen Diplomen heißt es: ›Iuris utriusque doctor‹, nach dem Übergang zu deutschsprachigen Diplomen: ›Doktor der Rechte‹. Daß dies als ›Dr. jur.‹ abzukürzen sei, wird ausdrücklich erst in der Promotionsordnung von 1938 vorgeschrieben.« (Freundliche Mitteilung des Universitäts-Archivs Tübingen vom 4.6.1992).

67   Artur Dinter (1876–1948). Sein Roman erschien erstmals 1918 und hatte 1921 bereits eine Auflage von zweihunderttausend verkauften Exemplaren erreicht.

Vgl. *Röhm*, Eberhard/*Thierfelder*, Jörg: Juden – Christen – Deutsche. Band 1: 1933–1935. Stuttgart 1990, S. 56; *Mosse*, George L. (wie Anm. 36), S. 156 f.

Bei den anschließend erwähnten »Protokollen der Weisen von Zion« handelt es sich um die angeblichen Niederschriften einer jüdischen Geheimkonferenz, die Pläne für die Errichtung einer jüdischen Weltherrschaft enthalten. Diese antisemitische Fälschung wurde erstmals 1905 in Rußland veröffentlicht und wurde v. a. nach dem Ersten Weltkrieg für antisemitische Propaganda ausgeschlachtet.

68   Die Kanzlei von Uhlman befand sich in der Archivstr. 12.

69   Edsel Bryant Ford (1893–1943), 1919–1943 Präsident der Ford Motorengesellschaft. Sein Vater Henry Ford (1863–1947) war der Begründer der Ford Motorengesellschaft.

70   Bei den Reichstagswahlen am 14.9.1930 waren die Sozialdemokraten mit 24,5% der Stimmen stärkste Partei, gefolgt von den Nazis mit 18,3% und den Kommunisten mit 13,1%.

71   Vgl. *Hannover*, Heinrich und Elisabeth: Politische Justiz 1918–1933. Frankfurt/Main 1966.

72* Kurios ist, daß meines Wissens die Nazis nie das Geringste unternahmen, wenn ein jüdischer Richter den Fall verhandelte. Es lag auf der Hand, daß ein solcher Richter so große Angst davor hatte, als »voreingenommen« betrachtet zu werden, so daß ein Nazi sichergehen konnte, daß jeder Zweifel zu seinen Gunsten ausgelegt würde.

73   Dr. Kurt Schumacher (1895–1952), 1918 Eintritt in die SPD. 1920–1933 Redakteur der »Schwäbischen Tagwacht« in Stuttgart. 1924–1931 Landtagsabgeordneter in Stuttgart. 1930–1933 Reichstagsabgeordneter. 1933–1943 in Haft, u. a. im KZ Dachau. 1944 KZ Neuengamme. 1945 »Büro Dr. Schumacher« in Hannover wird zur inoffiziellen Parteizentrale der SPD. 1946–1952 Vorsitzender der SPD.

Vgl. u. a. *Edinger,* Lewis J.: Kurt Schumacher. Persönlichkeit und politisches Verhalten. Köln und Opladen 1967; *Scholz,* Günther: Kurt Schumacher. Düsseldorf/Wien/New York 1988.

74 Dr. Fritz Bauer (1903–1968). Bauer stammte wie Uhlman aus Stuttgart und besuchte wahrscheinlich auch das Eberhard-Ludwig-Gymnasium. Nach dem Jura-Studium wurde er 1928 der jüngste Amtsrichter in Deutschland. 1956–1968 Generalstaatsanwalt in Frankfurt.
Vgl. *Fuchs,* Karlheinz: Fritz Bauer (1903–1968). In: *Bassler,* Siegfried: Mit uns für die Freiheit. 100 Jahre SPD in Stuttgart. Stuttgart 1987, S. 202 ff.

75 Bei den Reichstagswahlen am 5.3.1933 erhielt die SPD in Stuttgart 23,7% der Stimmen, die NSDAP 33,8%.

76 Bei den Reichstagswahlen am 5.3.1933 erhielt die SPD in Württemberg 14,7% der Stimmen, die NSDAP 42% (im Reich 43,9%).

77 Dr. Gottlob Dill (1885–1968), 1927 Landgerichtsrat in Stuttgart, 1933–1945 Ministerialdirektor im Innenministerium. 1945 aus politischen Gründen entlassen. Dill hatte angeblich bereits im Februar 1932 um die Aufnahme in die NSDAP nachgesucht. Dieser Antrag wurde aber auf Veranlassung des damaligen Gauleiters Murr zurückbehalten, »da die Mitarbeit des Parteigenossen Dill in der Zeit vor der Machtübernahme eine Nichtmitgliedschaft erwünscht erscheinen ließ«. Erst am 20.2.1936 wurde das Eintrittsdatum von Dill auf 1.2.1932 rückdatiert (vgl. die Personalunterlagen von Dill im Berlin Document Center).
Vgl. auch *Sauer,* Paul: Württemberg in der Zeit des Nationalsozialismus. Ulm 1975, S. 74 f.

78 Croix-de-Feu = Feuerkreuzler. 1927 als Verband der Träger der Tapferkeitsauszeichnung »Croix de Guerre« gegründet; entwickelte sich zu einer faschistischen Kampforganisation, die 1936 aufgelöst wurde.

79 Pablo Picasso (1881–1973), spanischer Maler, Graphiker und Bildhauer; Joan Miró (1893–1983), spanischer Maler; Henri Matisse (1869–1954), französischer Maler.

80 Fernand Léger (1881–1955), französischer Maler; Othon Friesz (1879–1949), französischer Maler; André Lhôte (1885–1962), französischer Maler und Kunstkritiker; Giorgio de Chirico (1888–1978), italienischer Maler.

81 Alberto Giacometti (1901–1966), schweizerischer Bildhauer und Maler; Francis Grueber (1912–1948), französischer Maler (Schüler von Othon Friesz).

82 Leonhard Tsugouharu Foujita (1886–1968), japanischer Maler.

83 Kiki = Alice Prin (1901–1951). Sie war Modell des amerikanischen

Malers und Photographen Man Ray (1890–1976) und nicht des französischen Malers Renoir (1841–1919).
Vgl. *Kardoff*, Ursula von: Adieu Paris. Literarische Lokaltermine. Nördlingen 1987, S. 110–112.

84 Loulou Albert-Lazard (1891–1969), französische Malerin. Sie malte ein Porträt von Rilke.
Zur Geschichte ihrer Beziehung zu Rilke vgl. *Prater*, Donald A.: Ein klingendes Glas. Das Leben Rainer Maria Rilkes. München 1986, S. 424 ff.
Das Gedicht über die Ameisen stammt wohl in der Urfassung von Joachim Ringelnatz. Vgl. *Ringelnatz*, Joachim: Kuttel-Daddeldu. München 1920, S. 48.

85 Moise Kisling (1891–1953), französischer Maler.

86 Paul Westheim (1886–1963), Kunstkritiker, Herausgeber der Zeitschrift »Das Kunstblatt«. 1933 Emigration nach Paris, 1940 nach Mexiko.

87 Dr. Otto Bueck (1873–?), Herausgeber und Übersetzer der Werke von Tolstoi, Gogol und Unamuno, nach 1935 Korrespondent einer argentinischen Tageszeitung.

88 Gert Heinrich Wollheim (1894–1974), deutscher Maler und Bildhauer. 1933 Emigration nach Paris, 1939 Internierung im Lager Gurs, 1943 Flucht, 1947 Emigration nach New York.
Vgl. *Wollheim*, Mona: Gert H. Wollheim. München 1977.

89 Tatjana Barbakoff, Pseudonym für Cilly Waldmann, geb. Edelberg (1900–1944), russische Tänzerin. Ab 1918 Aufenthalt in Deutschland, 1933 Emigration nach Paris, 1944 Deportation und Tod. Barbakoff war einige Jahre mit G. H. Wollheim verheiratet.

90 Henri Héraut (geb. 1894), französischer Maler und Kunstkritiker.

91 Georges Braque (1882–1963), französischer Maler.

92 Jonathan Schmid (1888–1945), 1933–1945 württembergischer Innen- und Justizminister.

93 Das Hotel Silber befand sich in der heutigen Dorotheenstr. 10.

94 Robert Breuer (1878–1943), Journalist und Schriftsteller. 1918 stellvertretender Pressechef der Reichskanzlei und des Auswärtigen Amtes. 1933 Emigration nach Prag, anschließend nach Paris, 1940 nach Martinique.

95 Stavisky-Skandal = Betrugsaffäre und Finanzskandal 1933/34, benannt nach dem in die Affäre verwickelten Geschäftsmann S. A. Stavisky (1886–1934).

96 Ernst Röhm (1887–1934); Karl Ernst (1904–1934); Edmund Heines (1897–1934). Alle drei wurden anläßlich des Röhm-Putsches durch Hitler ermordet.

97 Alexander I., König von Jugoslawien (1888–1934), fiel zusammen

mit dem französischen Außenminister Louis Barthou (1862–1934) einem Attentat kroatischer Nationalisten zum Opfer.

98 Engelbert Dollfuß (1892–1934), 1932–1934 österreichischer Bundeskanzler. Am 25.7.1934 bei einem nationalsozialistischen Putschversuch in Wien ermordet.

99 Auf Anregung des norwegischen Polarforschers und Diplomaten Fridtjof Nansen (1861–1930) nach dem Ersten Weltkrieg ausgestelltes Reisedokument (Paßersatz) für staatenlose russische Flüchtlinge. Später wurde der Nansen-Paß auch auf andere staatenlose politische Flüchtlinge angewendet.

100 Anna Mary Moses, genannt Grandma Moses (1860–1961), amerikanische Farmersfrau und Laienmalerin.

101 Henri Alain-Fournier (1886–1914), französischer Schriftsteller; Gérard de Nerval (1808–1855), französischer Dichter und Schriftsteller; Emily Brontë (1818–1848), englische Schriftstellerin.

102 Louis Vivin (1861–1936), französischer Maler; Camille Bombois (1883–1970), französischer Maler; André Bauchant (1873–1953), französischer Maler.

103 Henri Rousseau, genannt »Der Zöllner« (1844–1910), französischer Maler; Constantin Guys (1805–1892), holländisch-französischer Zeichner und Maler.

104 Ben Nicholson (1894–1982), englischer Maler und Bildhauer; Piet Mondrian (1872–1944), holländischer Maler.

105 Francis Bacon (1909–1992), englischer Maler.

106 Alfred James Munnings (1878–1959), englischer Maler.

107* 1938 bat mich ein deutscher Sammler, achtzehn Bilder von Klee für ihn zu verkaufen, weil er Geld brauchte, um seine Tochter aus Deutschland herauszuholen. Ich trat an einen der berühmtesten Kunsthändler in London heran und er bot mir vierzig englische Pfund für alle Bilder zusammen an.

108 François Boucher (1703–1770), französischer Maler.

109 Auguste Renoir (1841–1919), französischer Maler.

110 Eugène Delacroix (1798–1863), französischer Maler.

111 André Derain (1880–1954), französischer Maler; Raoul Dufy (1877–1953), französischer Maler.

112 Maurice Utrillo (1883–1955), französischer Maler.

113 Oskar Zügel (1892–1968). Zügel war im Juli 1934 nach Tossa de Mar emigriert.
Vgl. [Ausstellungskatalog] Oskar Zügel 1892–1968. Bilder und Zeichnungen. Galerie der Stadt Stuttgart. Stuttgart 1980; *Schukraft*, Harald: Stuttgarter Straßen-Geschichte(n). Stuttgart 1986, S. 148 f.; *Wirth*, Günther: Verbotene Kunst. Verfolgte Künstler im deutschen

Südwesten 1933–1945. Stuttgart 1987, S. 98, 249, 254, 337; [Ausstellungskatalog] Oskar Zügel. Retrospektive 1992 der Stadt Balingen. Balingen 1992.

114*   Man wußte, daß man am Tag, bevor die vierteljährliche Miete fällig war, jedes Bild zum halben Preis erwerben konnte. Zum Beispiel: eine große, schöne Kohlezeichnung von zwei Ballettänzerinnen von Degas, die für siebentausend Francs verkauft wurde, und eines der schönsten Stilleben von Bonnard, das jetzt, glaube ich, in der Sammlung Eardley Knollys ist, für fünftausend Francs; kleine Renoirs für dreitausend, Utrillos für tausend Francs, und so weiter.

115*   Ein sehr reicher Freund von mir, Maler H., mietete eine der größten Pariser Galerien und verpflichtete den berühmten Kritiker M. Meyer, die Einführung in den Katalog zu schreiben. Dafür berechnete ihm Meyer die Riesensumme von dreitausend Francs. Meyer schrieb zwei Seiten, auf denen er den Namen des Künstlers kaum erwähnte. Am Ende der Seite zwei gab er seiner glühenden Hoffnung Ausdruck, daß das sanfte französische Klima sein »teutonisches Temperament mäßigen« werde.

116*   Chirico beklagte sich bei mir einmal über die große Zahl von Bildern, die er an Kritiker weggeben mußte. Kurz vor dem Krieg besuchte ich Maximilian Gauthier, der gerade dabei war, eine große Anzahl von Gemälden, die er bekommen hatte, auf eine Auktion zu schicken. Es könnten etwa zwanzig oder vierzig gewesen sein. Da jedes ein oder zwei englische Pfund einbrachte, hatte er dadurch eine hübsche Aufbesserung seines Einkommens.

117*   Ich hatte 1937 und 1938 zwei weitere Ausstellungen in der Galerie Némont, als die französische Regierung und das Museum in Grenoble Bilder aufkauften. Im Dezember 1938 wurde ich eingeladen, am Wettbewerb um den Prix Guillaume, dem damals begehrtesten Preis für Maler, teilzunehmen. Die Jury hatte gerade beschlossen, mir den Preis zu verleihen, als ein Mitglied aufstand und sagte, daß Ribbentrop am nächsten Tag in Paris erwartet würde und es einem politischen Affront gleichkäme, wenn der Preis an einen deutschen Flüchtling ginge. Somit erhielt Herr Heusé den Preis, »da es ihm schlecht ging«. (vgl. »Marianne« ... 14/2/39).

Meine letzte Ausstellung in Paris war im Juli 1939 in der Galerie Jeanne Castel. Ich wußte, daß wir vielleicht nur noch wenige Monate von einem Krieg entfernt waren, und meine Bilder waren grau und hoffnungslos. Am letzten Tag der Ausstellung kam Frau Paul Guillaume, die mich einlud, ihre großartige Gemäldesammlung anzuschauen: Renoirs, Cézannes, Picassos und andere, bevor sie in die Sicherheitsdepots der Banque de France überführt wurden. Sie sagte, daß sie aus zuverlässigster Quelle wisse, daß es in wenigen

Wochen Krieg geben werde, und da sie einige Zeit an die Côte d'Azur fahren wolle, habe sie beschlossen, daß die Banque de France der sicherste Platz für die Bilder sei. Ich ging am nächsten Tag zu ihr und schaute ihr schönes Haus und ihre exzellente Sammlung ausführlich an. Kurz nachdem ich das Haus verlassen hatte, kam der Möbelwagen. Der Krieg begann genau sechs Wochen später.

118 André Masson (1896–1987), französischer Maler, Bühnenbildner und Illustrator; Georges Bataille (1897–1962), französischer Schriftsteller und Philosoph. Durch Heirat waren sie zu Schwagern geworden: Masson hatte Sylvia, Bataille Rose Maklés geheiratet.

In einem Brief vom 29.12.1934 schreibt Oskar Zügel an den Maler Willi Baumeister nach Stuttgart: »…Ich bin hier sehr gerne, lebe in bester Gesellschaft. Masson ist mein nächster Nachbar, desgleichen der Schwiegersohn von Matisse; beide interessante Menschen, von denen viel Anregung ausgeht. Eine denkbar schöne kameradschaftliche Einstellung haben sie zu mir. Das Land selbst ist sehr schön und gibt, nach genossener deutscher Schule viel zu denken …« (unveröffentlichter Brief im Archiv Baumeister. Mit freundlicher Genehmigung von Frau Gutbrod-Baumeister zitiert).

In einem Brief an den Galeristen Daniel-Henry Kahnweiler erwähnt Masson, daß Zügel das Bild »Les Fiançailles d'Insectes« von ihm gekauft habe.

Vgl. *Masson*, André: Les Années Surréalistes. Correspondance 1916–1942. Paris 1990, S. 223.

119 Der Spanische Bürgerkrieg begann am 18.7.1936.

120 Prof. Paul Ludwig Landsberg (1901–1944 KZ Oranienburg), Philosoph. Vor seiner Entlassung durch die Nazis war er Privatdozent in Bonn. 1933 Emigration nach Frankreich, 1934–1936 Dozent an der Universität in Barcelona, 1936–1943 in Paris.

George Kars (1882–1945), tschechisch-französischer Maler und Lithograph.

121 Betty Sackville-West war eine Cousine der Schriftstellerin Vita Sackville-West (1882–1962).

122 Diana Croft (geb. 1912).

123 James Boswell (1740–1795), englischer Schriftsteller, Verfasser der berühmten Biographie »Life of Samuel Johnson« (1791); Jane Austen (1775–1817), englische Schriftstellerin; Anthony Trollope (1815–1882), englischer Schriftsteller; vier Georges = englische Könige aus dem Hause Hannover von 1714–1830 (vgl. *Plumb*, J. H.: The First Four Georges. London 1957).

124 Thomas Gainsborough (1727–1788), englischer Maler; Joseph Mallord William Turner (1775–1851), englischer Maler; Joshua Reynolds (1723–1792), englischer Maler.

125 Stanley Spencer (1891–1959), englischer Maler.
126 Walter Richard Sickert (1860–1942), englischer Maler; Edouard
     Vuillard (1868–1940), französischer Maler.
127 Naomi Mitchison (geb. 1897), englische Schriftstellerin, vor allem
     historischer Romane und Kinderbücher; Mitglied der Labour
     Party. Ihr Haus im Londoner Stadtteil Hammersmith/Chiswick
     »River Court« war ein bedeutender Treffpunkt von Schriftstellern,
     Künstlern und Intellektuellen während der damaligen Zeit (vgl.
     Sheridan, Dorothy (Hrsg.): Among You Taking Notes… The War-
     time Diary of Naomi Mitchison 1939–1945. London 1985, S. 16 f.).
128 Jack Haldane = John Burdon Sunderson Haldane (1892–1964), eng-
     lischer Genetiker und Physiologe. Sein Buch »Die Ursache der Evo-
     lution« (1932) stellte einen Meilenstein in der Entwicklung der Evo-
     lutionstheorie dar. Bruder von N. Mitchison;
     Julian Trevelyan (1910–1988), englischer Maler.
129 Edward VII., englischer König 1901–1910.
130 Sir Henry Page Croft (1881–1947), 1. Lord Croft von Bourne-
     mouth. 1918–1945 Tory-Abgeordneter, 1940–1945 parlamentari-
     scher Under-Secretary of State for War.
131 Domesday Book = Grundbuch, das unter Wilhelm dem Eroberer
     1085/86 für die vierunddreißig Grafschaften in England angelegt
     wurde. In diesem Buch wird ein Bernard de Croft als Besitzer von
     Croft Castle in Herefordshire erwähnt. Der Stammbaum geht bis
     heute in männlicher Linie fort (vgl. Croft Castle. The National
     Trust 1990).
132 Heinrich Brüning (1885–1970), 1930–1932 Reichskanzler, 1934
     Emigration nach England, 1937 in die USA.
133 Der Artikel erschien im »Stuttgarter NS-Kurier« vom 25.2.1937.
134 Dagos = Schimpfwort für Portugiesen, Spanier; wogs = Schimpf-
     wort für Schwarze; frogs = Schimpfwort für Franzosen; huns =
     Schimpfwort für Deutsche; wops und eyeties = Schimpfwörter für
     Italiener.
135 Alys Russell (1867–1951), erste Frau des berühmten englischen
     Philosophen Bertrand Russell (1872–1970); Logan Pearsall Smith
     (1865–1946), anglo-amerikanischer Schriftsteller.
136 Im Münchner Abkommen vom 30.9.1938 wurde mit Zustimmung
     Frankreichs (Ministerpräsident Daladier), Englands (Premiermini-
     ster Chamberlain) und Italiens (Mussolini) die Auflösung der Tsche-
     choslowakei beschlossen, das heißt, die Abtretung der deutsch be-
     siedelten Randgebiete, Böhmen, Mähren, Schlesien, an Deutschland.
137 Stanley Baldwin (1867–1947), englischer Premierminister u. a.
     1935–1937; Neville Chamberlain (1869–1940), 1937–1940 engli-
     scher Premierminister; Arthur Henderson (1863–1935), englischer

Labour-Politiker; Arnold Talbot Wilson (1884–1940); englischer
Politiker.
Alle vier Politiker waren Verfechter einer Verständigung mit
Deutschland und einer »Appeasement«-Politik.

138   Jacob Epstein (1880–1959), englischer Bildhauer; Henry Moore
(1898–1986), englischer Bildhauer; Wilson Steer (1860–1942), englischer Maler; Muirhead Bone (1876–1953), englischer Maler; Paul
Nash (1889–1946), englischer Maler; Stephen Bone (1904–1958),
englischer Maler.

139   Oskar Kokoschka (1886–1980). Kokoschka und seine Frau kamen
Ende Oktober 1938 in London an.
Vgl. u. a. Exil in der Tschechoslowakei, in Großbritannien, Skandinavien und in Palästina. Leipzig 1980 (Kunst und Literatur im antifaschistischen Exil 1933–1945, Band 5).

140   Vgl. Exil in der Tschechoslowakei… (wie Anm. 139), S. 277 ff.

141   John Heartfield (1891–1968). Heartfield kam am 7.12.1938 in Lon-
don an. Er wohnte zunächst bei einer Mrs. Knapp und zog dann
nach ein paar Wochen zu Manfred Uhlman und seiner Frau in den
Londoner Stadtteil Hampstead, 47 Downshire Hill, NW 3. Am
29.1.1943 zog er in eine eigene Wohnung in Highgate.
Vgl. *Heartfield*, John: Der Schnitt entlang der Zeit. Selbstzeugnisse.
Erinnerungen. Interpretationen. Eine Dokumentation. Herausge-
geben und kommentiert von Reinhold März. Mitarbeit Gertrud
Heartfield. Dresden 1981; *Herzfelde*, Wieland: John Heartfield.
Leben und Werk. Westberlin 1986.

142   Das Passagierschiff »Arandora Star« war mit 712 Italienern und 478
Deutschen auf dem Weg nach Kanada am 1.7.1940 von einem deut-
schen U-Boot torpediert worden und sank unter großen Verlusten.
Vgl. *Gillman*, Peter and Leni: ›Collar the Lot‹. How Britain In-
terned and Expelled its Wartime Refugees. London Melbourne New
York 1980.

143   Zur Geschichte des »Freien Deutschen Kulturbundes« vgl. *Hahn*,
Ulla: Der Freie Deutsche Kulturbund in Großbritannien. Eine
Skizze seiner Geschichte. In: *Winkler*, Lutz (Hrsg.): Antifaschi-
stische Literatur. Programme, Autoren, Werke. Band 2. Kron-
berg/Taunus 1977, S. 131–195.

144   Stefan Zweig (1881–1942), österreichischer Schriftsteller. Zweig
lebte von 1933–1940 in London im Exil; Berthold Viertel
(1885–1953), österreichischer Schriftsteller, Bühnen- und Filmre-
gisseur. Viertel lebte von 1933–1939 in London; Max Herrmann-
Neisse (1886–1941), deutscher Schriftsteller und Lyriker. Herrmann-Neisse lebte von 1933 bis zu seinem Tod in freiwilliger
Emigration in London; Franz Reitzenstein (1911–1968), deutscher

Komponist und Pianist; Walter Goehr (1903–1960), deutscher Dirigent; Franz Osborn (1905–1955), deutscher Pianist.

145   Prof. Alfred Meusel (1896–1960), 1930–1933 Professor für Volkswirtschaftslehre und Soziologie an der TH Aachen. 1934 Emigration über Dänemark nach England. 1947 Professor für Neuere Geschichte an der Humboldt-Universität in Ost-Berlin, 1952 zugleich Direktor des Museums für deutsche Geschichte.
Vgl. Exil in der Tschechoslowakei… (wie Anm. 139).

146   Wieland Herzfelde (geb. 1896), kehrte nach seiner Emigration nach Prag und in die USA 1949 in die damalige DDR zurück, lehrte Literatursoziologie an der Universität Leipzig.
Heinz Kamnitzer (geb. 1917), 1946–1950 Studium der Geschichte an der Humboldt-Universität in Ost-Berlin (Promotion bei Prof. Alfred Meusel), 1950–1955 Professor für Neuere Geschichte an der Humboldt-Universität, 1970 Präsident des PEN-Zentrums der ehemaligen DDR.
Heinrich Schmidt (geb. 1906), Journalist, Verbandsfunktionär. 1947–1949 Intendant des Berliner Rundfunks.
Hans Kahle (1899–1947), Offizier, Publizist. 1946–1947 Polizeichef in Mecklenburg-Vorpommern.

147* »Herr Fred Uhlman war in diesem Bezirk vom Dezember 1939 bis Mai 1940 Luftschutzwart. Er qualifizierte sich durch Ablegung der Luftschutzwart-Prüfung und war sehr gewissenhaft in der Ausübung aller Pflichten. Er war immer zur Stelle und half gerne aus, wenn er für andere einspringen sollte. Es war sogar so, daß er alles, was von ihm zu jeder Tages- oder Nachtzeit verlangt wurde, freundlich, gewissenhaft und taktvoll ausführte. Der Bezirk bedauert sehr, daß er gezwungenermaßen austreten mußte und hofft auf eine Zusammenarbeit in Zukunft, wenn die derzeitige Vorschrift über Ausländer gelockert wird.« – Brief von H. Gray, Luftschutzwart.

148   Paul Hamann (1891–1973), deutscher Bildhauer und Grafiker. 1933 Emigration nach Paris, 1936 nach London.

149   Ernst (»Putzi«) Hanfstaengl (1887–1975). Seit 1922 Vertrauter von Adolf Hitler, 1923 Kontaktmann der NSDAP zur Auslandspresse, 1931–1937 Auslandspressechef der NSDAP. 1937 Flucht über die Schweiz nach London. 1939–1942 Internierung in England und Kanada. 1942–1944 Berater des amerikanischen Präsidenten Roosevelt in psychologischer Kriegsführung. Nach dem Krieg Rückkehr nach München und als Publizist tätig. Zu seiner dubiosen Rolle als NS-Anhänger und NS-Flüchtling vgl. *Stent,* Ronald: A Bespattered Page? The Internment of His Majesty's ›most loyal enemy aliens‹. London 1980, S. 87.

150   Zur Geschichte der Internierung vgl. *Gillman,* Peter and Leni (wie

Anm. 142); *Stent*, Ronald (wie Anm. 149); *Seyfert*, Michael: Im Niemandsland. Deutsche Exilliteratur in britischer Internierung. Ein unbekanntes Kapitel der Kulturgeschichte des Zweiten Weltkriegs. Berlin 1984.

151 Neben Uhlman waren noch zwei andere emigrierte Künstler aus Stuttgart im Lager: Hermann Fechenbach (1897–1986), der 1939 nach England kam, und Erich F. W. Kahn (1904–1980), der nach seiner Flucht aus einem KZ ebenfalls 1939 nach England kam.
Vgl. *Schmid*, Manfred: Hermann Fechenbach/Alice Haarburger – Zwei jüdische Künstler in Stuttgart. Eine Begleitschrift zu einer Ausstellung des Stadtarchivs Stuttgart. Stuttgart 1991; [Ausstellungskatalog] Kunst im Exil in Großbritannien 1933–1945. Berlin 1986, S. 136.

152 Carl Ludwig Frank (1904–1985), deutscher Architekt. 1937 Emigration nach London.
Vgl. Kunst im Exil (wie Anm. 151), S. 170.

153 Richard Friedenthal (1896–1979), Schriftsteller. Verfasser u. a. von Biographien über Goethe, Luther und Marx. 1938 Emigration nach London. Über seinen Aufenthalt im Internierungslager schrieb er den interessanten autobiographischen Roman »Die Welt in der Nußschale«, München 1956.

154 Jack Bilbo = Hugo Baruch (1907–1967), deutscher Maler und Galerist, Seefahrer, Kneipier, Bildhauer.
Vgl. Kunst im Exil (wie Anm. 151), S. 118.

155 Kurt Schwitters (1887–1948). Vgl. *Elderfield*, John: Kurt Schwitters. Düsseldorf 1987. In Richard Friedenthals Roman »Die Welt in der Nußschale« (wie Anm. 153) kommt Schwitters als »Baby Bitter« vor.

156 Francis Donald Klingender (1907–1955), englischer Kunstkritiker und Kunstschriftsteller. Vgl. *Klingender*, Francis Donald: Kunst und Industrielle Revolution. Dresden 1974, S. 8–11 (= biographischer Abriß).

157 Siegfried Charoux (1896–1967), deutscher Bildhauer, Graphiker und Maler; Georg Ehrlich (1897–1966), deutscher Bildhauer und Graphiker; vgl. Kunst im Exil (wie Anm. 151), S. 120 f. und S. 123.

158 Michael Rothenstein (geb. 1908), englischer Maler; Edward Bawden (1903–1989), englischer Maler und Designer; Kenneth Rowntree (geb. 1915), englischer Maler; John Armstrong (1893–1973), englischer Maler.

159 Clement Attlee (1883–1967), 1935–1955 Führer der Labour Party, 1942–1945 stellvertretender Premierminister; Ernest Bevin (1881–1951), Gewerkschaftsführer und Mitglied der Labour Party, 1940–1945 Arbeitsminister.

160 Herbert George Wells (1866–1946), englischer Schriftsteller.
161 Matthew Smith (1879–1959), englischer Maler.
162 Bei dem erwähnten Polacken-Schulfreund handelt es sich um Prof.
    Joseph Laufer (geb. 1909).
    Vgl. *Strauss*, Walter (wie Anm. 9), S. 154 f.
163 Vgl. *Toury*, Jacob (wie Anm. 4); Zelzer, Maria (wie Anm. 8).

(Die mit * bezeichneten Anmerkungen stammen von Fred Uhlman; vgl.
Vorwort.)

Literaturhinweise

Biographisches Handbuch der deutschsprachigen Emigration nach 1933. Band I: Politik, Wirtschaft, Öffentliches Leben. München New York London Paris 1980.

Exil in der Tschechoslowakei, in Großbritannien, Skandinavien und in Palästina. Leipzig 1980 (Kunst und Literatur im antifaschistischen Exil 1933–1945, Band 5).

Cordula *Frowein:* Mit Pinsel und Zeichenstift ins Exil. Schicksale emigrierter bildender Künstler 1933 bis 1945. In: Widerstand und Exil 1933–1945. Bonn 1986 (Schriftenreihe der Bundeszentrale für politische Bildung, Band 223), S. 185–199.

Peter and Leni *Gillman:* ›Collar the Lot‹. How Britain Interned and Expelled its Wartime Refugees. London Melbourne New York 1980.

Gerhard *Hirschfeld* (Hrsg.): Exil in Großbritannien. Zur Emigration aus dem nationalsozialistischen Deutschland. Stuttgart 1983.

International Biographical Dictionary of Central European Emigrés 1933–1945. Volume II; Part 1, A–K; Part 2, L–Z; The Arts, Sciences, and Literature. München New York London Paris 1983.

Künstlerschicksale im Dritten Reich in Württemberg und Baden. Hrsg. vom Verband Bildender Künstler Württemberg e.V. Stuttgart [1988].

Kunst im Exil in Großbritannien 1933–1945. Berlin 1986. (Eine Ausstellung der Neuen Gesellschaft für Bildende Kunst in Berlin in den Räumen der Orangerie des Schlosses Charlottenburg vom 10.1.–23.2.1986.)

Peter *Lasko:* The Impact of German-speaking Refugees in Britain on the Fine Arts. In: Second Chance. Two Centuries of German-speaking Jews in the United Kingdom. Co-ordinating editor Werner E. Mosse. Tübingen 1991 (Schriftenreihe wissenschaftliche Abhandlungen des Leo-Baeck-Instituts; 48), S. 255–274.

Paul *Sauer:* Die jüdischen Gemeinden in Württemberg und Hohenzollern. Denkmale, Geschichte, Schicksale. Stuttgart 1966 (Veröffentlichungen der staatlichen Archivverwaltung Baden-Württemberg, Band 18).

Michael *Seyfert:* Im Niemandsland. Deutsche Exilliteratur in britischer Internierung. Ein unbekanntes Kapitel der Kulturgeschichte des Zweiten Weltkriegs. Berlin 1984.

Ronald *Stent:* A Bespattered Page? The Internment of His Majesty's ›most loyal enemy aliens‹. London 1980.

Walter *Strauss* (Hrsg.): Lebenszeichen. Juden aus Württemberg nach 1933. Gerlingen 1982.

Aaron *Tänzer:* Die Geschichte der Juden in Württemberg. Frankfurt 1937.

Jacob *Toury:* Jüdische Textilunternehmer in Baden-Württemberg 1683–1938. Tübingen 1984 (Schriftenreihe wissenschaftlicher Abhandlungen des Leo-Baeck-Instituts; 42).

Günther *Wirth:* Verbotene Kunst. Verfolgte Künstler im Deutschen Südwesten 1933–1945. Stuttgart 1987.

Maria *Zelzer:* Weg und Schicksal der Stuttgarter Juden. Ein Gedenkbuch, hrsg. von der Stadt Stuttgart. Stuttgart [1964].

Personenregister

Bildnachweis

Diana Uhlman 1, 2, 9–14, 17, 18
University of Newcastle: Hatton Gallery 15
Hans-Ludwig Enderle 7

Helmut Mielke 3
Katia Zügel 8
Stadtarchiv Stuttgart 4, 5, 6, 16

Fred Uhlman
Der wiedergefundene Freund

Erzählung. Mit einem Vorwort von Arthur Koestler
Aus dem Englischen von Felix Berner

Zwei 16-jährige Jungen besuchen dieselbe exklusive
Schule. Der eine, Hans Schwarz, ist der Sohn eines jüdischen Arztes, der andere, Konradin von Hohenfels,
entstammt einer reichen Adelsfamilie. Zwischen den
beiden entspinnt sich eine Freundschaft, die auf einem
tiefen, magischen Einverständnis beruht. Bis ein Jahr
später die Beziehung zerbricht. Die Geschichte spielt
in Deutschland. Wir schreiben das Jahr 1933.
Fred Uhlmans bewegende Erzählung erforscht mit un-
gewohnter Zartheit und suggestiver Kraft die Gesetze
der Freundschaft, die Widrigkeiten, die ihr gefährlich
werden können, sowie jene anderen Kräfte, die unzer-
störbar Trennung, Enttäuschung, Verzweiflung und
sogar den Tod überdauern.

»Ein Akt der Versöhnung, der Anerkennung eines
Juden für jene bemerkenswerten Deutschen, die beim
Versuch, Hitler zu stürzen, ihr Leben gaben, Männer
wie Stauffenberg und Helmuth James von Moltke.«
Books and Bookmen

»*Der wiedergefundene Freund* ist eines der raren
Zeugnisse dafür, dass auch angesichts des namenlosen
Schreckens Literatur als Kunst möglich ist.«
Neue Zürcher Zeitung

»Ein Meisterwerk.« *Arthur Koestler*

Auch als Diogenes Hörbuch erschienen,
gelesen von Hans Korte

Helmuth James Graf von Moltke
Letzte Briefe

Bericht aus Deutschland im Jahre 1943
Letzte Briefe aus dem Gefängnis Tegel 1945

Diese letzten Briefe dokumentieren Moltkes beispiel-
loses Engagement gegen Ungeist und Terror des
NS-Regimes, seinen Einsatz für die Opfer der Nazi-
Tyrannei und eine menschenwürdige Zukunft.

»Ich habe mein Leben lang gegen einen Geist der
Enge und der Gewalt, der Überheblichkeit, der
Intoleranz und des Absoluten, erbarmungslos Konse-
quenten angekämpft. Ich habe mich auch dafür
eingesetzt, daß dieser Geist mit seinen schlimmen
Folgeerscheinungen wie Nationalismus im Exzeß,
Rassenverfolgung, Materialismus überwunden werde.
Insoweit haben die Nationalsozialisten recht, daß sie
mich umbringen.« *Helmuth James von Moltke*

Ebenfalls lieferbar ist die Biographie
Michael Balfour / Julian Frisby
Freya von Moltke
Helmuth James Graf von Moltke
1907–1945

Aus dem Englischen und bearbeitet von Freya von Moltke

Viele, teilweise erstmals veröffentlichte Briefe und die
Pläne des oppositionellen ›Kreisauer Kreises‹ zeichnen das Lebensbild des großen Menschenfreundes
nach, der als Rechtsanwalt vielen Opfern des Nationalsozialismus helfen konnte.

»Für mich ist Moltke eine so große moralische Figur
und zugleich ein Mann mit so umfassenden und geradezu erleuchteten Ideen, wie mir im Zweiten Weltkrieg
auf beiden Seiten der Front kein anderer begegnet ist.«
George F. Kennan